全国中等职业技术学校汽车类专业通用教材

Qiche Guzhang Zhenduan yu Jiance Jishu
# 汽车故障诊断与检测技术

（第二版）

王 囲 主 编
李新伟 董耕野 副主编
杨海泉 主 审

人民交通出版社股份有限公司
China Communications Press Co.,Ltd.

## 内 容 提 要

本书是全国中等职业技术学校汽车类专业通用教材,依据《中等职业学校专业教学标准(试行)》以及国家和交通行业相关职业标准编写而成。主要内容包括:汽车故障诊断的基本知识、汽车发动机故障诊断与排除、汽车底盘故障诊断与排除、汽车一般电气设备的故障诊断与排除、汽车主要技术性能检测,共计5个单元。

本书供中等职业学校汽车类专业教学使用,亦可供汽车维修相关专业人员学习参考。

**图书在版编目(CIP)数据**

汽车故障诊断与检测技术/王囤主编.—2版.—北京:人民交通出版社股份有限公司,2016.7
ISBN 978-7-114-13014-4

Ⅰ.①汽… Ⅱ.①王… Ⅲ.①汽车—故障诊断—中等专业学校—教材②汽车—故障检测—中等专业学校—教材 Ⅳ.①U472.9

中国版本图书馆 CIP 数据核字(2016)第 103402 号

---

全国中等职业技术学校汽车类专业通用教材

| | |
|---|---|
| 书　　名: | 汽车故障诊断与检测技术(第二版) |
| 著 作 者: | 王　囤 |
| 责任编辑: | 闫东坡　郭　跃 |
| 出版发行: | 人民交通出版社股份有限公司 |
| 地　　址: | (100011)北京市朝阳区安定门外外馆斜街3号 |
| 网　　址: | http://www.ccpress.com.cn |
| 销售电话: | (010)59757973 |
| 总 经 销: | 人民交通出版社股份有限公司发行部 |
| 经　　销: | 各地新华书店 |
| 印　　刷: | 北京市密东印刷有限公司 |
| 开　　本: | 787×1092　1/16 |
| 印　　张: | 16.5 |
| 字　　数: | 380 千 |
| 版　　次: | 2004年9月　第1版<br>2016年7月　第2版 |
| 印　　次: | 2020年7月　第2版　第3次印刷　累计第24次印刷 |
| 书　　号: | ISBN 978-7-114-13014-4 |
| 定　　价: | 36.00元 |

(有印刷、装订质量问题的图书由本公司负责调换)

# 第二版前言

FOREWORD

为适应社会经济发展和汽车运用与维修专业技能型紧缺人才培养的需要,交通职业教育教学指导委员会汽车(技工)专业指导委员会于2004年陆续组织编写了汽车维修、汽车电工、汽车检测等专业技工教材、高级技工教材及技师教材,受到广大中等职业学校师生的欢迎。

随着职业教育教学改革的不断深入,中等职业学校对课程结构、课程内容及教学模式提出了更高的要求。《教育部关于深化职业教育教学改革全面提高人才培养质量的若干意见》提出:"对接最新职业标准、行业标准和岗位规范,紧贴岗位实际工作过程,调整课程结构,更新课程内容,深化多种模式的课程改革"。为此,人民交通出版社股份有限公司根据教育部文件精神,在整合已出版的技工教材、高级技工教材及技师教材的基础上,依据教育部颁布的《中等职业学校汽车运用与维修专业教学标准(试行)》,组织中等职业学校汽车专业教师再版修订了全国中等职业技术学校汽车类专业通用教材。

此次再版修订的教材总结了全国技工学校、高级技工学校及技师学院多年来的汽车专业教学经验,将职业岗位所需要的知识、技能和职业素养融入汽车专业教学中,体现了中等职业教育的特色。教材特点如下:

1."以服务发展为宗旨,以促进就业为导向",加强文化基础教育,强化技术技能培养,符合汽车专业实用人才培养的需求;

2.教材修订符合中等职业学校学生的认知规律,注重知识的实际应用和对学生职业技能的训练,符合汽车类专业教学与培训的需要;

3.教材内容与汽车维修中级工、高级工及技师职业技能鉴定考核相吻合,便于学生毕业后适应岗位技能要求;

4.依据最新国家及行业标准,剔除第一版教材中陈旧过时的内容,教材修订量在20%以上,反映目前汽车的新知识、新技术、新工艺;

5.教材内容简洁,通俗易懂,图文并茂,易于培养学生的学习兴趣,提高学习效率。

《汽车故障诊断与检测技术》(第二版)是汽车运用与维修专业课之一,教材主要内容包括:汽车故障诊断的基本知识、汽车发动机故障诊断与排除、汽车底盘故障诊断与排除、汽车一般电气设备的故障诊断与排除、汽车主要技术性能检测,共计5个单元。

本书由广州市交通技师学院王囡担任主编,广州市交通技师学院李新伟、广州梅花园汽车修理厂董耕野担任副主编,广州市交通技师学院杨海泉担任主审。广州市交通技师学院谢炬民、广东省轻工职业技术学校的刘小兵、广州市公用事业技师学院的高宏超、刘宣传、郭军等参加了教材编写。

限于编者经历和水平,教材内容难以覆盖全国各地中等职业学校的实际情况,希望各学校在选用和推广本系列教材的同时,注重总结教学经验,及时提出修改意见和建议,以便再版修订时改正。

编　者

2016 年 3 月

# 目录
## CONTENTS

单元一　汽车故障诊断的基本知识 ············································································ 1
单元二　汽车发动机故障诊断与排除 ········································································· 9
　课题一　发动机异响的诊断与排除 ········································································· 9
　课题二　汽油机燃油供给系故障诊断与排除 ···························································· 22
　课题三　电控发动机综合故障诊断 ········································································ 35
　课题四　发动机电控系统故障诊断 ········································································ 57
　课题五　电控发动机传感器故障诊断 ····································································· 67
　课题六　电控发动机点火系统故障诊断 ·································································· 85
　课题七　柴油机燃料系故障诊断与排除 ·································································· 96
　课题八　冷却系故障诊断与排除 ·········································································· 110
　课题九　润滑系故障诊断与排除 ·········································································· 116
单元三　汽车底盘故障诊断与排除 ········································································· 120
　课题一　传动系故障诊断与排除 ·········································································· 120
　课题二　转向系故障诊断与排除 ·········································································· 169
　课题三　行驶系故障诊断与排除 ·········································································· 175
　课题四　制动系故障诊断与排除 ·········································································· 191
单元四　汽车一般电气设备的故障诊断与排除 ························································· 210
单元五　汽车主要技术性能检测 ············································································ 222
参考文献 ··········································································································· 256

# 单元一
# 汽车故障诊断的基本知识

汽车故障是指汽车部分或完全丧失工作能力的现象,是汽车零件本身或零件之间相互连接或配合状态发生异常变化的结果。

## 一、汽车故障诊断原理

### (一)汽车故障的特征

汽车的各组成部分按性能和部位可分为转动配合部分、滑动配合部分、密封部分、导电部分和啮合部分等。各部分发生的故障现象,具有不同的特征,见表1-1。

汽车故障的特征        表1-1

| 故障部位 | 故 障 特 征 |
|---|---|
| 转动配合部位 | 磨损、不平衡、发热、变形、振动、异响 |
| 滑动配合部位 | 松动、磨损、发热、熔焊 |
| 密封部位 | 泄漏、分离、漏气 |
| 导电部位 | 接触不良、断线、脱落、电压下降、短路、发热 |
| 啮合传动部位 | 磨损、破损、发热、异响、位移 |
| 摩擦力配合部位 | 磨耗、打滑、发热、衰损、振动、异响 |
| 弹簧推顶部位 | 衰损、老化、打滑、磨槽、弯曲、多个弹簧间弹力不均 |
| 弹簧拉吸部位 | 衰损、老化、多个弹簧间拉力不均 |
| 弹簧支撑部位 | 衰损、老化、破损、冲击、变形 |
| 液体流通部位 | 泄漏、堵塞、蒸发、气阻、渗漏 |
| 高温部位 | 磨耗、烧蚀、熔焊、变形、硬度变软、附着异物 |
| 大负荷部位 | 弯曲、扭曲、磨损、破损、断裂、发热、异响 |

有许多故障现象同时具有多种特征,在诊断时应进行具体研究和区分。

### (二)汽车故障的成因

汽车在使用过程中,由于环境和使用条件的变化,引起汽车零件的磨损、腐蚀、老化、变形和损坏,造成汽车的技术性能变坏,影响汽车的正常运行。

能够引起汽车故障的因素主要有以下几个方面:

(1) 设计制造质量缺陷;
(2) 管理使用方法不善、维护不当;
(3) 运行材料选用不符合要求;
(4) 气候、道路条件不良。

这些因素并不一定立即影响到汽车的正常运行,但能形成故障隐患,降低运行品质和效能,甚至会导致汽车停驶和发生交通事故。

### (三) 汽车故障诊断原理

汽车的各总成和零部件之间,都具有直接或间接的装配关系,每一零部件的运动都影响着周围的其他零部件。汽车故障诊断原理就是根据汽车的结构与工作原理、材料的物理及化学性质、技术要求、机械原理、故障因素和故障现象,用理论联系实际的方法,进行有步骤地检查判断,分析确定汽车的故障。

### (四) 汽车故障诊断原则

查找汽车故障一般应遵循由表及里、由简到繁、由浅入深、先易后难、先小后大的顺序,按系统、部位分段检查,逐步缩小范围的原则进行。

## 二、汽车故障诊断方法

汽车长期使用后,随着行驶里程的增加,技术状况将逐渐变坏,出现动力性下降、经济性变差、可靠性降低和故障率增加等现象。汽车故障诊断就是通过检查、测试、分析和判断直至对故障确诊的一系列活动过程。基本方法有:传统的人工经验诊断法和现代仪器设备诊断法两种。

### (一) 人工经验诊断法

人工经验诊断法,是诊断人员凭实践经验和一定的理论知识,在汽车不解体或局部解体的情况下,借助简单工具,用眼看、耳听、手摸、脚踏等方法,边检查、边试验、边分析,进而对汽车技术状况作出判断的一种方法。这种诊断方法的优点是不需要专用仪器和设备,可随时随地应用、投资少、见效快。缺点是诊断速度慢、准确性差、不能进行定量分析,还要求诊断人员有较高技术水平和经验。

人工经验诊断法虽然有一定缺点,但在相当长时期内仍有十分重要的实用价值,即使普遍使用了现代仪器设备诊断法,也不能完全脱离人工经验诊断法。这种方法多适用于中、小型维修企业和汽车队。近年来逐渐完善的汽车故障专家诊断系统,也是把人脑的分析和判断,通过计算机语言变为电脑的分析和判断,所以不能忽视人工经验诊断法。

人工经验诊断汽车故障的常见方法如下:

**1. 听诊法**

凭听觉倾听汽车内部声响,根据声响的特征和规律,判断出汽车的故障。常用螺丝刀作听诊器或用专用听诊器来辨别敲缸、气门响、曲轴轴承响、活塞销响等,从而确定故障所在部位。

**2. 观察法**

凭视觉直接观察汽车的外部情况,主要观察烟色以及有无机件裂痕、变形、松脱、折断、磨损,是否漏气、漏水、漏油等,从而确定故障所在部位。

**3. 嗅闻法**

凭嗅觉辨别汽车在使用过程中散发的某些特殊气味,主要有排气烟味、烧焦臭味等,从而确定故障所在部位。

如离合器摩擦片和制动蹄摩擦片烧蚀时会产生糊臭味,据此判断离合器打滑或制动拖滞。电线束烧灼时有橡胶焦臭味,发动机燃烧不良时排气有汽油味等,都可据此判断故障所在部位。

**4. 直观感受法**

这种方法是凭检修人员调试车辆时的亲身体验和感觉,判断出汽车的故障。

如用手触摸制动鼓,根据温度高低可判断制动有无拖滞;用手触摸高压油管,根据油管的脉动情况,可判断喷油泵工作是否正常。

直观感受法还可以检查出发动机不易起动、车辆剧烈振抖、驾驶室抖动、转向盘和前轮晃动、传动轴振抖、离合器打滑或分离不彻底等故障。

采用直观感受法的检修人员必须具备一定的诊断技术水平和较丰富的实践经验。在行车途中,由于条件所限,驾驶、维修人员只能采取这种诊断方法。

**5. 停止部分机件工作法**

停止汽车某一局部机件的工作,改变局部环境条件,观察故障现象有无变化,据此判断故障所在部位。

如用断电法停止某缸的工作,可使其故障特征明显变化,据此判断发动机异响或个别缸工作不良的故障。

这种方法常用于诊断发动机的故障。

**6. 电路搭铁试火法**

(1)直接搭铁试火。拆下用电设备前端的某些线头,与汽车基体金属划擦试火,根据火花情况判断电路是否正常。

如判断点火线圈至蓄电池之间电路是否断路时,可拆下点火线圈的"点火开关"接线柱上的接线头,进行搭铁试火,根据有无火花判断该段电路是否断路。

(2)间接搭铁试火。拆下用电设备后端的某些线头,与汽车基体金属划擦试火,根据火花情况判断电路是否正常。

如判断分电器接线柱至蓄电池之间电路是否断路时,可拆下分电器接线柱上的接线头,进行搭铁试火,根据有无火花判断该段电路是否断路。

特别注意:这种方法不允许用于检测有电子控制设备的汽车,以免损坏电子控制元件。

**7. 短路、通路、断路试验法**

(1)短路试验。用螺丝刀或导线将某段电路短接,查看仪表指针摆动情况,据此判断被短接的电路是否有断路故障。

如打开点火开关,在断电触点闭合情况下,电流表指针不动,因此怀疑点火开关有故障时,可用螺丝刀连通点火开关两个接线柱,若电流表指针向"-"方向摆动,则说明点火开关损坏。

(2)通路试火。在电路接通状态下,拆下某接线柱上的接线头,在该接线柱上划擦,根据火花情况判断电路有无断路故障。

如判断点火低压电路是否断路时,可拆下点火线圈"－"极接线柱上的接线头,在该接线柱上划擦(此时断电器触点必须闭合)。若有火花,则低压电路畅通。若无火花,则低压电路断路。

(3)断路试验。电气设备发生搭铁短路故障时,将怀疑搭铁的某段电路断开,根据搭铁现象是否因此而消除,来判断被断开的电路原来是否搭铁。

如行车中听到喇叭长鸣,可将继电器"按钮"接线柱上的导线头拆除,若喇叭停响,则为按钮至继电器"按钮"接线柱的一段电路搭铁。若喇叭仍长鸣,则故障为继电器"按钮"接线柱前至喇叭间的电路搭铁。

**8. 试灯检查法**

用一只汽车灯泡作试灯,检查电路是否有断路故障。检查时试灯一端与电路中某一接线柱连接;另一端搭铁。若灯亮则电路正常;灯不亮则电路有断路故障。

**9. 高压试火、高压电检验法**

高压试火是察看高压电火花,据此判断点火系的工作情况。检查时取下火花塞上的高压分线头,对准该火花塞顶约5mm,然后转动发动机,看跳火情况。若火花强烈并呈天蓝色,为工作正常。若火花微弱发红,为工作不良。

高压电检验法是利用点火系的高压电检验某些电气零件是否损坏。如检查分火头,可将分火头反放在缸盖上,用中心高压线头对准分火头孔底约5mm,然后接通点火开关,拨动断电触点,查看分火头孔内是否跳火。若不跳火,表明分火头绝缘良好。若跳火,表明分火头已击穿而漏电。

**10. 比较法**

这种方法是采用新旧对比、成色对比、印迹对比及工作效果对比等来判断、确定故障的原因和部位,鉴别零部件磨损程度。

车辆制动性能检查,经常用制动轮迹比较法。如果四轮拖印长短一致,则制动同时生效,没有制动跑偏。若车头向左偏斜则右轮制动不灵,向右偏斜则左轮制动不灵。

离合器压紧弹簧因久经负荷造成疲劳弯曲、折断或弹力减弱,影响动力传递,导致离合器打滑、发抖等故障。若调整后故障仍然存在,应予拆检。将弹簧与新件放在平板上,用钢尺进行高度比较,对过低弹簧予以更换。

如怀疑点火线圈工作不良,可换装新点火线圈进行试验。若故障消失,则原点火线圈有故障。若故障仍存在,则原点火线圈良好。

**11. 分段检查法**

采用分段检查法查找汽车故障就是以顺藤摸瓜的方式依次进行,逐步缩小可疑范围,渐次找出故障部位。这种方法主要用于具有线路性质的系统和装置,如发动机的燃料系、点火系和底盘的传动系、转向系及制动系故障等。每检查一段,即可排除该段的故障可能,因此也叫分段排除法。

**(二)仪器设备诊断法**

仪器设备诊断法,是在人工经验诊断法的基础上发展起来的一种诊断方法。这种方法可在不解体的情况下,利用检验设备仪器,测量汽车性能参数,并与正常技术参数比较,从而发现故障。目前,计算机技术已应用于汽车故障诊断领域,使诊断速度和准确度大为提高。

仪器设备诊断法按使用测量仪器和设备的先进程度不同,分为普通仪器设备诊断、微机检测设备诊断和汽车微机自检设备诊断3种。

**1. 普通仪器设备诊断**

普通仪器设备诊断是采用专用测量仪具、设备对汽车的某一部位进行技术检测,将测得的结果与标准数据进行比较,从而诊断汽车的技术状况,确定故障原因。

**2. 微机检测设备诊断**

微机检测设备诊断是利用具有计算机和自动打印机的诊断设备,对汽车技术状况进行检测。

利用计算机诊断可减少操作偏差,能对数据自动处理,确定故障部位,并能自动打印、显示维修作业项目。如微电脑发动机综合测试仪、电脑车轮定位仪等都是常用的微机检测设备。

**3. 汽车微机自检设备诊断**

随着汽车技术的不断进步,电子控制技术在汽车上得到了广泛应用。电控燃油喷射系统(EFI)、电控自动变速器(EAT)、防抱死制动系统(ABS)、安全气囊(SRS)、牵引力控制系统(TCS)、巡航控制系统(CCS)等都应用了电子控制技术。电控单元具有自诊断功能,能记录出现有的故障,并以故障代码的形式存贮起来。维修人员通过随车故障诊断装置读取故障码,确定故障的部位,减少维修的盲目性。

仪器设备诊断法的优点是检测速度快、准确性高、能定量分析,缺点是投资大、占用厂房大、操作人员需要培训等。这种方法适用于汽车检测站和大型汽车维修企业等,是汽车诊断和检测的发展方向。

## 三、汽车技术诊断参数

为了正确地评价汽车的技术状况,充分发挥汽车的潜力,提高汽车运行的经济和可靠性,不仅要求有完善的检测、监视手段,而且要求有正确的识别理论。为此,必须选择合适的汽车技术状况诊断参数,合理地确定出诊断参数的标准、诊断方法和汽车的最佳诊断周期。

**(一)诊断参数**

**1. 汽车常用诊断参数**

在汽车或总成不解体的情况下,直接测量汽车结构参数变化的诊断对象是极少的。因此,在进行汽车诊断时,需要采用一些能够反映汽车技术状况的间接指标,这些间接指标就叫作"诊断参数"。汽车诊断参数包括工作过程参数、伴随过程参数和几何尺寸参数。

工作过程参数如发动机功率、汽车制动距离、油耗等,它能表征诊断对象总的状况,显示诊断对象主要功能的品质。它提供的信息较广,是进一步深入诊断的基础。伴随过程参数如振动、噪声、发热等,提供的信息较窄,但这种参数较为普遍,常用于复杂系统的深入诊断。由机构零件之间装配关系决定的几何尺寸参数如间隙、自由行程等,提供的信息量有限,但能表明诊断对象的具体状态。汽车常用诊断参数如表1-2所示。

汽车常用诊断参数　　　　　　　　表1-2

| 诊断对象 | 诊断参数 | 诊断对象 | 诊断参数 |
|---|---|---|---|
| 发动机总成 | 功率,kW<br>曲轴角加速度,rad/s$^2$<br>单缸断火时功率下降率,%<br>油耗,L/h<br>曲轴最高转速,r/min<br>废气成分和浓度,% 或 $10^{-6}$ | 柴油机供油系 | 喷油提前角(按油管脉动压力测量),曲轴转角(°)<br>单缸柱塞供油延续时间(按油管脉动压力测量)(°)<br>各缸供油均匀度,%<br>每一工作循环供油量,mL/工作循环<br>高压油管中压力波增长时间,曲轴转角(°)<br>按喷油脉冲相位测定喷油提前角的不均匀度,(°)<br>喷油嘴初始喷射压力,MPa<br>曲轴最小和最大转速,r/min<br>燃油细滤器出口压力,MPa |
| 汽缸活塞组 | 曲轴箱窜气量,L/min<br>曲轴箱气体压力,kPa<br>汽缸与活塞间隙(按振动信号测量),mm<br>汽缸压力,MPa<br>汽缸漏气率,%<br>发动机异响<br>机油消耗量,L/100km | | |
| 曲柄连杆组 | 主油道机油压力,MPa<br>主轴承间隙(按油压脉冲测量),mm<br>连杆轴承间隙(按振动信号测量),mm | 供油系及滤清器 | 燃油泵清洗前的油压,MPa<br>燃油泵清洗后的油压,MPa<br>空气滤清器进口压力,MPa<br>涡轮压气机的压力,MPa<br>涡轮增压器润滑系油压,MPa |
| 配气机构 | 气门热间隙,mm<br>气门行程,mm<br>配气相位,(°) | | |
| 润滑系 | 润滑系机油压力,MPa<br>曲轴箱机油温度,℃<br>机油含铁(或铜,铬,铝,硅等)量,% 或 $10^{-6}$<br>机油透光度,%<br>机油介电常数 | 传动系 | 车轮驱动力,N<br>底盘输出功率,kW<br>滑行距离,m<br>传动系噪声,dB |
| 冷却系 | 冷却液工作温度,℃<br>散热器入口与出口温差,℃<br>风扇皮带张力,N/mm<br>曲轴与发电机轴转速差,% | 制动系 | 制动距离,m<br>制动力,N<br>制动减速度,m/s$^2$<br>左右轮制动力差值,N<br>制动滞后时间,s<br>制动释放时间,s |
| 点火系 | 初级电路电压,V<br>初级电路电压降,V<br>电容器容量,μF<br>断电器触点闭合角及重叠角,(°)<br>点火电压,kV<br>次级电路开路电压,kV<br>点火提前角,(°)<br>发电机电压、电流,V、A<br>整流器输出电压,V | 转向系 | 主销内倾角,(°)<br>主销后倾角,(°)<br>车轮外倾角,(°)<br>车轮前束,mm<br>车轮侧滑量,mm/m、m/km |
| | | 行驶系 | 车轮静平衡<br>车轮动平衡<br>车轮振动,m/s$^2$ |
| 起动系 | 在制动状态下,起动机电流、电压,A、V<br>蓄电池在有负荷状态下的电压,V<br>振动特性,m/s$^2$ | 照明系 | 前照灯照度,lx<br>前照灯发光强度,cd<br>光轴偏斜量,mm |

**2. 诊断参数的选择**

正确、合理地选择汽车技术诊断参数,对于快捷、正确无误地判断技术状况和诊断故障有着十分重要的意义。一般按下述方法进行选择:

(1)性能检测。当作为车检目的时,主要应选择综合性较大,且能确保安全和防止公害的参数。主要参数有:前照灯检测参数;制动检测参数;转向轮综合检测参数;发动机排放检测参数。

(2)维修检测。当作为维修检测目的时,既要选择能反映技术状况的参数,也要选择与磨损有关的参数。主要参数有:发动机功率;燃料消耗量;制动检测参数;汽缸漏气率;异响和振动参数;转向轮定位角和侧滑参数。

上述检测,不论用于何种目的,都要避免综合参数和单项参数的不必要重复。

**(二)诊断参数的标准**

为了定量地评价汽车及其机构的技术状况,确定维护措施和预报其无故障工作寿命,仅有诊断参数是不够的,还必须建立诊断参数标准。诊断参数标准是一个比较尺度,将测得的参数值与相应的诊断参数标准相比较,以确定汽车是否能够继续使用或预测在给定行驶里程内汽车的工作能力。

汽车诊断参数标准分为三类。

**1. 国家标准**

它是由国家机关制定和颁布的检验标准,具有法制性。如 GB 7258—2012《机动车运行安全技术条件》、GB 1495—2002《汽车加速行驶车外噪声限值及测量方法》以及汽、柴油车污染物和烟度排放标准等。这些标准主要用于与汽车行驶安全和产生公害有关的一些机构的检验。一般来说,这类标准可以反映汽车或某些机构系统的工作能力。如制动距离可以反映汽车制动系统的工作能力;废气中 CO、HC 的含量可以反映供给系的调整及燃烧状况。这类标准在使用中需要严格控制,以保证国家标准的严肃性。

**2. 制造厂推荐的标准**

这类标准一方面与汽车制造中结构参数的工艺性有关,另一方面与汽车工作的最佳可靠性、寿命及经济性的优化指标有关,因此主要是一些结构参数的标准,如气门间隙、分电器触点间隙、火花塞电极间隙、车轮定位角等标准。这些标准一般在设计阶段确定,最终经样车或样机的台架或使用试验修订,并在技术文件中规定下来。

**3. 企业标准**

这类标准是汽车运输企业根据车辆的实际使用条件制定的,因为在不同使用条件下工作的车辆,不能使用统一的标准。如在平原地区行驶的汽车,其油耗显然比山区行驶的汽车要低;在矿区行驶的汽车,其润滑油的污染程度显然比在公路上行驶的汽车要高。因此,应根据汽车的常用工况,合理地制定油耗标准和润滑油更换标准。

根据汽车维修工艺的需要,又可把诊断参数标准分为:诊断参数的初始标准、诊断参数的极限标准和诊断参数的许用标准。

诊断参数的初始标准相当于无故障的新车诊断参数的大小。在汽车使用中,一些机构或系统在恢复性作业或调整作业后测定参数值必须达到初始标准,一般在技术文件中给出。对于汽车的某些机构或系统,如点火系和供油系,它的初始诊断标准是按最大经济性原则来确定的,最大经济性是各种不同生产条件下运行的汽车能够广泛采用的一个指标。

诊断参数的极限标准是指汽车技术性能低于这一标准后,就已失去工作能力或其技术性能将变坏或者行驶安全性得不到保证,汽车必须进行维修。诊断参数的极限标准,由国家机关技术部门制定。在汽车使用过程中,通过对汽车进行周期性的诊断,并把诊断结果与诊断参数的极限标准进行比较,可以预测出汽车的使用寿命。

诊断参数的许用标准是汽车维护工作中定期诊断的主要标准。这项标准能保证汽车在确定的间隔里程内具有最佳的无故障概率水平。在汽车使用过程中,许用标准是汽车在确定的间隔里程内是否出现故障的界限。如果诊断参数在许用标准内,表明汽车的技术经济指标处于正常阶段,无须维修,可以继续运行。如果诊断参数超过许用标准,即使汽车还有工作能力,也不能再等到原来的维修间隔里程才进行维修,应适当提前安排维护和修理,否则汽车的技术经济性能将下降,故障率将上升。

(三)诊断周期

汽车诊断间隔里程的合理确定,应满足技术和经济两方面的条件,即在诊断周期内,技术上应保证车辆的技术完好率最高,经济上应使单位行程的维护费用最小以及因故障引起汽车停驶损耗的费用最少。大量统计资料表明,实现单位行程费用最小和技术完好率最高二者是一致的。因此,最佳诊断周期可以通过统计分析方法来确定。

# 单元二
# 汽车发动机故障诊断与排除

## 课题一　发动机异响的诊断与排除

技术状况良好的发动机，在以不同的转速运转时，虽然发出声响的频率、波长、声级和衰减系数不同，但都有一定的规律和范围。如果发动机在运转过程中，伴随有其他声响，如发出间歇或连续的金属敲击声、连续的金属干摩擦声等，即为发动机异响。

发动机出现异响故障后，若不及时排除，将会造成机件的加速磨损，甚至发生事故性的损坏。因此必须及时判断，采取必要的维修措施排除故障。

### 一、发动机异响的原因及特性

#### （一）发动机异响的原因

发动机各系统和机构中的某些故障，均可导致异响的出现。如发动机过热、气门间隙过大、曲轴或连杆轴承松旷、点火时间过早、机油严重不足、汽缸垫烧穿等，均可引起不同声响。引起发动机异响的原因归纳如下：

（1）爆震或早燃。
（2）机件磨损。
（3）机件装配、调整不当，配合间隙过大或过小。
（4）紧固件松脱。
（5）机件损坏、断裂、变形、碰擦。
（6）机件工作温度过高或由此而熔化卡滞。
（7）润滑不良。
（8）回转件平衡遭破坏。
（9）使用材料、油料和配件的材质、型号、规格、品质不符要求。

#### （二）发动机异响的特性

发动机异响常与发动机的转速、温度、负荷、缸位、工作循环等有关。

**1. 异响与发动机转速的关系**

大多数异响的出现，取决于发动机的转速状态。通常有三种类型，见表2-1。

**2. 异响与负荷的关系**

发动机不少异响与负荷有明显的关系。诊断时可采取逐缸解除负荷的方法进行试验。通常采用单缸或双缸断火法解除一或两缸位的负荷，以鉴别异响与负荷的关系，见表2-2。

## 3. 异响与温度的关系

发动机的某些异响，与发动机的温度有关，见表2-3。

**与发动机转速有关的异响** 表2-1

| 异响与发动机转速的关系 | 发 响 原 因 |
|---|---|
| 异响在发动机急加速时出现，维持高速运转声响仍存在 | ①连杆轴承松旷，轴瓦烧熔，尺寸不符而松动<br>②曲轴轴承松旷，轴瓦烧熔<br>③活塞销折断 |
| 维持某转速时，声响紊乱，急加速时，相继发出短暂声响 | ①凸轮轴正时齿轮破裂，其固定螺母松动<br>②活塞销衬套松旷<br>③凸轮轴轴向间隙过大或其衬套松旷 |
| 异响仅在怠速或低速时存在 | ①活塞与汽缸壁间隙过大<br>②活塞销装配过紧或连杆轴承装配过紧<br>③挺柱与其导孔间隙过大<br>④凸轮磨损<br>⑤起动爪松动影响皮带轮响（在转速改变时明显） |

**与发动机负荷有关的异响** 表2-2

| 异响与缸位的关系 | 发 响 原 因 |
|---|---|
| 某缸断火，异响消失或减轻 | ①活塞敲缸<br>②连杆轴承松旷<br>③活塞环漏气<br>④活塞销折断 |
| 某缸断火，声响加重或原来无响，反而出现声响 | ①活塞销铜套松旷<br>②活塞裙部锥度过大<br>③活塞销窜出<br>④连杆轴承盖固定螺栓松动过甚或轴瓦合金烧熔脱净<br>⑤飞轮固定螺栓松动过甚 |
| 相邻两缸断火异响减轻或消失 | 曲轴轴承松旷 |

**与发动机温度有关的异响** 表2-3

| 异响与温度的关系 | 发 响 原 因 |
|---|---|
| 低温发响，温度升高后声响减轻甚至消失 | ①活塞与缸壁间隙过大<br>②活塞因主轴承机油槽深度、宽度失准或机油压力低而润滑不良 |
| 温度升高后有声响，温度降低后声响减轻或消失 | ①过热引起的早燃<br>②活塞反椭圆形<br>③活塞椭圆度过小<br>④活塞与缸壁间隙过小<br>⑤活塞变形<br>⑥活塞环各间隙过小 |

### 4. 异响与发动机工作循环的关系

发动机的异响,与发动机的工作循环也有较明显的关系,尤其是曲柄连杆机构和配气机构的异响都与工作循环有关,见表 2-4。

与发动机工作循环有关的异响　　　　　　　　　　表 2-4

| 发响次数与曲轴转角的关系 | 发响原因 | 发响次数与曲轴转角的关系 | 发响原因 |
|---|---|---|---|
| 曲轴每转一圈发响一次(火花塞跳火一次发响两次) | ①活塞敲击缸壁<br>②活塞销敲击声<br>③活塞顶碰汽缸凸肩<br>④连杆轴承松旷过甚<br>⑤活塞环漏气 | 曲轴每转两圈发响一次(火花塞跳火一次发响一次) | ①气门间隙过大<br>②推杆与挺柱孔间隙过大<br>③凸轮线形磨损<br>④气门杆与其导管间隙过大<br>⑤气门弹簧折断<br>⑥凸轮轴正时齿轮径向破裂<br>⑦气门座圈松脱<br>⑧气门卡滞不能关闭 |

### 5. 异响与其他故障现象的关系

发动机异响除了与发动机转速、负荷、温度、工作循环有关外,往往还与其他呈现出来的故障现象有着内在的关系。这些伴同出现的故障现象可作为故障诊断的重要依据,见表 2-5。

常伴同出现其他故障现象的异响　　　　　　　　　表 2-5

| 异响原因 | 伴同故障现象 |
|---|---|
| 曲轴轴承径向间隙过大或轴瓦合金烧毁脱落 | 机油压力下降,机体振抖 |
| 连杆轴承松旷过甚 | 机油压力下降 |
| 进排气门卡滞不能关闭 | 个别缸不工作,功率下降,机体抖动。若排气门卡滞,排气管会出现"喘气"声 |
| 活塞与缸壁间隙过大,活塞环对口或抱死 | 机油加注口脉动冒烟,排气管冒浓蓝烟,机油消耗多,机油品质恶化,燃油消耗多而功率下降 |
| 排气门弹簧折断 | 个别缸不工作,发动机振抖,怠速不稳,不易加速 |
| 点火正时不准 | 燃油消耗多,爆震,排气管放炮,功率下降 |

### (三) 发动机异响的振动区域

发动机常见异响所引起的振动,可分为 4 个区域,如图 2-1 所示。

#### 1. A-A 区域

该区域为缸盖部位。可用螺丝刀或金属棒触听汽缸盖各燃烧室部位,能辅助诊断活塞顶碰缸盖、汽缸上部凸肩、气门座圈脱出等故障。

#### 2. B-B 区域

该区域为挺杆室及其对面部位。在挺杆室

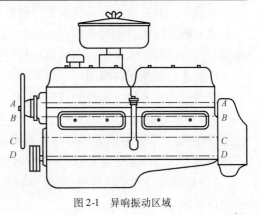

图 2-1　异响振动区域

一侧,可听察气门组合件及挺杆等发响;在其对面,能辅助诊断活塞敲缸一类故障。

**3. C-C 区域**

该区域为凸轮轴部位。可用螺丝刀或金属棒触听凸轮轴的前、后衬套部位或正时齿轮室盖部位,可辅助诊断凸轮轴正时齿轮破裂或其固定螺母松动、凸轮轴衬套松旷等故障。

**4. D-D 区域**

该区域为曲轴部位。用螺丝刀或金属棒触听汽缸体与油底壳结合面的附近,可辅助诊断曲轴轴承发响或曲轴裂纹等故障。

## 二、发动机异响故障的诊断程序

### (一) 异响的确定

所谓异响的确定,是指从声响中找出异响。

在众多混杂的发动机运转声响中,应确定哪些是正常的声响,哪些是异响。异响中哪些是尚允许存在的,哪些则是不允许继续存在,必须予以排除的,这是异响诊断过程中首先应明确的。

异响的确定原则是:

(1) 若声响在低速运转时显得轻微、单纯,在高速运转时虽显得轰鸣但却平稳均匀,在加速和减速时声响显得过渡圆滑,则为正常声响。

(2) 若声响中伴随着沉闷的"镗、镗"声,清脆的"铛、铛"声,短促的"嗒、嗒"声,细微的"唰、唰"声,尖锐的"喋、喋"声和强烈的"嘎、嘎"声等声响,即表明发动机存在不正常的异响。至于异响是否允许存在,可依据以下情况决断:

① 声响仅在怠速运转时存在,转速提高后即自行消失,在整个使用过程中声响又无明显变化的,则属于危害不大的异响,允许暂时存在,待适当时机再行修理。

② 声响在突然加速或突然减速时出现,而且在中、高速运转期并不消失,同时又引起机体振抖,则属于不允许继续存在的异响,应立即查明原因,予以排除。

③ 如果声响是在运转中突然出现的,且又较猛烈,则不应继续运转或试听诊断,而应立即停机拆检。一般拆检顺序是先拆油底壳,次拆缸盖,再拆气门室盖(罩)。

### (二) 异响的确诊

所谓异响的确诊是指对异响进行特性分析,进而认定异响的部位、原因和程度。

就异响出现的时期和连续存在的时间而言,异响一般都分别存在于怠速或低速运转期间、高速运转期间、整个运行期间等几种时期。

**1. 怠速或低速运转期间**

当遇到此种条件下出现的异响,可依以下顺序诊断:

(1) 用单缸断火法检查异响与缸位是否有关联。若某缸断火后异响有明显的变化,说明故障即在该缸;若某缸断火后异响并无明显的变化,说明异响与该缸并无关系。继而逐缸检查异响与工作循环是否有关联,判定出故障所在部位。

(2) 逐渐提高发动机转速,听察异响有无变化,根据异响随转速的变化,判断运动机件耗损的程度。

(3)在诊断过程中,还应注意观察发动机温度的变化对异响的影响。

通过上述过程的诊断,基本可查明异响与发动机的负荷、工作循环、转速、温度之间的关系。如若异响与某种异响特性相符合,则可作出确诊结论。

**2. 高速运转期间**

如果遇到此种条件下出现的异响,可依以下顺序诊断:

(1)从低速逐渐提高发动机转速,直至高速运转。在此过程中,注意异响出现的时机。

(2)当异响出现后,稳定于该转速运转,仔细听察异响,利用单缸断火法查明缸位。

(3)若难以查明缸位,则应用螺丝刀(或金属棒)听察法找到异响分布的区域。

(4)若在从低速逐渐提高转速的过程中,并不出现异响,而在急加速或急减速时出现异响,则可用单缸断火法,配以速度的急剧变化,判明异响所在缸位。

(5)在诊断过程中,同时还应注意机油压力、机油加注口、排气管等处的伴同现象变化,综合分析,从而得出确诊结论。

**3. 运行期间**

运行中的发动机异响,一般都能在停车后使发动机处于同速度运转中得到重现,从而推断出异响故障的确诊结论。但有时也有例外,运行中的异响,停车后使发动机同速度运转,却不再出现这种异响。遇到这种情况则应调节节气门开度或急剧改变转速,一般都能使异响再现。然后再确诊其缸位和原因,得出确诊的结论。

有时运行中出现的异响,不一定是发动机产生的,也可能是其他机构产生的异响,为此应踩下离合器踏板或脱开变速器挡位,再做急加速试验。若异响消失,表明异响不在发动机而在底盘或车身部位。

### 三、曲柄连杆机构异响的诊断

曲柄连杆机构常见的异响有曲轴轴承响、连杆轴承响、活塞敲缸响、活塞销响和活塞环响等。此类异响都严重地影响发动机的正常工作,加剧发动机的损坏,缩短使用寿命,必须认真诊断排除。

#### (一)曲轴轴承响

诊断曲轴轴承响,可在发动机 $D$-$D$ 区域(图 2-1)辅助听诊。

**1. 故障现象**

(1)发动机稳定运转时,一般没有声响。当发动机转速突然变化时,发出沉闷连续的"镗、镗"敲击声,同时伴有发动机振动的现象。

(2)发动机负荷变化时,声响明显。

(3)发动机转速越高,声响越大。

(4)单缸断火时,声响无变化,而相邻两缸断火时,声响明显减弱。

**2. 故障原因**

(1)曲轴轴承与轴颈间隙过大。

(2)曲轴轴向间隙过大。

(3)曲轴轴承盖螺栓松动。

(4)曲轴轴承与轴颈润滑不良,使轴承合金烧蚀脱落。

(5) 曲轴弯曲。

**3. 故障诊断与排除**

(1) 若在低、中速状态下抖动节气门,发动机发出明显而沉闷的连续敲击声,同时伴有发动机振抖现象,则可诊断为曲轴轴承响。

(2) 如果进行单缸断火试验,声响变化不大,而相邻两缸断火时,声响明显减弱或消失,则可诊断为两缸之间的曲轴轴承发响。

(3) 高速运转发动机,若机体振动较大,同时伴有机油压力显著下降,可诊断为曲轴轴承与轴颈间隙过大或轴承合金烧蚀脱落。

(4) 发动机转速不高,机体却振动较大,甚至有摆动摇晃现象,同时发出沉重、粗闷而较大的"嘣、嘣"敲击声,可诊断为曲轴断裂。

(5) 声响随温度升高而增大,高速时声响变得杂乱,可能是曲轴弯曲。

**(二) 连杆轴承响**

**1. 故障现象**

(1) 发动机怠速运转时无明显声响,而高速时有"咯、咯"敲击声,急加速时声响尤为明显。

(2) 进行断火试验,声响明显减弱或消失。

(3) 当发动机负荷增加时,声响随之增大。

(4) 连杆轴承声响较曲轴轴承声响轻缓而短促。

(5) 当发动机温度变化时,声响并无变化。

**2. 故障原因**

(1) 连杆轴承与轴颈磨损过量,径向间隙过大。

(2) 连杆轴承盖紧固螺栓松动。

(3) 连杆轴承合金烧蚀、脱落。

(4) 连杆轴颈失圆。

(5) 连杆轴承润滑不良。

**3. 故障诊断与排除**

(1) 发动机转速由怠速向中速过渡,声响越加清晰。随着转速的增高,敲击声更为突出,可诊断为连杆轴承响。

(2) 对某缸进行断火试验,声响减弱或消失,说明该缸连杆轴承响。

(3) 发动机不论转速和温度的高低,都发出严重而无节奏的"铛、铛"声响,且伴有振动,进行断火试验声响不改变,可诊断为连杆轴承合金烧蚀。

**(三) 活塞敲缸响**

活塞敲缸是指工作行程开始的瞬间或当活塞上行时,活塞在气缸内摆动或窜动,其头部或裙部与缸壁、缸盖相碰撞。活塞敲缸时的声响,称为活塞敲缸响。

诊断活塞敲缸响时,可在发动机 $B\text{-}B$ 区域辅助听诊,见图 2-1。

**1. 冷态敲缸**

(1) 故障现象:

①低温时有敲击声,温度正常后声响减弱或消失。
②怠速时发出有节奏的"嗒、嗒"敲击声,转速提高后声响消失。
③火花塞每跳火1次,发响2次。
④某单缸断火试验,声响减弱或消失。
(2)故障原因:
①活塞与缸壁的间隙超过极限值。
②缸壁润滑不良。
③机油压力过低。
(3)故障诊断与排除:
①冷车运转时将发动机转速控制在声响明显处,察看机油加注口是否冒烟,排气管是否冒蓝烟,并用螺丝刀抵触机油加注口处一侧的缸壁,将耳朵贴在螺丝刀的木柄上,倾听是否有振动的敲击声。若有以上状况,则为活塞敲缸响。
②进行逐缸断火试验。若某缸断火后声响减弱或消失,复火时声响明显增大1~2声后,又恢复原来声响,当发动机温度升高后声响减弱或消失,可诊断为活塞裙部与缸壁敲击。
③将有敲击声响汽缸的火花塞拆下,注入少量机油,装上火花塞,摇转曲轴数圈后,起动发动机再进行试验。若声响消失或明显减弱,但不久又复出,可确诊为该缸活塞敲缸。
④发动机仅冷车时敲缸,热车后声响消失,发动机可继续使用,等待机会再修。

**2. 热态敲缸**

(1)故障现象:
①怠速时发出"嗒、嗒"声,高速时发出"嘎、嘎"的连续金属敲击声,且机体伴有抖动现象。
②温度升高,声响加大。
③火花塞每跳火1次,发响2次。
④某单缸断火试验,声响加大。
(2)故障原因:
①活塞与缸壁的间隙过小。
②活塞与活塞销装配过紧而致活塞变形或反椭圆形。
③连杆轴颈与曲轴轴颈不平行。
④连杆弯曲、扭曲或连杆衬套轴向偏斜。
⑤活塞环背隙、端隙过小。
(3)故障诊断与排除:
①发动机低温时不响,而温度升高后在怠速时出现"嗒、嗒"声,并伴有机体振动现象,且温度越高,声响越大,可诊断为活塞变形或活塞环过紧,导致活塞与缸壁配合间隙过小而润滑不良。
②发动机低温时不响,温度升高后在中、高速时发出急剧而有节奏的"嘎、嘎"声,进行断火试验时,声响变化不大,可诊断为连杆变形或连杆装配位置不准。
③进行某缸断火试验,声响反而加大,可诊断为该缸敲缸。

④发动机在热起动后敲缸,且单缸断火后声响加大,遇此情况应停机检修,以免拉缸或使故障恶化。

**3. 冷热态均敲缸**

(1)故障现象:

①发动机低速时有"嗒、嗒"敲击声,转速提高后声响消失,或低速时发出有节奏的且强弱分明的"杠、杠"声响,有时会短暂消失,但很快又复出,转速提高后声响消失。

②进行某缸断火试验,声响减弱或者反而加大,并由节奏声响变为连续声响。

③火花塞每跳火1次,发响2次。

(2)故障原因:

①活塞销与连杆小头装配过紧。

②连杆轴承装配过紧。

③活塞裙部圆柱度误差过大。

(3)故障诊断与排除:

①逐缸进行断火试验,若某缸声响减小但不消失,可诊断为该缸连杆与曲轴或活塞销装配过紧。

②断火试验时该缸声响加重,且由间断声响变为连续声响,可诊断为活塞磨损变形。

③低速时有"嗒、嗒"敲击声,当转速提高后声响消失,可诊断为活塞裙部圆柱度误差过大。

④发动机在冷热态均敲缸,一般是活塞连杆组技术状况恶化所致,应及时恢复技术性能。

**(四)活塞销响**

**1. 故障现象**

(1)发动机怠速时发出有节奏而又清脆的"嗒、嗒"声响,突然加大节气门时,声响也随之加大。高速时,声响混浊不清。

(2)进行断火试验时,声响减弱或消失。

(3)火花塞每跳火1次,发响2次。

**2. 故障原因**

(1)活塞销与连杆衬套磨损过甚而松旷。

(2)活塞销与活塞销座孔松旷。

(3)机油压力过低,润滑不良。

(4)活塞销严重烧蚀。

(5)活塞销折断。

(6)活塞销锁环脱落致使活塞销窜动。

**3. 故障诊断与排除**

(1)使发动机处于怠速位置,抖动节气门到中速位置,如声响能灵活地随之变化,并且每抖动一次节气门,都能听到明显、清晰、尖脆而连续的"嗒、嗒"声响,可诊断为活塞销响。

(2)将发动机转速控制在声响最明显处,然后逐缸进行断火试验。若断火后,声响减弱或消失,复火时发出"嗒"的敲击声,且气缸上、中部比下部声响大,可诊断为活塞销响。

(3)若声响较严重,且发动机转速越高,声响越大,而在声响最大的转速下进行断火试验,声响变得更加杂乱,可诊断为活塞销与衬套配合松旷。

(4)当发动机怠速运转时,出现有节奏而较沉重的"吭、吭"碰击声;转速提高后,声响不消失,同时伴随机体抖动现象;断火试验时,声响反而增大,可诊断为该缸的活塞销自由窜动。

(5)发动机急加速时,声响剧烈而尖锐,进行断火试验时,声响减弱或消失,可诊断为该缸的活塞销折断。

(五)活塞环响

**1. 故障现象**

(1)活塞环敲击声响是钝哑的"啪、啪"声,发动机转速提高,声响随着增大,并且变成较嘈杂的声音。

(2)活塞环漏气响,类似敲缸响,在机油加注口处听察较为明显,单缸断火时,声响较小,但不消失。

**2. 故障原因**

(1)活塞环折断。

(2)活塞环和环槽磨损,造成背隙和端隙过大,密封性降低。

(3)缸壁磨损后,顶部出现凸肩,重新调整连杆轴承后,使活塞环与缸壁凸肩相碰。

(4)活塞环端口间隙过大或各环的端口重合对口。

(5)活塞环弹性过弱或缸壁有沟槽。

(6)活塞环粘在活塞环槽上。

**3. 故障诊断与排除**

(1)作单缸断火试验,声响减小,但不消失,把螺丝刀放在火花塞上细听,发出"啪、啪"声响,可诊断为活塞环折断。

(2)出现"噗、噗"的声响,断火后没有变化,用螺丝刀抵触缸盖有明显的振动,可诊断为活塞环碰击汽缸凸肩。

(3)发动机冷车起动时,发出"嘣、嘣"的声响,在机油加注口处可见脉动地冒蓝烟,频率与声频吻合。进行断火试验时,声响消失,但仍有漏气声,机油加注口处冒烟减轻,甚至消失,可诊断为活塞环漏气响。

(4)发动机温度升高,仍有明显的窜气响,进行断火试验,窜气虽有减弱,但机油加注口处仍有明显漏气现象,可诊断为活塞环与缸壁密封不严。

(5)进一步确诊,可在缸内注入少量机油,起动后较短时间内若声响减弱或消失,可确诊为活塞环与缸壁密封不良。若注油后,仍冒烟或更甚,可诊断为活塞环对口或活塞环弹力不足或活塞环卡死。

四、配气机构异响的诊断

配气机构常见异响有气门响、气门座圈响、凸轮轴响、正时齿轮响等。异响的产生,表明各机件耗损或调整不当,影响发动机的性能,应及时调整或更换新件。

## (一)气门响

**1. 故障现象**

(1)发动机怠速时,在气门室处发出有节奏的"嗒、嗒"声响。

(2)发动机转速增高,声响也随之增大,中速以上时,声响模糊嘈杂。

(3)发动机温度变化或进行断火试验,声响不变。

**2. 故障原因**

(1)气门杆端和摇臂之间磨损或调整不当,气门间隙过大产生碰击。

(2)气门间隙调整螺钉磨损偏斜。

(3)气门弹簧座脱落。

(4)气门杆与气门导管间隙过大。

(5)凸轮磨损过量,运转中挺柱产生跳动。

**3. 故障诊断与排除**

(1)在气门室罩听察,声响频率随发动机转速高低而增减。当发动机温度变化或进行断火试验时,声响不随之变化,可诊断为气门响。

(2)拆下气门室罩逐个检查气门间隙,一般是间隙过大的气门发响。

(3)调整气门间隙至规定值后仍发响,可诊断为气门杆与气门导管磨损过量或气门弹簧座脱落。

## (二)气门座圈响

**1. 故障现象**

(1)发动机冷车初起动时,声响易出现。

(2)声响与转速没有必然的关系,在运转期间偶尔发出清脆的蹩气门声响,且很快就消失。严重时,此声响将频繁出现。

(3)声响出现时,伴随出现个别缸不工作。声响消失,汽缸工作恢复正常。

(4)火花塞每跳火1次,发响1次。

**2. 故障原因**

(1)选用座圈材料的热膨胀系数过小。

(2)气门座圈与缸体镶配过盈量过小。

**3. 故障诊断与排除**

(1)当声响出现时,伴有个别缸不工作;声响消失,发动机恢复正常,则可诊断为不工作缸的气门座圈松脱。

(2)利用汽缸压力表逐缸测量汽缸压力,压力低的缸为异响缸。

## (三)凸轮轴响

**1. 故障现象**

(1)发动机中速运转时声响明显,从缸体凸轮轴一侧发出钝重的"嗒、嗒"声响,高速时声响模糊不清。

(2)进行单缸断火试验,声响不变。

(3)凸轮轴轴承附近伴有振动。

## 2. 故障原因

(1) 凸轮轴轴承与轴颈配合间隙过大,造成松旷。

(2) 凸轮轴轴承合金烧蚀、剥落或磨损过甚。

(3) 凸轮轴轴向间隙过大。

(4) 凸轮轴弯曲。

(5) 凸轮轴轴承松旷转动。

## 3. 故障诊断与排除

(1) 使发动机在声响最强的转速下运转,用螺丝刀触及汽缸体凸轮轴各轴承附近的部位进行听诊。若某处声响较强并伴有振动,可诊断为该处轴承发响。

(2) 进行断火试验,声响无变化。在缓慢加大节气门开度的过程中,若怠速时声响清晰,中速时声响明显,高速时声响由杂乱变得减弱,可诊断为凸轮轴轴向间隙过大或轴承松旷转动。

### (四) 正时齿轮响

## 1. 故障现象

(1) 发动机怠速运转或转速改变时,在正时齿轮室盖处发出杂乱而轻微的"嘎啦"声,转速提高后声响消失,急减速时,声响尾随出现。

(2) 单缸断火试验时,声响无变化。

(3) 声响有时受温度影响,高温时声响明显。

(4) 有时伴随声响出现正时齿轮室盖振动。

## 2. 故障原因

(1) 正时齿轮磨损或装配不当,啮合间隙过大或过小。

(2) 曲轴和凸轮轴中心线不平行。

(3) 齿轮润滑不良。

(4) 凸轮轴正时齿轮松动。

(5) 凸轮轴正时齿轮轮齿折断,或齿轮径向破裂。

## 3. 故障诊断与排除

(1) 若发动机怠速运转时发出有节奏的"嘎啦、嘎啦"声,中速时突出,高速时杂乱,用螺丝刀触及正时齿轮室盖部听诊,声响更明显,则可诊断为正时齿轮啮合间隙过大。

(2) 发动机转速变化,声响随之变化,且声响类似于"呼啸"声,可诊断为正时齿轮啮合不良。

(3) 若发动机怠速运转时,发出有节奏的"哽、哽"声响,随发动机转速提高,声响随之加大,可诊断为正时齿轮啮合不均匀。

(4) 将发动机转速逐渐提高到某一较高转速,若突然发出强烈而杂乱的声响,而急减速时同样会发出一声"嘎"的声响(正时齿轮室盖有振动感),然后消失,可诊断为凸轮轴正时齿轮松动。

(5) 新车或更换正时齿轮后出现连续不断的"呜、呜"声,转速越高越明显,可诊断为齿轮啮合间隙过小。

## 五、汽缸压力的测量

活塞到达压缩冲程上止点时汽缸压缩压力的大小,可以表明汽缸密封性的好坏。

检测汽缸压缩压力,通常使用机械式压力表。

### (一)机械式压力表的结构和测量原理

常用的机械式压力表是弹簧管式压力表,它结构简单,工作可靠,使用方便,测量范围广,读数直接,应用广泛。

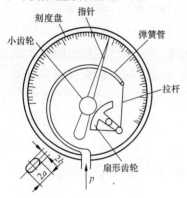

图 2-2 弹簧管式压力表

弹簧管式压力表是利用表内弹性元件在压力作用下的弹性变形来测量压力的,如图 2-2 所示。弹簧管的种类很多,有 C 形、螺线形、S 形等,截面积可分为椭圆形、弓形、平椭圆形等。当传递被测压力的介质进入自由端封闭的弹簧管的时候,管子产生弹性变形,使弹簧管向外伸张,在自由端产生位移,此位移经齿轮机构拨动指针。

这种压力表的测压范围很广,可测量 0.03~1000MPa 的压力,也可测量真空度。

### (二)汽缸压缩压力的检测方法

将弹簧管式压力表配装一个止回阀和放气阀,就组成了测量汽缸压缩压力的汽缸压力表。用机械压力表测量压缩压力时,测量误差较大。测量结果不仅与汽缸密封性有关,还与转速有关。

**1. 检测条件**

将发动机预热至正常工作温度,用起动机带动发动机转动,转速应在生产厂家规定的范围内。

**2. 检测方法**

(1)汽油机压缩压力的测量:

①拆除空气滤清器。

②清理火花塞周围的脏物,拆下全部火花塞。

③使节气门和阻风门处于全开位置。

④把专用汽缸压力表的锥形橡皮头插在被测量气缸的火花塞孔内,用手压紧。

⑤用起动机带动发动机转动 3~5s,转速为 150~180r/min,待汽缸压力表指针指示并保持最大压力读数时停止转动。

⑥取下汽缸压力表记下读数,按下单向阀使压力表指针回零。

⑦按此方法依次测量各缸的压缩压力,每个汽缸测 3 次取平均值。

⑧各缸的压力值不能低于规定压力值的 80%,各缸的压力差不得大于 5%。

(2)柴油机压缩压力的测量:

①拆下空气滤清器。

②清理喷油器周围的脏物,拆下全部喷油器。

③汽缸压力表的前端有专用连接器,将其安装到喷油器座孔上。

④用起动机带动发动机转动3～5s,转速为300～500r/min,待汽缸压力表指针指示并保持最大压力读数时停止转动。

⑤读取汽缸的压缩压力值,每个汽缸测量3次取平均值。

⑥依次对各缸进行测量,各缸的压力值不能低于规定压力值的80%,各缸的压力差不得大于5%。

### (三)测量结果的分析

(1)检测结果大于规定值,表明燃烧室积炭过多或汽缸衬垫过薄、缸体与缸盖接合平面磨损过多。汽缸压力过大,会影响发动机的使用寿命。

(2)检测结果小于规定值,可先向该缸火花塞(喷油器)孔内注入少量机油,然后重测汽缸压力。如果第二次测量值比第一次高,并接近规定值,表明汽缸、活塞、活塞环磨损过大或活塞环对口、断裂、卡死及缸壁拉伤等原因造成汽缸密封不良。如果第二次测量值仍达不到规定值,表明进、排气门或汽缸衬垫不密封。

## 六、用真空表诊断发动机技术状况

### (一)真空表的结构和测量原理

真空表是一种用于测量发动机进气歧管真空度的工具。发动机进气歧管的真空度是进气歧管内的进气压力与外界大气压力的压力差,是汽油机重要诊断参数之一,可以表征汽缸组和进气歧管的密封性。

真空表由表头和软管组成。真空表的表头结构同汽缸压力表一样,当真空进入表头内的弯管时,弯管更加弯曲,并通过杠杆、齿轮机构带动指针动作,在表盘上指示出真空度的大小。

真空表的量程为0～101.325kPa。软管一头固定在表头上,另一端可方便地连接在进气歧管的接头上。

### (二)测量方法

将发动机预热至正常工作温度,把真空表软管连接到进气歧管上,观察真空表指针的指示值,并改变发动机的转速,观察真空度的变化情况。

### (三)测量结果的分析

(1)发动机在海平面高度下(下同)怠速运转时,真空表指针稳定地指在57.42～70.93kPa范围内,表示密封正常。当迅速开启并关闭节气门时,指针能随之摆动在6.76～84.44kPa之间,则进一步表明技术状况良好。

(2)怠速时指针在50.66～67.55kPa之间摆动,表明气门黏滞或点火系有故障。

(3)怠速时指针低于正常值,主要是活塞环、进气管或化油器衬垫漏气造成,也可能与点火过迟或配气过迟有关。此种情况若突然开大并关闭节气门,指针回落至零,且回跳不到84.44kPa。

(4)怠速时指针在40.53～60.80kPa之间缓慢摆动,表明化油器调整不良。

(5)怠速时指针在33.78～74.31kPa之间缓慢摆动,且随转速升高而加剧摆动,表明气门弹簧弹力不足、气门导管磨损或汽缸衬垫泄漏。

（6）怠速时指针有规律地跌落，表明某气门烧毁，每当气门烧毁的气缸工作时，指针就跌落。

（7）怠速时指针逐渐下落至零，表明排气消声器或排气系统阻塞。

（8）怠速时指针快速摆动，升速时指针反而稳定，表明进气门与其导管磨损松旷。

进气管真空度随海拔升高而降低。海拔每升高 1000m，真空度将减少 10kPa 左右，检测时应根据所在地海拔高度修正诊断标准。

## 课题二　汽油机燃油供给系故障诊断与排除

燃油供给系统的作用是将燃油从油箱中泵出，并经过滤清、调压后提供给喷油器，再由喷油器喷入发动机参加燃烧。如果系统发生阻塞、泄漏、供油中断、供油压力失常（压力过高或过低）等故障，必然引起发动机燃料供给的失常，从而造成发动机动力不足、加速不良、排气冒黑烟、燃油消耗过大、不能起动等故障现象。

燃油供给系统一般由燃油箱、燃油泵、燃油滤清器、压力缓冲器、油压调节器、喷油器等零部件组成（图2-3、图2-4），其中，燃油泵磨损或卡滞、燃油滤清器阻塞等会引起供油压力下降或中断；燃油压力缓冲器和油压调节器失常，会引起供油压力不稳、过高或过低。

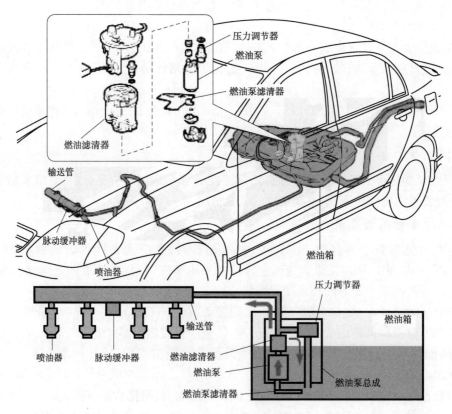

图 2-3　燃油系统布置示意图

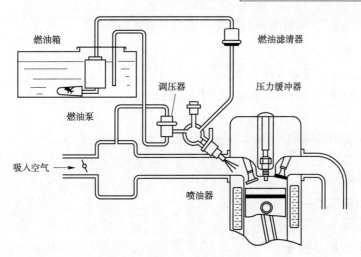

图 2-4 燃油供给系统的工作原理

# 一、不来油或来油不畅故障诊断

## （一）故障现象

(1) 点火系工作正常，但发动机不能起动。
(2) 勉强能起动，但发动机不能正常运行。

## （二）故障原因

(1) 燃油箱内存油不足。
(2) 油管堵塞、破裂或接头松动漏油。
(3) 汽油滤清器堵塞。
(4) 燃油泵、燃油泵继电器不工作，燃油泵熔断丝烧断或线路断路、短路。
(5) 燃油压力调节器损坏，造成系统燃油压力过低，导致喷油器喷油量严重不足。

## （三）故障诊断与排除

(1) 检查油箱是否有油，若存油量过少，则予以补足。
(2) 检查油管是否堵塞、破裂或接头松动漏油。若有异常，予以修复或更换。
(3) 拆下汽油滤清器，检查是否堵塞或失效。若有异常，更换汽油滤清器。
(4) 检查燃油泵是否工作（见后面相关内容）。
(5) 检测燃油泵最大压力和保持压力（见后面相关内容）。
(6) 检测燃油压力（见后面相关内容）。

# 二、混合气过浓故障诊断

## （一）故障现象

(1) 发动机怠速不稳。
(2) 排气管冒黑烟，且伴有"突、突、突"的放炮声。
(3) 发动机功率下降，油耗增加。

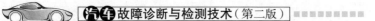

(4)拆下火花塞,在电极表面有潮湿的汽油和大量的积炭。

### (二)故障原因

(1)冷却液温度传感器工作失常。

(2)空气流量计或进气压力传感器工作失常。

(3)节气门位置传感器工作失常。

(4)冷起动喷油器漏油或冷起动控制失常。

(5)燃油压力过高。

(6)喷油器漏油。

(7)氧传感器失效。

(8)个别喷油器连续喷油。

### (三)故障诊断与排除

(1)检测冷却液温度传感器,其在不同温度下的电阻值应符合标准。若电阻值大于实际温度下的电阻值,会使 ECU 误认为发动机处于低温状态,从而进行冷车加浓控制,使混合气过浓。

(2)检测空气流量计或进气压力传感器,其数值应符合标准。空气流量计或进气压力传感器的误差会直接影响喷油量。检测结果如有异常,应更换空气流量计或进气压力传感器。

(3)检查节气门位置传感器:

①开关式节气门位置传感器,在节气门处于中小开度时,全负荷开关应断开。若全负荷开关始终闭合或闭合时间过早,会使 ECU 始终或过早地进行全负荷加浓,从而使混合气过浓。

②线性式节气门位置传感器,应检查各工况的输出信号是否符合标准值。若有异常,应予以更换。

(4)检测燃油压力。怠速时的燃油压力应为 250kPa 左右,随着节气门的开启,燃油压力应逐渐上升。节气门全开时的燃油压力约为 300kPa 左右。若燃油压力能随节气门开度变化而改变,但压力始终偏高,则说明油压调节器有故障,应更换;若燃油压力不能随节气门开度变化而改变,则说明油压调节器的真空软管破裂或脱落,或燃油压力调节控制电磁阀有故障,使进气管真空度没有作用在油压调节器的真空膜片室上,导致油压过高。对此,应更换软管或电磁阀。

(5)带有冷起动喷油器的发动机,应检查冷起动喷油控制是否正常。用电压表或试灯接在冷起动喷油器线束插头上,检查发动机起动时冷起动喷油器工作的持续时间是否符合标准值。若工作时间过长或起动后一直工作,则说明冷起动喷油控制失常,应检查冷起动时间温度开关及控制电路。

(6)拆卸喷油器,检查各喷油器有无漏油。如有异常,应清洗或更换喷油器。

(7)检查氧传感器。

(8)检查某缸喷油器是否连续喷油。

①拆下该缸喷油器,检查是否因发卡而连续喷油。若发卡,则应予以更换。

②检查控制线路是否有搭铁。若线路正常,则应更换 ECU。

混合气过浓故障诊断可以参照图2-5进行,由于不同车辆的配置不同,具体流程可能会有所差异,请参阅所修车型的维修手册。

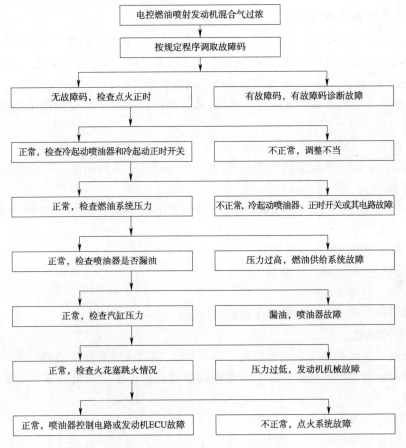

图2-5　发动机混合气过浓故障诊断流程

## 三、混合气过稀故障诊断

### (一)故障现象

(1)发动机不易起动。

(2)发动机功率下降,温度过高。

(3)发动机转速不易提高,加速时有回火现象。

(4)怠速不稳,容易熄火。

### (二)故障原因

(1)冷却液温度传感器工作失常。

(2)空气流量计或进气压力传感器工作失常。

(3)节气门位置传感器工作失常。

(4)燃油压力过低。

(5)进气系统漏气。

(6)喷油器堵塞或雾化不良。
(7)氧传感器失效。

### (三)故障诊断与排除

(1)进行故障自诊断,检测有无故障码。若有故障码,按故障码查找故障原因。

(2)检测冷却液温度传感器,其在不同温度下的电阻值应符合标准。若电阻值小于实际温度下的电阻值,会使 ECU 误认为发动机处于高温状态,使混合气过稀。

(3)检测空气流量计或进气压力传感器,其数值应符合标准。检测结果如有异常,应更换空气流量计或进气压力传感器。

(4)检查节气门位置传感器。在节气门处于全负荷时,全负荷开关应闭合。若闭合时间过迟或不能闭合,会使 ECU 误认为全负荷过迟或不是全负荷而不能进行全负荷加浓,从而使混合气过稀。

(5)检测燃油压力。如压力过低,应进一步检查电动燃油泵、燃油压力调节器、汽油滤清器等。

(6)检查进气系统有无漏气现象。
①检查进气管接头是否松动漏气。
②检查进气管是否破裂。
③检查进气歧管上的真空管有无脱落或折断。

(7)拆检喷油器。
①检查喷油器滤网和喷口是否堵塞。若有异常,应清洗或更换喷油器。
②检测喷油器的喷油是否正常。若喷油器的喷油量小于规定值或雾化不良,应清洗或更换喷油器。

(8)检查氧传感器。

混合气过稀故障诊断可以参照图 2-6 进行,由于不同车辆的配置不同,具体流程可能会有所差异,请参阅所修车型的维修手册。

## 四、燃油压力测试方法

### (一)泄掉燃油系统残余油压

**1. 发动机运转法**

拔掉燃油泵熔断丝(使燃油泵停止工作),起动发动机,利用发动机的运转消耗掉燃油系统的残余燃油。

对于有些汽车而言,燃油泵与喷油器、点火模块等共用一个熔断丝,用该方法无法泄压,此时可以用先拔下燃油泵电插头,再起动发动机的方法来泄压。

**2. 直接释放法**(注意防火)

用棉纱包住燃油滤清器的油管接头,用工具慢慢松开油管接头,利用棉纱吸收从油管接头渗出的燃油,直至燃油系统的残余油压被完全释放,然后再拧紧油管接头。

### (二)接入燃油压力表

拆卸供油管与供油轨的连接螺柱(注意妥善处理燃油管内的剩油),采用专用燃油检测软管和接头（最好采用带开关的三通接头，以便进行如后所述的内漏诊断，带开关的一端接供油轨，不带开关的一端接供油管，中间接口接燃油压力表）接入燃油压力表，如图 2-7 所示。

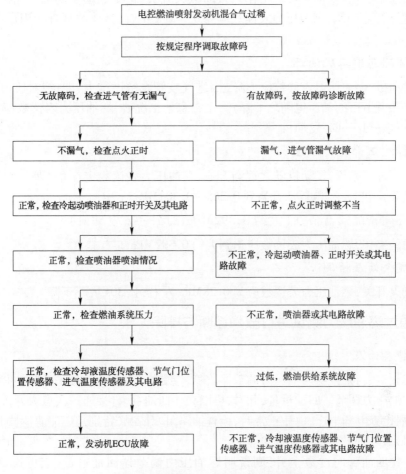

图 2-6　发动机混合气过稀故障诊断流程

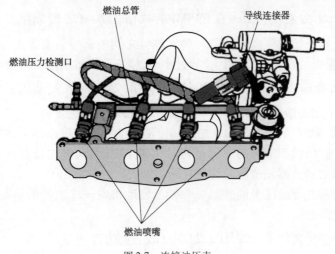

图 2-7　连接油压表

（三）检测静态油压

插回油泵熔断丝（使油泵可以工作），接通点火开关，但不起动发动机。此时，油泵会工作 2~3s，建立静态油压，燃油压力表读数应为 0.3MPa 左右（具体数据查所用车型的维修手册）。

（四）检测怠速工况油压

起动发动机，燃油压力表读数应下降（因进气歧管真空度增大，即：绝对压力下降，经燃油压力调节器调节后的油压也随之下降）。正常怠速工况时，燃油压力表读数应为 0.196~0.235MPa（丰田 2JZ—GZ 发动机）左右。

（五）检测正常运行油压

慢慢踩下加速踏板，发动机随之逐渐升速，燃油压力表读数应在 0.196~0.235MPa（丰田 2JZ—GZ 发动机）基础上逐渐升高到 0.265~0.304MPa。

（六）检测系统最高油压（大约 0.392MPa，2JZ—GZ 发动机）

将回油管夹住，燃油压力表读数应达到大约 0.392MPa 左右。

（七）残余油压检测

断开点火开关，燃油压力表读数应为 0.28MPa 左右，且 30s 内不下降。

## 五、通过燃油压力测试进行故障诊断与排除

（一）静态油压

如果读数过大，则说明燃油压力调节器故障，应更换；如果读数过小，则说明油泵供油压力不足或燃油压力调节器回油过量，此时，可以夹住回油管，再接通一次点火开关，如果读数仍然过小，则检查电源电压；电压正常时，检查油路阻塞情况（特别是燃油滤清器和燃油泵入口处的滤网）；没有阻塞，则更换油泵。

如果夹住回油管时读数上升，则说明燃油压力调节器回油过量，应更换燃油压力调节器。

（二）怠速工况油压（0.196~0.235MPa，丰田 2JZ—GZ 发动机）

读数过大时，检查燃油压力调节器与进气歧管之间的真空管有无破裂、漏气点或阻塞，真空管正常则更换燃油压力调节器。读数过小时，检查发动机的空气滤清器是否严重阻塞。

（三）正常运行油压（0.265~0.304MPa，丰田 2JZ—GZ 发动机）

如果迅速踩下加速踏板，燃油压力表读数应先下降，再上升。

读数先下降的原因是 ECU 的加速加浓功能使燃油喷射量突然增大，喷油量变化速度高于燃油压力调节速度；读数上升的原因是相对怠速工况而言，进气歧管真空度下降，绝对压力增大，经燃油压力调节器调节后的油压也随之增大。

情况不符时，检查燃油压力调节器真空管及发动机空气滤清器的情况，情况正常，则更换燃油压力调节器。

（四）最高油压（大约 0.392MPa，2JZ—GZ 发动机）

如达不到，则说明油泵性能下降，可能是由于磨损等原因造成，应更换燃油泵。

### (五)残余油压

如果读数下降,则说明油路中有泄漏点。应先查外漏,再查内漏(例如:燃油泵止回阀泄漏、喷油器喷嘴滴漏、压力调节器回油阀泄漏等)。外漏一般通过目测、手摸来检查,内漏则需要启用专门的检测程序来检查,步骤如下:

(1)拔下燃油压力调节器真空管,看有无燃油渗出。有则更换燃油压力调节器;无则进行下一步。

(2)夹住回油管,看压力表读数是否仍然下降。如不再下降,则说明燃油压力调节器回油阀关闭不严,应更换燃油压力调节器;如仍然下降,则进行下一步。

(3)关闭压力表三通接头上的开关,看压力表读数是否仍然下降。如仍然下降,则说明油泵单向阀关闭不严,应更换油泵;如不再下降,则说明喷油器有滴漏现象,应清洗或更换喷油器。

## 六、油泵控制电路测试、诊断与维修

油泵控制电路用来向电动燃油泵提供工作电源,使其能够根据发动机运转的需要向燃油供给系统输送一定流量和一定压力的燃油。一旦该控制电路发生故障,使电动燃油泵不能运转或转速不足,必然会造成发动机不能运转或动力不足。

油泵控制电路的基本控制功能是:点火开关接通但不起动发动机时,给电动燃油泵通电3~5s,以便建立初始油压,为发动机起动做准备;点火开关接通且发动机持续运转时,给电动燃油泵持续通电,以便提供发动机运转所需的燃油;没有断开点火开关但发动机意外熄火时,自动切断电动燃油泵的电源,以防发生危险;某些车型还具有燃油泵转速调节功能,即当发动机负荷较小、所需燃料较少时,给电动燃油泵提供较低电压,使电动燃油泵低速运转;当发动机负荷较大、所需燃料较多时,给电动燃油泵提供较高电压,使电动燃油泵高速运转。

如果电动燃油泵的运转不符合上述情况,即可断定油泵控制电路发生了故障。一般可以利用万用表、试灯、短接线等常用仪器及工具,根据油泵控制电路的工作原理,通过测试有关电路点的电压等方法来进行检测和故障诊断。

### (一)转速信号控制型油泵控制电路

这种电路的特点是利用发动机的转速信号来判断发动机的运转状态:有转速信号,表明发动机运转,油泵电路可以接通;没有转速信号,表明发动机不运转,油泵电路自动切断。

电路原理如图2-8所示,适用于佳美、花冠用3S—FE、4S—GE、5S—FE、JZ系列发动机、皇冠3.0用1JZ—FE发动机等。

为了便于进行故障诊断及其他维修操作,丰田车系发动机舱内设有诊断座(检查插头),诊断座内设有"+B"脚和"FP"脚,由图2-8可知,点火开关转至"ON"位但不起动发动机时,只要用短接线将"+B"脚和"FP"脚短接,电动燃油泵就可以单独运转。

有些车型的驾驶室内还设有专用的油泵检查开关(图2-8中的2P),接通该开关,也可以使电动燃油泵单独运转。

### (二)可调转速的油泵控制电路

由于发动机负荷不同,所需的供油量也有所不同。因此,有些车型的燃油泵控制电路具有转速调节功能,转速的调节方法也存在一定差异。

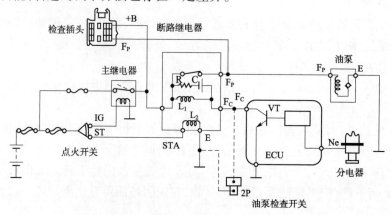

图 2-8 转速信号控制型燃油泵控制电路

**1. 利用电阻调节转速的油泵控制电路**

这种油泵控制电路如图 2-9 所示,适用于凌志 ES300、LS300 用 3VZ—FE、4VZ—GE 发动机、皇冠 3.0 用 2JZ—GE 发动机等。

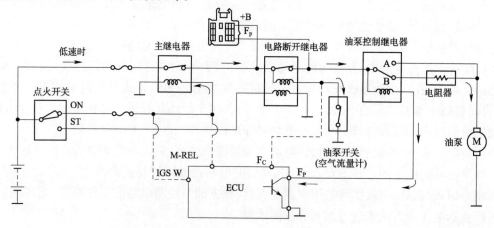

图 2-9 使用燃油泵电阻的燃油泵控制电路

**2. 使用燃油泵 ECU 的燃油泵控制电路**

这种油泵控制电路如图 2-10 所示,适用于凌志 LS400 用 1UZ—FE、V 形 8 缸发动机、皇冠 3.0 用多款发动机等。

该控制电路中,专设了一个燃油泵 ECU,用来对燃油泵转速(泵油量)进行控制:当发动机在起动阶段或高速、大负荷工况下工作时,燃油泵高速运转。当发动机在怠速或小负荷工况下工作时,燃油泵低速运转。当发动机的转速低于最低转速(如 120r/min)时,燃油泵停止工作。图中发动机 ECU 与燃油泵 ECU 之间的 $D_1$ 电路为燃油泵 ECU 的故障诊断信号线路。

**3. 其他类型的燃油泵控制电路**

除了以上两种燃油泵控制电路外,有些车型还具有事故燃油安全控制功能,例如:安全气囊充气胀开时燃油泵自动停止运转、车辆发生碰撞或翻车时燃油泵停止运转等,诊断与维修时,请查阅其燃油泵控制电路。

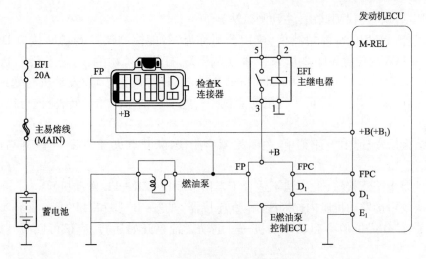

图2-10 使用燃油泵ECU的燃油泵控制电路

**(三) 燃油泵控制电路检查**(以丰田卡罗拉1ZR—FE发动机为例)

丰田卡罗拉1ZR-FE发动机燃油泵控制电路如图2-11所示。

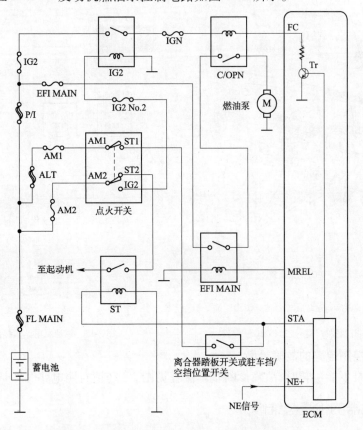

图2-11 丰田卡罗拉1ZR—FE发动机燃油泵控制电路

**1. 基本检查——燃油泵运转测试**

测试方法有两种:专用故障检测仪测试法和燃油泵电路短接法。

1)专用故障检测仪测试法(主动测试法)

将丰田公司专用的故障检测仪(丰田公司称为"智能检测仪")与诊断接口 DLC3 相接(诊断接口 DLC3 的位置见图 2-12);接通点火开关,打开故障检测仪,进入菜单 Powertrain/Engine and ECT/Active Test/Control the Fuel Pump/Speed(动力传输/发动机与变速器/主动测试/控制燃油泵/速度),即可执行主动测试——电动燃油泵开始运转,应该可以听到燃油泵运转声。

测试结束后,应退出上述菜单、关闭故障检测仪、断开点火开关后,再断开与诊断接口 DLC3 的连接。

2)燃油泵电路短接法(此方法不适合于丰田卡罗拉 1ZR—FE 发动机)

用短接线短接发动机舱内诊断座(检查连接器)的"+B"脚和"FP"脚,如图 2-13 所示;将点火开关置"ON"位但不起动发动机——电动燃油泵开始运转,应该可以听到燃油泵运转声。

测试结束后,应断开点火开关,拆下诊断座(检查连接器)上的短接线。

基本检查中,如果听不到燃油泵运转声,则需要转入燃油泵控制电路的故障诊断程序。

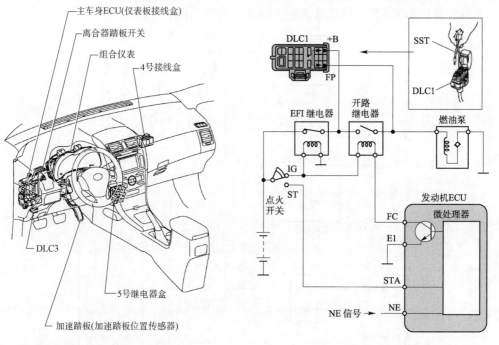

图 2-12 丰田卡罗拉诊断接口(DLC3)位置　　图 2-13 燃油泵电路短接法

**2. 燃油泵控制电路的故障诊断**

电动燃油泵不能运转时,故障诊断基本流程见图 2-14(请对照电路图 2-11)。

## 七、喷油器的检查与维修

当喷油器发生阻塞、不能开启、喷出的燃油不能形成雾状时,一般都会造成发动机运转不稳甚至不能运转;当喷油器发生滴漏等故障时,还会造成油耗过大甚至排气冒黑烟等现象。

图 2-14 故障诊断基本流程

喷油器控制电路的短路、断路故障也时有发生,并由此引发喷油器不能喷油或接续喷油,造成发动机不能起动或运转不稳或排气严重冒黑烟等现象。

喷油器内部断路、短路故障一般可以通过测量其电阻的方法进行判断,但阻塞、滴漏、喷出的燃油不能形成雾状等情况则需要在专门的喷油器清洗检测试验台上进行检测与修复。喷油器控制电路方面的故障则需要用万用表、试灯等工具进行检测。

(一)测喷油器的电阻值

拔下喷油器插头,用万用表测喷油器两插脚之间的电阻值,应符合维修手册的要求(低阻值喷油器的电阻值一般为 $2 \sim 3\Omega$,高阻值喷油器的电阻值一般为 $13 \sim 17\Omega$)。不符合要求,则更换喷油器。

(二)检查喷油器的工作情况

起动发动机,并用手触摸喷油器外表,应能感受到喷油器因开闭而产生的振动,用触杆式听诊器还能听到喷油器工作的声音。

如果感受不到喷油器的振动,或听不到喷油器工作的声音,则可以用人工通电的方法进行测试,方法为:拔下喷油器电插头,将喷油器的一个插脚接 12V 电源(对于低阻值喷油器,电路中应串接一个 10Ω 左右的电阻,或从喷油器原插头中获取电源),用导线将另一个插脚间断碰触搭铁,应能够听到喷油器发出的"咔嗒"声,否则,更换喷油器。

如果用人工通电的方法进行测试时,喷油器正常,但起动发动机时,喷油器不工作,则说明喷油器控制电路存在故障,应进行喷油器控制电路检查。

(三)喷油器的清洗

喷油器的清洗有离车清洗和就车清洗两种方式。

**1. 离车清洗**

将各喷油器从发动机上拆下来,并装在喷油器清洗检测实验台上,按照清洗检测实验台的操作说明进行清洗与检测。

该方法的优点是:可以清楚地看到喷雾的形状,可以检测各喷油器的喷油量及喷油量的均匀性,还可以检测喷油器的滴漏情况,清洗的效果比较直观。

该方法的缺点是:需要从发动机上拆下喷油器,且只能对喷油器本身进行清洗,不能清洗燃料供给系统的油路污物。

喷油器清洗检测实验台的外形如图 2-15 所示。由于喷油器的内部有滤芯,为了保证清洗效果,最好先反向清洗,再正向清洗。

维修提示:喷油器的 O 形圈不可重复使用。安装 O 形圈时,应先将其涂上汽油。把喷油器向输油管上安装时,小心不要损坏 O 形圈。把喷油器安装到输油管上后,用手转动喷油器。若喷油器旋转不平滑,则说明 O 形圈已经损坏。

### 2. 就车清洗

专用的就车清洗机内装有加了除碳剂的燃油和电动燃油泵,可将清洗机的连接管与发动机燃油总管上的油压检测口及油压调节器回油管连接,如图 2-16 所示,同时断开汽车上的燃油泵电路(拔下燃油泵熔断丝即可),然后接通清洗机的电动燃油泵电路,起动发动机并以 2000r/min 左右的转速保持运转,约 10min 即可完成清洗。

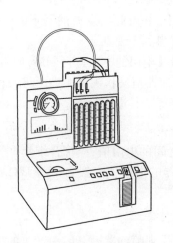

图 2-15 喷油器清洗检测试验台

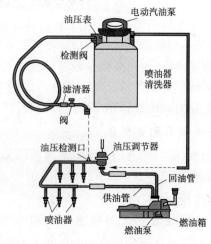

图 2-16 就车清洗机及其连接方法

这种方法的优点是不需要拆卸喷油器,且可以同时清洗油路污物;缺点是:清洗效果不够直观,只能通过发动机的运转状况是否改善来进行判断。

另外还有一种就车清洗方法。不用清洗机,直接在油箱中加入清洗剂,在汽车使用一段时间后即可完成油路的整体清洗。不过,由于清洗剂的存在,会破坏发动机汽缸的润滑油膜而增加发动机的磨损。因此,最好在油箱中油量较少时再使用该方法。

## 八、喷油器控制电路的检查

### (一)喷油器电源供给情况检查

拔下喷油器电插头,接通点火开关,用万用表测插头中电源脚的对地电压,应为 12V。否则,检查电源电路。

### (二)喷油器与ECU的连接情况检查

用万用表测喷油器插头中控制脚与ECU相应插脚之间的连接情况,应该导通,否则,查找断路点。

用万用表测喷油器插头中控制脚与搭铁之间的电阻,应该不通,否则说明控制线路与搭铁之间有短路故障或ECU内部功率三极管发生短路故障,这种短路会造成喷油器连续喷油,引起发动机冒黑烟、运转不稳或不能起动等。

短路点的确定:拆下发动机ECU插头,再次用万用表测喷油器插头中控制脚与搭铁之间的电阻,如果仍然导通,则说明短路点在控制线路中;如果不再导通,则说明ECU内部功率三极管短路,应更换发动机ECU。

### (三)喷油量的检查

喷油器的喷油量随发动机工况的变化而变化,可以用解码仪读数据流功能读取喷油脉宽的变化,从而判断喷油量的变化。

这种操作主要用来判断传感器方面的故障,例如:水温变化时,喷油脉宽却没有发生变化,则说明水温传感器存在故障;人为改变进气压力传感器的压力,喷油脉宽没有发生变化,则说明进气压力传感器可能存在故障。

## 课题三 电控发动机综合故障诊断

电控发动机出现故障时,其原因可能为发动机电控系统不良,也可能为发动机机械系统不良,还可能为汽车防盗、汽车电器、汽车底盘(如变速器系统、制动系统等)、汽车空调等不良。因此,单纯从电控系统的角度去考虑问题,并不能排除发动机所有的故障,这就要求我们对发动机故障进行综合分析,并按照一定的流程进行诊断。

### 一、电控发动机故障的常用诊断方法

**1. 直观诊断法**

直观诊断法就是通过人的感觉器官对汽车故障现象进行问、看、听、嗅、试等,了解和掌握故障现象的特点,通过分析、判断得出结论的诊断方法。

(1)问:即向客户了解故障出现时的情形、条件、时间地点、如何发生及是否已修理过等与故障有关的情况和信息,作为诊断故障的基本依据。

(2)看:即目测检查。检查空气滤清器是否有脏物、杂质或其他污染物,必要时更换。检查真空软管是否老化、破裂或挤坏,真空软管经过的途径和接头是否恰当,检查电控系统线束的连接、传感器及执行器的线束连接器连接是否良好,线束间的连接器是否松动或断开,电线是否有磨破或线间短路现象,线束连接器的插头和插座有无腐蚀现象等。

(3)听:即听发动机工作时有无爆震、敲缸、失速、进气管或排气管放炮声等。

(4)试:即维修人员根据前述检查,有针对性地试车,以便进一步确定故障。

**2. 模拟故障征兆诊断法**

在故障诊断中最困难的情形是有故障,但没有明显的故障征兆。在这种情况下必须进

行彻底的故障分析,然后模拟与用户车辆出现故障时相同或相似的条件和环境,让车辆故障人为地再现。常用的故障征兆模拟试验方法有:振动法、加热法、水淋法和电器全部接通法。

1) 振动法

当怀疑振动可能是引起故障的原因时,即可采用振动法进行试验,如图2-17所示。

图2-17 用振动法检查有无瞬时断路现象

(1) 连接器:在垂直和水平方向轻轻摇动连接器。

(2) 线束:在垂直和水平方向轻轻摆动线束。连接器的接头、线束安装支架及穿过开口的连接器体都是应仔细检查的部位。

(3) 零件和传感器:用手指轻轻拍动装有传感器的零件,检查是否失灵。切不可用力拍打继电器,否则可能会使继电器开路。

2) 加热法

有些故障只是在热车时出现,可能是因为有关零件或传感器受热引起的。可用电吹风或类似加热工具加热可能引起故障的零部件或传感器,检查是否出现故障,如图2-18所示。

加热时不可直接加热ECU中的元件,且加热温度不得高于60℃。

3) 水淋法

有些故障是在雨天或高湿度的环境下才产生,可用水喷淋在车辆上,检查是否发生故障,如图2-19所示。应注意:不可将水直接喷淋在发动机电控元件和电器元件上,而应喷淋在散热器前面,间接改变温度和湿度,防止水渗透到电器元件内部,尤其应该防止水渗漏到ECU内部。

图2-18 用加热法模拟故障条件

图2-19 用水淋法模拟故障条件

4) 电器全部接通法

当怀疑故障可能是因用电负荷过大而引起时,可接通车上全部电气设备,包括加热器鼓风机、前照灯、后窗除霜器等,检查是否发生故障。

**3. 利用简单仪表诊断法**

利用简单仪表诊断方法,就是利用以万用表和示波器为主的通用仪表,对汽车电控系统故障进行诊断的方法。因为电控系统的各部件均有一定的电阻值范围,工作时有输出电压信号范围和输出脉冲波形。因此,可用万用表测量元件的电阻或输出电压,用示波器测试元件工作时的输出电压波形,用万用表测量导通性等判断元器件或线路是否正常。

**4. 利用专用诊断仪器诊断法**

随着汽车电子化的进程,各种汽车专用诊断仪器应运而生,如发动机电脑故障综合诊断仪、电脑解码仪等。这些专用诊断仪器大多数为带有微处理器的电子计算机系统,对汽车故障的诊断十分有效。

**5. 利用随车故障自诊断系统诊断法**

随车诊断是利用汽车上电控系统所提供的故障自诊断功能对电控发动机、底盘等故障进行诊断的方法,即:使用故障自诊断系统调取发动机、底盘等电控系统的有关故障码或数据流,然后根据故障码的故障提示或数据的反映,找出故障所在的方法。

## 二、电控发动机故障诊断的基本流程

电控发动机故障诊断可以参照图 2-20 进行,由于不同车辆的配置不同,具体流程可能会有所差异,请参阅所修车型的维修手册。

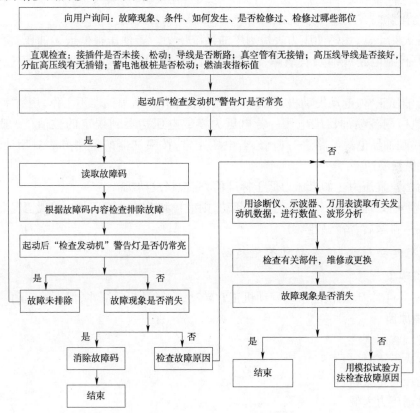

图 2-20　电控发动机故障诊断流程

## 三、发动机不能起动故障诊断

### (一)发动机不能起动且无起动征兆

**1. 故障现象**

接通起动开关,起动机能带动发动机轻快转动,但发动机不能起动且无起动征兆。

**2. 故障原因**

(1)油箱中无油。

(2)电动燃油泵不工作。

(3)燃油压力过低。

(4)喷油器不工作。

(5)发动机 ECU 电源电路故障。

(6)点火系统故障。

(7)发动机 ECU 故障。

(8)汽缸压力过低。

**3. 故障诊断与排除**

(1)检查油箱中存油情况。打开点火开关,若燃油表指针在红线位置不动或油量警告灯亮,说明油箱内无油,应加足燃油后再起动。

(2)检查高压总线是否有火花。若无火花或火花较弱,则点火系统有故障,应按点火系故障诊断与排除的方法进行诊断。

(3)若火花正常,用燃油压力表检测燃油系统压力。若油压很低或无油压,说明燃油供给系统油泵控制电路或油泵有故障,应按燃油供给系不来油或来油不畅故障进行诊断与排除。

(4)若油压正常,起动发动机,检查喷油器是否工作。若喷油器不工作,用数字式万用表直流电压挡检测各喷油器端电压。若电压为零或电压达不到规定的数值(一般为 9V 以上),则应对喷油器电源电路进行检修;若电压正常,按喷油器的检测方法对喷油器进行检测,必要时更换喷油器。

(5)检测汽缸压力。如果压力低于标准值,应检修发动机。

(6)经上述处理之后,发动机仍不能起动,则应检测 ECU 是否正常,并视情况更换 ECU。

(7)故障排除后,清除故障码。

**(二)有起动征兆,但发动机不能起动**

**1. 故障现象**

起动发动机时,起动机能带动发动机正常转动,有轻微起动征兆,但不能起动。

**2. 故障原因**

(1)进气管漏气。

(2)点火不正时。

(3)高压火花太弱。

(4)燃油压力太低。

(5)冷却液温度传感器故障。

(6)空气滤清器堵塞。

(7)空气流量计有故障。

(8)喷油器漏油。

(9)喷油器控制系统有故障。

(10)汽缸压力太低。

**3. 故障诊断与排除**

（1）利用自诊断系统，检查有无故障码。如有故障码，按读取的故障代码找出故障原因并排除故障。

（2）检查高压火花。若高压总线火花太弱，应更换高压线圈；若总线火花正常而高压分线火花太弱或断火，说明故障在高压分线、分电器盖或分火头，应检查并加以排除。

（3）拆除空气滤清器后，发动机如能正常起动，则说明空气滤清器滤芯脏堵，应更换空气滤清器滤芯。

（4）检查进气管有无漏气。检查空气流量计后的进气管、真空软管有无破裂，各接头有无松脱。若有，应给予修理或更换。

（5）拆下火花塞检查。火花塞不应有漏电现象，电极间隙应符合标准值并能正常跳火。若火花塞不符合技术要求，应更换；若火花塞电极积炭过多应给予清除。

（6）如果火花塞电极表面干燥或只有少量潮湿的汽油，说明喷油器喷油量太少，应按燃油供给系不来油或来油不畅故障进行诊断与排除。

（7）如果火花塞电极表面有大量潮湿汽油，说明汽缸中已出现"呛油"现象，应将火花塞拆下，断开喷油器电源电路，用起动机带转发动机，使汽缸内的汽油排净，装上已烤干的火花塞，起动发动机；如果仍出现"呛油"现象，说明混合气过浓，应检查喷油器密封性能并检测燃油系统压力。

（8）若喷油器密封性能良好、燃油系统压力正常，则应检测空气流量计、冷却液温度传感器的有关参数，或使用换件对比法依次将两个传感器进行换件试验；若换件后发动机起动正常，说明被更换的传感器输出信号不正确，使混合气过浓或过稀，引起发动机不能起动；若空气流量计或冷却液温度传感器不符合技术要求，应予以更换。

（9）若调整点火提前角后发动机能正常起动，则说明发动机原点火正时不符合要求，应重新进行调整。

（10）检测发动机汽缸压力。若汽缸压力低于标准值，应对发动机进行修理。

（11）故障排除后，清除故障码。

发动机不能起动故障诊断可以参照图 2-21 进行，由于不同车辆的配置不同，具体流程可能会有所差异，请参阅所修车型的维修手册。

### 四、发动机起动困难故障诊断

发动机起动困难是指起动机能带动发动机按正常转速转动，有起动征兆，但不能起动，或需要连续多次起动或长时间转动发动机才能起动。对于起动困难的故障，应分清在冷车时出现，还是在热车时出现，或者不论冷车还是热车均出现，才能对故障进行正确的诊断与排除。

**（一）故障现象**

起动发动机时，曲轴转速正常，但需要较长时间才能起动。

**（二）故障原因**

（1）进气系统漏气。

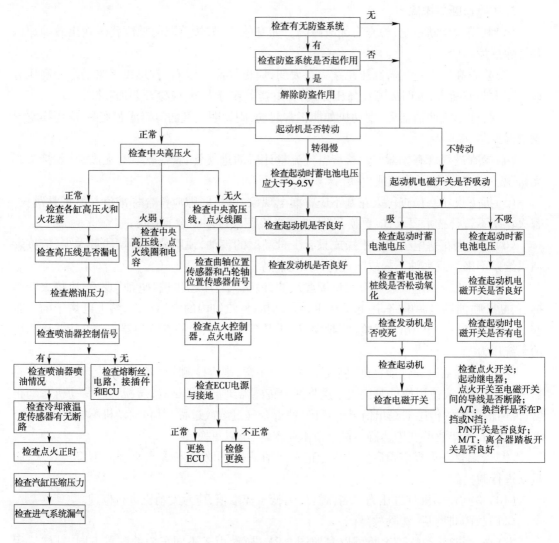

图2-21 发动机不能起动故障诊断流程

(2) 空气滤清器堵塞。

(3) 喷油器故障(不工作、漏油、堵塞)。

(4) 空气流量计(或进气压力传感器)及其线路故障。

(5) 冷却液温度传感器及其线路故障。

(6) 怠速控制装置故障。

(7) 燃油压力太低。

(8) 点火不正时。

(9) 燃油品质低劣。

(10) 发动机ECU故障。

(11) 排气不顺畅。

(12) 汽缸压力不足。

**（三）故障诊断与排除**

（1）进行故障自诊断。影响发动机起动困难的传感器有空气流量计（或进气压力传感）、冷却液温度传感器、节气门位置传感器等。按读取到的故障代码查找故障原因并排除故障。

（2）检查空气滤清器。如果滤芯堵塞，应更换。

（3）如果节气门在15%～25%开度时发动机能正常起动，而节气门全关时起动困难，应检查发动机的怠速控制系统。

（4）检测燃油系统压力。若压力偏低，说明故障在供油系统，应按燃油供给系统来油不畅故障进行诊断与排除。

（5）若燃油系统压力正常，则应按喷油器检测方法对喷油器进行各项技术性能检测。如果喷油器技术性能达不到技术要求，经清洗后，重新检测仍达不到技术要求的，应更换。

（6）检查喷油器电磁线圈电阻是否正常、喷孔有无堵塞等，必要时更换喷油器。

（7）如果是热起动困难，应检查燃油系统的保持压力是否正常。接上燃油压力表，起动发动机，使燃油系统建立油压，关闭点火开关5min后燃油压力应不低于150kPa。如果压力太低，应检查供油系统。

（8）将真空表检测管接到节气门后方，起动发动机，并使发动机在怠速条件下运转，察看真空表的读数和指示状态。若此时表针在17.5kPa以下，表明节气门后方有大量漏气的地方，应检查进气系统各管接头、真空软管、衬垫等处是否有漏气现象，曲轴箱通风阀（PCV）、废气再循环阀（EGR）在起动时是否开启；如果表针在45kPa左右摆动，有时快速跌落为零或很低，说明排气系统有堵塞，检查三元催化器及排气系统积炭情况，必要时清除排气系统积炭或更换三元催化器。

（9）检测起动信号是否正常。在发动机ECU线束插头处检查起动时有无起动信号传至ECU。若无信号，应检查起动开关及其线路。

（10）用点火正时灯在怠速条件下检查点火正时。若点火不正时，应给予调整。

（11）用新的符合该车使用的汽油替换原使用的汽油。若发动机能正常起动，表明故障为使用汽油不正确或汽油品质太差。

（12）检测发动机汽缸压力。若汽缸压力过低，应对发动机进行修理。

（13）检测发动机ECU搭铁是否良好，各连接线路是否正常。

（14）如果上述检查均正常，应更换一个新的发动机ECU再试。

（15）故障排除后，清除故障码。

## 五、发动机怠速不良故障诊断

发动机怠速不良故障主要有怠速不稳、怠速熄火、冷车怠速不良、热车怠速不良等。造成怠速不良的原因很多，常常是几种原因综合引起。在故障诊断与排除过程中，要根据故障的具体表现来分析故障原因。

**（一）怠速不稳，易熄火**

**1. 故障现象**

发动机起动正常，但不论冷车或热车，怠速均不稳定，怠速转速过低，易熄火。

**2. 故障原因**

(1)进气系统漏气。

(2)燃油压力过低。

(3)空气滤清器堵塞。

(4)喷油器雾化不良、漏油或堵塞。

(5)怠速调整不当。

(6)怠速控制装置工作不良。

(7)空气流量计有故障。

(8)汽缸压缩压力过低。

**3. 故障诊断与排除**

(1)进行故障自诊断,检查有无故障码。若有故障码,则按所显示的故障码查找故障原因和故障部位。

(2)检查进气系统各管接头、各真空软管、废气再循环系统和燃油蒸发回收系统有无漏气。

(3)检查怠速控制装置的工作是否正常。拔下怠速控制装置导线连接器,如果发动机转速无变化,说明怠速控制装置或控制电路有故障,应检修电路或更换怠速控制装置。

(4)仔细倾听各缸喷油器在怠速时的工作声音。如果各缸喷油器工作声音不均匀,说明各缸喷油器喷油不均匀,应拆检、清洗或更换喷油器。

(5)检查燃油压力。怠速时的燃油压力应为250kPa左右。若燃油压力太低,应检查油压调节器、电动燃油泵、汽油滤清器等。

(6)按规定的程序,调整发动机怠速。

(7)检查翼板式或量芯式空气流量计有无卡滞,如不良,应更换。

(8)检查汽缸压缩压力。如压力低于0.8MPa,应拆检发动机。

(9)检查调整气门间隙。

**(二)冷车怠速不稳,易熄火**

**1. 故障现象**

发动机冷车运转时怠速不稳或过低,易熄火,但热车后怠速恢复正常。

**2. 故障原因**

(1)怠速控制装置故障。

(2)冷却液温度传感器故障。

**3. 故障诊断与排除**

(1)进行故障自诊断,检查有无故障码。如有,则按显示的故障码查找故障原因。

(2)检查怠速控制装置。熄火后拔下怠速控制装置线束连接器,待发动机起动后再插上。如果发动机转速无变化,说明怠速控制装置不工作,应检查控制电路或拆检怠速控制装置。

(3)测量冷却液温度传感器。如有短路、断路或阻值不符合标准,应更换冷却液温度传感器;如果没有被测车型的冷却液温度传感器检测标准数据,也可拔下冷却液温度传感器线束连接器,用一个4~8kΩ的电阻代替冷却液温度传感器。如果发动机怠速恢复正常,说明冷却液温度传感器已损坏,应更换。

### (三)热车怠速不稳或熄火

**1. 故障现象**

发动机冷车运转时怠速正常,但热车后怠速不稳,怠速转速过低或熄火。

**2. 故障原因**

(1)怠速调整过低。

(2)冷却液温度传感器有故障。

(3)怠速控制装置有故障。

(4)喷油器工作不良。

**3. 故障诊断与排除**

(1)进行故障自诊断。如有故障代码,则按所显示的故障代码查找故障原因。

(2)检查发动机的初始怠速转速。若过低,应按规定的程序予以调整或重新进行匹配。怠速的调整步骤如下:

①起动发动机,使之运转,直至达到正常工作温度。

②将变速器置于空挡或停车挡位置,让转向轮处于直行位置,关闭空调器、前照灯、加热器等所有附属设备。

③用一根导线将故障检测插座内的 TE1 和 E1 两插孔短接,让发动机以"初始状态"运转。

④检查怠速转速。此时的怠速转速称为发动机的初始怠速转速,其标准为 800±50r/min。若不符合要求,可通过拧动节气门体上的怠速旁通气道调节螺钉来调整。

⑤调整结束后,拔掉故障检测插座内的短接导线。

(3)检查冷却液温度传感器。如果拔下冷却液温度传感器线束连接器后,怠速不稳现象消除,则说明冷却液温度传感器有故障,应更换,或者测量冷却液温度传感器的电阻。如不符合标准值,应更换冷却液温度传感器。

(4)检查怠速控制装置是否工作。拔下怠速控制装置导线连接器,若发动机转速无变化,则说明怠速控制装置工作不良,应检查控制电路或更换怠速控制装置。

(5)检测喷油器的工作情况。若各缸喷油器喷油量不均匀或雾化不良,特别是怠速工况喷油量不均匀,应清洗或更换喷油器。

### (四)热车怠速过高

**1. 故障现象**

冷车时发动机能以正常快怠速运转,但热车后仍保持快怠速,导致怠速过高。

**2. 故障原因**

(1)节气门卡滞,关闭不严。

(2)怠速调整不当。

(3)怠速控制装置有故障。

(4)冷却液温度传感器有故障。

(5)空调开关、动力转向器压力开关有故障。

(6)曲轴箱强制通风阀有故障。

**3. 故障诊断与排除**

(1)检查怠速时节气门是否全闭,节气门拉索有无卡滞。用手将节气门摇臂朝关闭的方向扳动,如果发动机怠速能下降至正常转速,说明节气门卡滞,关闭不严。若是节气门拉索卡滞,应更换新的拉索;若为节气门轴卡滞,应拆卸、清洗节气门体。

(2)按规定程序重新调整怠速。如调整无效,则应作进一步的检查。

(3)进行故障自诊断。如有故障代码,则按所显示的故障代码查找故障原因。

(4)检查怠速控制装置。发动机熄火后,拔下怠速控制装置线束连接器,待起动后再插上。如果发动机转速随之变化,说明怠速控制装置工作正常,否则,应检查控制线路或更换怠速控制装置。

(5)检查冷却液温度传感器。若拔掉冷却液温度传感器线束连接器后,发动机怠速转速恢复正常,说明冷却液温度传感器有故障,向ECU输送过低的冷却液温度信号。

(6)在打开空调开关后或转动转向盘时,如果发动机转速没有变化,说明怠速自动控制系统有故障,应检查空调开关、动力转向器压力开关及怠速自动控制线路。

(7)用钳子包上软布将曲轴箱强制通风阀软管夹紧。如果发动机转速随之下降,则说明曲轴箱强制通风阀在怠速时漏气,使发动机进气量过大,影响怠速。对此,应更换曲轴箱强制通风阀。

**(五)不论冷车或热车怠速均不稳定**

**1. 故障现象**

发动机起动后,不论冷车或热车怠速均不稳定,易熄火。

**2. 故障原因**

(1)空气滤清器堵塞。
(2)节气门位置传感器故障。
(3)怠速控制阀故障。
(4)怠速调整不当。
(5)火花塞工作不良。
(6)个别汽缸工作不良。
(7)点火不正时。
(8)进气系统漏气。
(9)空气流量计故障。
(10)燃油压力过低。
(11)喷油器故障。
(12)汽缸压力过低或各汽缸压力差过大。

**3. 故障诊断与排除**

(1)发动机运转时,若故障灯亮,说明发动机电控系统有故障。影响发动机怠速不良的传感器与执行器有节气门位置传感器、空气流量计、怠速控制阀等。应读取故障码并按读取到的故障代码查找故障原因排除故障。

(2)拆下空气滤清器,起动发动机。若怠速运转良好,说明故障为空气滤清器堵塞,应更换滤芯。

(3) 对发动机怠速进行调整(部分车型是可调的)。若能调整发动机在 800±50r/min 时稳定运转,说明故障为怠速调整不当。

(4) 检查怠速时进气管的真空度。若真空度小于 66.7kPa,说明进气系统中有空气泄漏。应检查进气系统各个管接头、衬垫、真空软管等有无泄漏处,以及废气再循环系统、燃油蒸汽回收系统有否工作不正常。若有,应加以排除。

(5) 在怠速条件下,逐缸作断火或断油试验,检查是否有个别汽缸工作不良。若有,应检查工作不良汽缸的高压分线、火花塞是否正常。若高压线有漏电或电阻过高、火花塞有烧蚀过甚或漏电等不正常现象,应给予更换。

(6) 在怠速条件下,用点火正时灯检查发动机点火正时。若点火不正时,应进行调整。

(7) 检测燃油系统压力。若燃油压力偏低,需按燃油供给系统来油不畅故障进行诊断与排除。

(8) 拆下怠速控制阀,清洗阀体、气道后重新装复。若故障能排除,说明故障为怠速控制阀污脏、积炭或堵塞而引起怠速不稳。

(9) 检测喷油器工作性能。对技术性能不良的喷油器,经清洗之后仍达不到技术要求的,应更换。

(10) 检测汽缸压力。若发现汽缸压力偏低或各汽缸压力差较大时,应对发动机进行修理。

(11) 故障排除后,清除故障码。

### (六) 怠速上下波动

**1. 故障现象**

发动机怠速运转时,转速不断地上下波动。

**2. 故障原因**

(1) 怠速开关(节气门位置传感器)调整不当,在怠速时怠速开关触点不闭合。

(2) 喷油器雾化不良或堵塞。

(3) 空气流量计有故障。

(4) 怠速控制装置或怠速自动控制电路有故障。

(5) 冷却液温度传感器信号不正确。

(6) 氧传感器失效或反馈控制电路有故障。

**3. 故障诊断与排除**

(1) 进行故障自诊断。要特别注意有无节气门位置传感器、冷却液温度传感器、空气流量计、氧传感器、怠速控制装置的故障码。如有故障码,应检查相应的传感器及其电路。

(2) 怠速时逐个拔下各缸高压线或喷油器线束插头,检查发动机各缸工作是否均匀。如果拔下某缸高压线或喷油器线束插头,发动机转速下降不明显,说明该缸工作不良,应拆检该缸火花塞或喷油器。

(3) 检查冷却液温度传感器在不同温度下的电阻是否符合标准值。若不符合标准值,应更换冷却液温度传感器。

(4) 检查空气流量计。如有异常,应更换。

(5)在怠速运转中拔下怠速控制装置线束连接器。如果怠速上下波动的现象消失,但随之怠速不稳现象加剧,说明怠速控制装置工作正常,喷油系统有故障;如果怠速波动现象不变,则说明怠速控制装置工作不良或不工作。对此,应检查怠速控制装置线束插头处有无脉冲电信号。无信号,则说明控制线路或 ECU 有故障;有信号,则说明怠速控制装置卡住,应拆检或更换怠速控制装置。

### (七)使用空调器或转向时怠速不稳或熄火

**1. 故障现象**

在发动机怠速运转中使用空调器或汽车转向时怠速过低、不稳,甚至熄火。关闭空调器或停止转向时怠速运转正常。

**2. 故障原因**

(1)发动机初始怠速调整过低,使怠速自动控制无法正常进行。

(2)怠速控制装置不工作,在使用空调器或汽车转向时,由于空调压缩机或动力转向液压泵开始工作,增大了发动机负荷,导致怠速过低、运转不稳或熄火。

(3)空调开关或转向液压开关及其控制线路有故障,使 ECU 得不到使用空调器和汽车转向的信号,没有进行怠速自动控制,导致怠速过低、不稳或熄火。

**3. 故障诊断与排除**

(1)进行故障自诊断,读取故障码。有些车型的 ECU 能检测出怠速控制装置的工作状态。当怠速控制装置工作不正常(如线路短路或断路)时,ECU 会显示出一个故障码。也可以通过电脑解码仪来检测怠速控制装置的工作状态。在汽车运转过程中检测 ECU 向怠速控制装置发出的指令,如有指令而怠速控制装置没有相应的反应,则说明怠速控制装置或控制线路有故障;若没有指令信号,则说明 ECU 或空调开关、动力转向液压开关有故障。

(2)按规定的程序重新检查调整发动机的初始怠速。

(3)检查怠速控制装置是否工作正常。

(4)检查空调开关、转向液压开关有无故障,与 ECU 的连接线路有无断路或短路。

发动机怠速不稳、易熄火故障诊断可以参照图 2-22 进行,由于不同车辆的配置不同,具体流程可能会有所差异,请参阅所修车型的维修手册。

### (八)节气门直动式怠速控制装置检查

随着汽车技术的进步,许多汽车发动机都采用了"半电子节气门"或"全电子节气门",并用 ECU 直接控制节气门开度的方式来控制怠速转速,从而取消了传统的电磁阀式、转阀式或步进电机式怠速控制装置。此时,上述内容中有关"怠速控制装置检查"将转化为"节气门控制装置检查"。图 2-23 为大众车系所用的"半电子节气门"的整体结构,其特点是:节气门开度仅在怠速工作范围内受 ECU 的控制,其他工作范围内则受人工控制。图 2-24 为"全电子节气门"控制原理,其特点是:节气门开度在全部工作范围内均受 ECU 的控制。以下仅以大众车系的"半电子节气门"检查为例加以说明。

**1. 检查怠速情况**

(1)将大众汽车专用故障诊断仪 V.A.G1551/1552 与汽车 16 端子诊断连接器相接(诊断连接器一般位于仪表台下方,部分汽车在选挡杆旁);

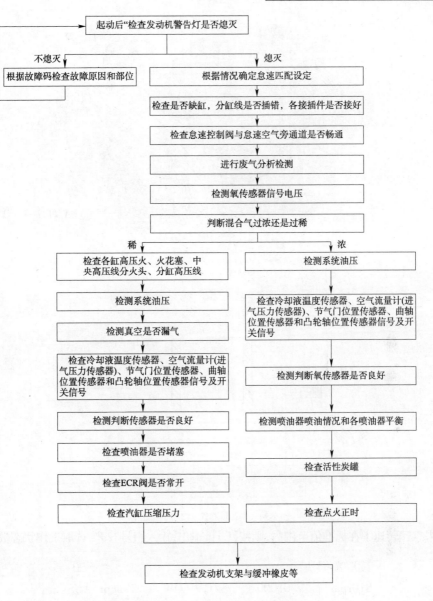

图 2-22 发动机怠速不稳、易熄火故障诊断流程

(2) 起动发动机并保持怠速运转;

(3) 向故障诊断仪输入地址"01",进入发动机检测→输入选择功能"08",进入读数据块功能→输入组号"03",读基本数据,显示:

| 读取数据块 | | | 3→ |
|---|---|---|---|
| 810rpm | 13.650V | 91.0℃ | 43.2℃ |
| ① | ② | ③ | ④ |

其中,数据①为发动机转速;数据②为电源电压;数据③为冷却液温度;数据④为气温。稳定怠速时,冷却液温度应大于80℃,怠速转速标准值应为 800±30r/min。

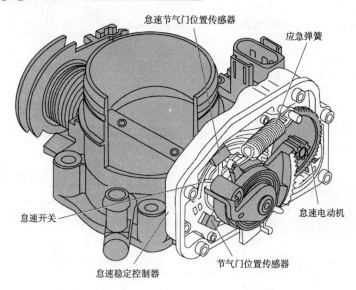

图 2-23　大众车系"半电子节气门"整体结构

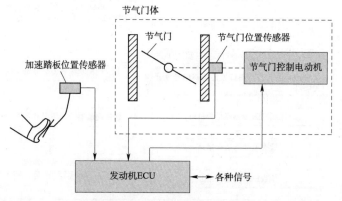

图 2-24　"全电子节气门"控制原理

如果怠速转速不在标准值范围内,则按【C】键退出,输入组号"20",读取工作状态数据,显示:

| 读取数据块 | | | 20→ |
| --- | --- | --- | --- |
| 810rpm | 0.000 | A/C—LOW | Kompr. AUS |
| ① | ② | ③ | ④ |

其中,数据③为空调开关的状态,"A/C—LOW"即"空调开关信号低",意思是没有开空调;数据④为压缩机状态,德文"Kompr. AUS"即"压缩机关"。

读取该组数据的目的是确信空调及压缩机处于关闭状态。

如果怠速仍然超出范围,则按【C】键退出,输入组号"04",读取怠速稳定控制数据,显示:

| 读取数据块 | | | 4→ |
| --- | --- | --- | --- |
| 3∠° | 0.23g/s | 0.00g/s | Leerlauf |
| ① | ② | ③ | ④ |

其中，数据①为节气门开度；数据②为怠速进气流量调整值(N 挡位置)；数据③为怠速进气流量调整值(D 挡位置)；数据④为工作状态说明，德文"Leerlauf"即"怠速"。

由该组数据可以看出怠速的相关参数，以便于进行故障判断，例如：

没有显示"Leerlauf"，则说明怠速开关没有闭合，应该检查怠速开关；

怠速进气流量调整值的标准值为 −1.7g/s ~ +1.7g/s。小于 −1.7g/s，则说明进气系统有泄漏；大于 +1.7g/s，则说明发动机有额外负荷(例如：大灯等大用电设备工作)或进气系统有阻塞；

怠速时节气门开度的标准值为 0 ~ 5∠°，如果不在标准值范围内，应检查节气门与 ECU 的匹配情况，按【C】键退出，输入组号"05"，读取怠速匹配数据，显示：

| 读取数据块 | | | 5→ |
|---|---|---|---|
| 810rpm | 800rpm | 1.7% | 2.9g/s |
| ① | ② | ③ | ④ |

其中，数据①为发动机转速实际值；数据②为发动机转速目标值；数据③为怠速调整量(正常值为 −10% ~ +10%)；数据④为进气流量。

怠速转速应为 800±30r/min。如果怠速转速过低，可能的原因有：发动机负荷过大；节气门与 ECU 不匹配；怠速稳定控制器损坏。如果怠速转速过高，可能的原因有：进气系统漏气；节气门与 ECU 不匹配；怠速稳定控制器损坏；活性炭罐电磁阀常开。

**2. 对节气门与 ECU 进行匹配**

节气门实际位置与 ECU 内部记忆值不匹配时，发动机怠速可能会不稳、过高或过低，此时，需要对节气门与 ECU 进行匹配。操作方法如下：

(1)将 V.A.G1551/1552 与汽车 16 端子诊断连接器相接；

(2)接通点火开关，但不起动发动机；

(3)向故障诊断仪输入地址"01"，进入发动机检测→输入选择功能"04"，进入"基本调整"功能→输入组号"98"(有些车型为 60)→按确认键后自动开始进行节气门与 ECU 的匹配，整个过程大约需要 10s。

发动机 ECU 清除原先记忆值，并驱动节气门由最小怠速开度至最大怠速开度运行一个循环，同时利用怠速节气门位置传感器的信号记忆最大、最小以及中间 5 个开度值，随后在启动位置停留片刻，最后关闭，同时故障诊断仪显示"基本调整结束"。此时，按【C】键退出，断开点火开关，从 16 端子诊断连接器上拆下故障诊断仪连接器即可。

提示：如果在匹配的过程中发生自动中断现象，可能的原因为：节气门太脏；节气门拉索调整不当；电池电压过低；怠速稳定控制器损坏或电机线路故障。

匹配中断后，ECU 内部会储存故障代码"17967"或"17972"，下一次接通点火开关时会自动再次进行匹配。

**3. 对怠速转速进行设定**

当需要对怠速转速的目标值进行微量调整时，可在发动机起动后，用大众汽车专用故障诊断仪 V.A.G1551/1552 输入地址"01"，进入发动机检测→输入选择功能"09"，进入"自适应匹配"功能→输入组号"01"，然后按"↑"或"↓"键来增大或减小设定的转速值，但调整量有限。

该项操作的条件是:ECU 内没有储存故障代码,且冷却液温度正常,没有开空调等附属设备。

**4. ECU 与防盗器的匹配**

更换 ECU 后(特别是其他车用过的 ECU),往往需要将 ECU 与汽车防盗器进行匹配,否则,由于防盗器起作用而使发动机可能无法起动。因此,需要对 ECU 进行防盗匹配。方法是:

连接 V. A. G1551/1552,接通点火开关但不起动发动机,用 V. A. G1551/1552 进入防盗系统(有些车型的防盗系统由仪表盘系统进入),选择"自适应匹配"功能,输入组号"00",然后按"确认"键,屏幕会显示"是否清除已知数据?",选择"是",然后按"确认"键即可。

**5. 对 ECU 进行编码**

由于同一型号的 ECU 可以用于不同配置的车型,更换 ECU 后,还必须对 ECU 进行编码,以启用 ECU 中适合本车型配置的工作程序,否则,由于工作程序不当,可能会引起发动机运转严重不良,甚至根本无法起动发动机。

对 ECU 进行编码的条件是必须采用合法钥匙。编码方法如下:

连接 V. A. G1551/1552,接通点火开关但不起动发动机,用 V. A. G1551/1552 进入发动机系统,选择"控制单元编码"功能,按"确认"键后,按"↑"键、"↓"键、"←"键、"→"键来对 5 位数的代码进行编码。

例如:帕萨特汽车发动机 ECU 代码"04051",其中,"04"代表 EURO Ⅱ 排放标准;中间的"0"代表无驱动防滑控制的前轮驱动汽车;"5"代表采用 01V 型自动变速器;"1"代表车辆型号为 B 级帕萨特。

其他车型的发动机 ECU 代码可查阅相关的维修手册。在更换 ECU 之前,建议用 V. A. G1551/1552 的"读取控制单元代码"功能先读取旧 ECU 的代码,以便换新后用读取的代码对新 ECU 进行编码,这样一来,就可以不必查阅维修手册了。

**6. 对怠速稳定控制器进行检查**

大众汽车怠速稳定控制器上连接器各端子的位置如图 2-25 所示。在进行上述检查的过程中,如果发现怠速稳定控制器存在问题,则需要对怠速稳定控制器进行单独检查。检查的内容包括如下几个方面:

(1)测怠速稳定控制器连接器的 1 端子与 2 端子之间是否有断路(即:怠速电机是否断路)。

(2)测怠速稳定控制器连接器的 3 端子与 7 端子之间的导通情况(即:怠速开关的工作情况),并开/关节气门。在节气门开/关变化时,3 端子与 7 端子之间应随之发生通/断变化。

(3)测怠速稳定控制器连接器的 4 端子与 5 端子、4 端子与 8 端子之间的电阻,应随节气门开度的变化而变化。

(4)测怠速稳定控制器连接器的 7 端子与 5 端子、7 端子与 8 端子之间的电阻,应随节气门开度的变化而变化。

以上检查如不符合要求,则更换怠速稳定控制器或节气门体。

(5)接通点火开关,测怠速稳定控制器连接器线束侧3端子、4端子是否有5V工作电压?如无,则检查与ECU之间的线路及ECU的供电电源,都正常,则换ECU。

(6)测怠速稳定控制器连接器线束侧1、2、5、7、8端子与ECU之间是否导通?且线路电阻小于1Ω?如不符合要求,则维修断路点和接触不良点。

(7)检查节气门:是否犯卡、脏污?是,则进行维修。

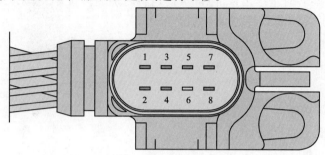

图2-25 大众汽车急速稳定控制器上连接器各端子的位置

1-怠速电机正极;2-怠速电机正极;3-怠速开关正极;4-传感器电源(5V);5-节气门位置传感器信号;6-空脚;7-怠速开关负极;8-怠速节气门位置传感器信号

## 六、加速不良故障诊断

### (一)故障现象

踏下加速踏板后发动机转速不能迅速提高,加速反应迟缓,有时有轻微抖动现象。

### (二)故障原因

(1)点火不正时。
(2)空气流量计故障。
(3)节气门位置传感器故障。
(4)燃油压力偏低。
(5)进气系统漏气。
(6)废气再循环系统(EGR)工作不正常。
(7)喷油器工作不良。
(8)燃油质量低劣。

### (三)故障诊断与排除

(1)发动机运转时,若故障灯亮,说明电控系统有故障。影响发动机加速不良的传感器有节气门位置传感器、空气流量计等,应读取故障码,并按读取到的故障代码查找故障原因排除故障。

(2)检查点火正时。在怠速条件下,用点火正时灯检查发动机点火正时。若点火不正时,应对发动机初始点火提前角进行调整。缓慢加速,观察点火提前角是否能随转速的提高而增大。若不能,应检查点火控制系统或更换发动机ECU。

(3)检查燃油品质或用符合要求的燃油更换油箱中的燃油。若更换燃油后发动机加速性能良好,说明故障是燃油品质低劣。

(4)若故障仍然存在,参照动力不足故障继续进行诊断与排除。

## 七、动力不足故障诊断

### (一)故障现象

发动机无负荷运转时基本正常,但带负荷运转时加速缓慢,上坡无力,加速踏板踩到底时仍感到动力不足,转速提不高,达不到最高车速。

### (二)故障原因

(1)点火不正时。

(2)高压火花太弱。

(3)空气滤清器堵塞。

(4)节气门调整不当,不能全开。

(5)燃油压力过低。

(6)蓄电池电压过低。

(7)喷油器堵塞或雾化不良。

(8)冷却液温度传感器故障。

(9)空气流量计(或进气压力传感器)故障。

(10)发动机汽缸压力过低。

### (三)故障诊断与排除

(1)在发动机怠速状态下,若故障灯亮,说明电控系统有故障,影响发动机动力不足的传感器有空气流量计(或进气压力传感)、冷却液温度传感器等,应读取故障码,并按读取到的故障代码查找故障原因排除故障。

(2)将加速踏板踩到底,检查节气门能否全开。如不能全开,应调整节气门拉索或加速踏板。

(3)检查空气滤清器有无堵塞。如有堵塞,应清洁或更换滤芯。

(4)检查各汽缸高压火花。若火花弱,应按点火系高压无火或火弱故障进行诊断与排除。

(5)检查点火正时。在发动机怠速时,用点火正时灯检查发动机点火正时。若点火不正时,应对发动机初始点火提前角进行调整,然后缓慢加速,观察点火提前角是否能随转速的提高而增大。若不能,应检查点火控制系统或更换发动机 ECU。

发动机动力不足故障诊断可以参照图2-26进行。由于不同车辆的配置不同,具体流程可能会有所差异,请参阅所修车型的维修手册。

## 八、燃油消耗异常故障诊断

### (一)故障现象

发动机动力良好,但燃油消耗明显过高,加速时排气管排黑烟。

### (二)故障原因

(1)燃油泄漏。

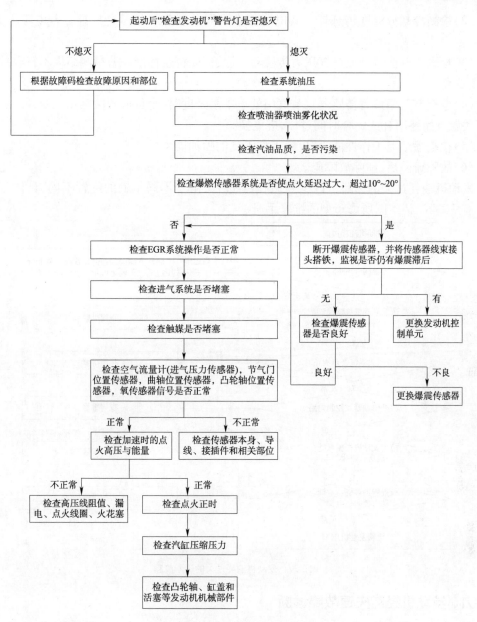

图 2-26　发动机动力不足故障诊断流程

(2) 燃油压力过高。

(3) 喷油器雾化不良或漏油。

(4) 冷起动喷油器漏油或控制电路故障,使冷起动喷油器长时间喷油。

(5) 冷却液温度传感器及其线路故障。

(6) 节气门位置传感器及其线路故障。

(7) 空气流量计(或进气压力传感器)及其线路故障。

(三) 故障诊断与排除

(1) 起动发动机观察各油管接头是否有泄漏现象。若有,应给予修理。

（2）检测冷却液温度传感器。其电阻值在不同的温度下应符合标准。若电阻太大，应更换。

（3）检测空气流量计或进气压力传感器，其数值应符合标准。若检测结果不符合技术标准，应更换。

（4）检查节气门位置传感器。节气门处于中小开度时，全负荷开关触点应断开。若全负荷开关触点始终闭合或闭合时间过早，应更换。

（5）检查喷油器工作性能，并更换工作不良的喷油器。

（6）故障排除后，清除故障码。

发动机油耗过大的诊断可以参照图 2-27 进行，由于不同车辆的配置不同，具体流程可能会有所差异，请参阅所修车型的维修手册。

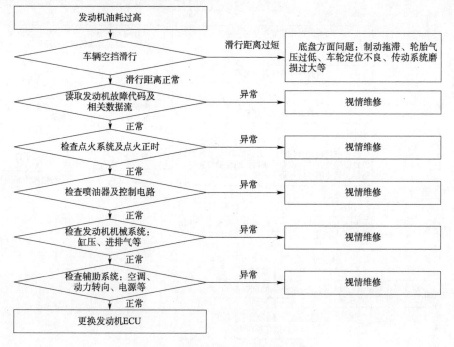

图 2-27　发动机油耗过大的诊断流程

## 九、发动机经常失速故障诊断

### （一）故障现象

发动机在运转时转速忽高忽低不稳定。

### （二）故障原因

（1）节气门后方管路漏气。

（2）喷油器故障。

（3）EFI 主继电器、燃油泵继电器触点接触不良。

（4）电控系统相关线路插接器松动。

（5）燃油压力不稳定。

(6)活性炭罐电磁阀故障。
(7)节气门位置传感器故障。
(8)空气流量计(或进气压力传感器)及其线路有故障。
(9)冷却液温度传感器故障。
(10)曲轴位置传感器信号不良。
(11)火花塞工作不良。
(12)点火系统高压断火。
(13)点火不正时。
(14)发动机 ECU 故障。

**(三)故障诊断与排除**

(1)影响发动机正常运转的传感器有空气流量计(或进气压力传感器)、冷却液温度传感器、节气门位置传感器、曲轴位置传感器等。应读取故障码,并按读取到的故障代码查找故障原因排除故障。
(2)检查进气系统是否有漏气现象,活性炭罐电磁阀是否工作正常。
(3)检查发动机各分缸高压电火花情况。若有个别汽缸的火花较弱或有断火现象,应按点火系高压火弱或高压断火故障进行诊断与排除。
(4)用点火正时灯检查点火正时。若点火不正时,应进行调整。
(5)拆下火花塞,检测其跳火性能。若不符合技术要求,应给予更换。
(6)检测燃油系统压力。若检测时发现压力波动较大(超过 50kPa),应检查油泵继电器、压力调节器、电动燃油泵、燃油滤清器、油泵线束插接器等。
(7)拆下喷油器,检测各喷油器的密封、雾化性能。若不符合要求,应给予更换。
(8)检查电控系统各插接器、继电器、熔断器是否都连接牢固。若有松动或发热现象,应进行更换或修理。
(9)若故障仍然存在,换上新的发动机 ECU 再试。
(10)故障排除后,清除故障码。

## 十、发动机间歇熄火故障诊断

**(一)故障现象**

运转中发动机突然熄火,过后会自动着火(或可以起动)正常运转,又会不定时突然自行熄火。

**(二)故障原因**

(1)空气流量计信号不连续。
(2)节气门位置传感器不良。
(3)曲轴位置传感器信号时通时断。
(4)EFI 主继电器、燃油泵继电器触点接触不良,时通时断。
(5)电控系统相关线路插接器松动。
(6)点火系统相关线路插接器松动。

(7) 发动机 ECU 搭铁不牢靠。
(8) 发动机 ECU 工作不良。

**(三) 故障诊断与排除**

(1) 发动机出现故障后,应先读取故障码。影响发动机间歇熄火的有空气流量计、节气门位置传感器、曲轴位置传感器等。读出故障码后,按故障代码查找故障原因,并排除故障。

(2) 检查 EFI 主继电器、燃油泵继电器是否能正常工作。

(3) 检查电控系统相关线路插接器是否有松动现象。在发动机运转时,用人工依次振动各插接器,观察故障是否出现。当振动到某插接器时故障出现,说明该插接器松动,应进行修理。

(4) 人工振动发动机 ECU 的搭铁线,同时使用万用表电阻挡检测发动机 ECU 搭铁是否良好。若电阻值在"0"至无穷大间摆动,说明 ECU 搭铁不良,应加以修理。

(5) 若故障仍然存在,换上新的发动机 ECU 再试。

(6) 故障排除后,清除故障码。

## 十一、减速不良故障诊断

**(一) 故障现象**

怠速运转正常,但在行驶中突然松开加速踏板减速时,发动机经常熄火。

**(二) 故障原因**

(1) 怠速调整过低。
(2) 怠速自动控制失常。
(3) 断油控制失常。
(4) 燃油控制系统或点火系统线路接触不良。

**(三) 故障诊断与排除**

(1) 如有怠速不稳现象,应先按"怠速不稳"故障检查方法进行检查。

(2) 检查发动机初始怠速。如果初始怠速过低,应按规定程序和标准进行调整。

(3) 检查节气门位置传感器。在节气门全闭时,节气门位置传感器内的怠速开关应闭合。如不能闭合,应按标准进行调整。如果调整无效,应更换节气门位置传感器。

(4) 检查怠速控制装置。发动机熄火后,拔下怠速控制装置线束连接器,待发动机起动后再插上。如果发动机转速无变化,说明怠速控制装置不工作,应检查在发动机怠速运转时怠速控制装置线束连接插头内有无脉冲电压信号输出。如无信号,则应检查控制线路;如有信号,则说明怠速控制装置已损坏,应更换。

(5) 检查减速断油功能是否正常。拔下节气门位置传感器线束连接器插头,用一根导线将插头内怠速开关的两接线插孔短接,起动发动机,踩下加速踏板加速,观察发动机转速能否在断油转速和回油转速之间来回变化,并记下回油转速的数值。如果回油转速过低(一般不低于 1200r/min),说明 ECU 内断油控制功能失常,应更换 ECU。

(6) 全面检查 ECU 燃油控制线路及点火线路各连接器处有无接触不良。

## 课题四　发动机电控系统故障诊断

现代汽车都配有车载诊断系统(又称自诊断系统),利用该系统,可以方便、快速地查找故障部位,给汽车故障诊断带来了巨大的方便。

车载诊断系统是指由 ECU 本身提供的车辆自我诊断的功能,作为维修人员,只要能够读出 ECU 内部的诊断数据,就可以确定故障的范围,从而使诊断测试更具有针对性。

ECU 内部的诊断数据可以人工读取,也可以使用故障诊断仪读取,如图 2-28 所示。

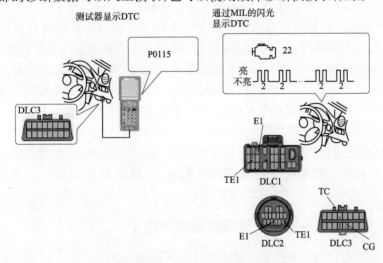

图 2-28　利用车载诊断系统进行故障诊断

### 一、车载诊断系统的基本原理

ECU 在正常工作的同时,还一直监视着电控系统各方面的信号,并把这些信号与存储器内部的标准值进行比较,从而判断是否有异常情况发生。

以冷却液温度传感器的信号为例,正常情况下,冷却液温度传感器的电压值应在 0.1V 至 4.8V 之间变化,如图 2-29 所示。如果 ECU 接收到的电压值在此范围以内,即判定冷却液温度传感器工作正常。如果电压值小于 0.1V 或大于 4.8V,即判定冷却液温度传感器信号异常。

对氧传感器信号的监测如图 2-30 所示。怠速时"混合气稀"的时间超过 100s,或汽车行驶时混合气浓或稀的时间超过 20s,即判定氧传感器信号异常。

当 ECU 判定系统存在故障时,一般会点亮仪表板上的故障指示灯(CHECK ENGINE),同时 ECU 的存储器内还会储存相应的故障代码(DTC)及定格数据。

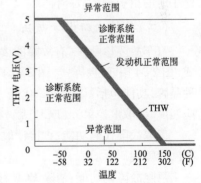

图 2-29　冷却液温度传感器的信号范围

所谓定格数据就是故障发生时的相关运行数据,例如冷却液温度、转速、进气流量等,这些数据对于正确判断故障位置很有帮助。

例如：氧传感器的DTC监测状态

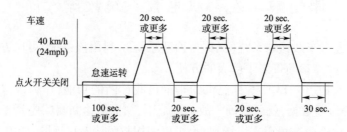

图2-30　发动机ECU对氧传感器信号的监测

需要说明的是，ECU中所储存的故障代码与实际发生的故障可能会有所不同，例如：当空气流量计信号发生偏移但没有超出正常范围时，ECU不会认为空气流量计有问题，但由于混合气长期过浓或过稀，ECU会误认为氧传感器有问题，因而会储存氧传感器方面的故障代码，因此，读取故障代码后还需要做必要的原因分析。此时，读取定格数据就显得格外重要。

ECU对执行器的监测可以依靠专设的反馈信号，如：点火系统的IGF信号（丰田公司），也可以依靠电磁线圈的感应电动势或工作电流，如：喷油器、怠速阀等。

另外，ECU还通过诊断连接器提供与外部仪器（如：故障诊断仪仪）的数据通信功能，以便利用外部仪器读取、修改ECU内部的相关数据，或接受外部仪器的指令，执行相关的操作。

## 二、利用车载诊断系统进行故障诊断的方法

有人工读取故障代码诊断法和故障诊断仪诊断法两种方法。

### （一）人工读取故障代码诊断法

人工读取故障代码的方法因汽车的生产厂家而异，目前尚未统一。但在同一生产厂家的不同车型上，人工读取故障代码的方法却基本一样。

人工读取故障代码后，一般还需要查阅维修手册，以确定故障代码的含义，然后按照维修手册的指引进行故障排除。

### （二）故障诊断仪诊断法

汽车故障诊断仪（有故障阅读仪、数据扫描仪、故障检测仪、解码仪等多种称呼）有按键式（图2-31）和触摸屏式（图2-32）两种，国内产品有元征、车博士、金奔腾、修车王、金德等多种品牌，功能包括：读取故障代码、清除故障代码、读数据流、读取定格数据、基本调整、自适应匹配、读取电控单元（ECU）版本号、电控单元编码等。有些故障诊断仪还具有示波功能。

读取故障代码功能：直接读取ECU存储器中的故障代码，并显示故障代码的内容（不必查阅故障代码手册）。

清除故障码功能：清除ECU存储器中所储存的故障代码。

读数据流功能：读取当前的运行数据，诊断人员可由此查找故障代码不能显示的故障。例如：发动机处于冷态，读取的冷却液温度数据却是80℃，显然说明冷却液温度传感器信号存在问题。

读取定格数据（又称冻结帧数据）：读取产生故障代码时的相关运行数据。

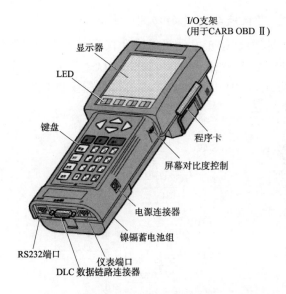

图 2-31　按键式故障诊断仪　　　　图 2-32　触摸屏式故障诊断仪

执行元件测试功能：通过与发动机 ECU 之间的通讯，指令某个执行器工作。例如：指令某缸喷油器工作，从而判断该喷油器控制电路是否正常；指令怠速控制阀工作，从而判断怠速控制电路是否正常等。

基本调整功能：使 ECU 内部记忆的数据与电控系统相关元件的实际状态相匹配，例如：重新设置步进电机式怠速阀的步数。

自适应匹配功能：修改或清除 ECU 内部的某些数据，使相关系统的工作适应某些特殊要求。例如：将发动机的怠速由 800r/min 调整到 850r/min；更换 ECU 或防盗器后，清除 ECU 中的防盗记忆数据，使 ECU 重新记忆防盗密码等。

读取电控单元（ECU）版本号功能：读取 ECU 的版本号，确保新购置 ECU 时，新的 ECU 与原车 ECU 的版本号相同。

电控单元（ECU）编码功能：对新更换的 ECU 进行编码，以启用其中与目前车型及配置相适应的控制程序。例如：采用手动变速器与采用自动变速器的汽车，配有 ASR（驱动防滑控制系统）与不配有 ASR 的汽车，发动机 ECU 的版本号可能相同，但所用的控制程序却不同。如果控制程序启用不当，可能会引起汽车行驶不良或产生严重故障。

示波功能：直接显示电控系统的某些信号波形。例如：各种传感器的信号波形、点火控制信号波形、怠速控制阀工作波形、喷油器工作波形等。

波形往往比数据更能反映故障的实质。例如：曲轴位置传感器信号轮发生缺齿故障时，相应的信号波形就会产生缺陷，而这种缺陷却是故障代码和数据流难以准确描述的。

## 三、汽车故障诊断连接器

汽车故障诊断连接器又称诊断座、诊断接口、数据读取接口等，一般位于发动机舱内、仪表盘下方或选挡杆的旁边，主要用于与故障诊断仪的连接，某些汽车还可用于人工读取故障代码。

## （一）丰田汽车诊断连接器位置、形状及各插孔的功用

丰田汽车一般设有两个诊断连接器，分别位于发动机舱内和仪表盘下方，如图2-33所示。发动机舱内的为方形（DLC1型），仪表盘下方的为圆形（DLC2型）或国际通行的OBD-Ⅱ型（丰田公司称为DLC3型），其中OBD-Ⅱ型可以实现故障诊断仪与ECU之间的双向通信，诊断功能更强。

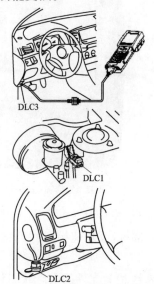
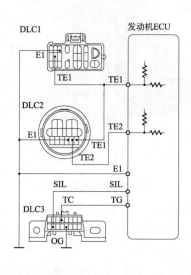

图2-33　丰田汽车诊断连接器的位置、形状及电路

DLC1型和DLC2型为并联关系，功能也基本一样，其盖子上标注有各端子的代码，如TE1、TE2、E1、TC、+B、IG-、FP、VF1、VF2、OX1、OX2等，各端子的功能如下：

TE1、TE2用来读取发动机和自动变速器的故障代码；

E1为搭铁；

TC用来读取ABS/ASR/ESP（制动防滑/驱动防滑/车身动态控制）系统和安全气囊（SRS）系统的故障代码；

+B用于获取电源电压，也可以用于主继电器功能的检查；

IG用于获取发动机的转速信号，可与发动机点火正时检测仪相接或与转速表相接；

FP用于燃油泵的检查；

VF1、VF2用来检测混合气闭环调节功能；

OX1、OX2用来检测氧传感器的信号。

为了与不同形状的诊断连接器实现连接，汽车故障诊断仪所配备的数据连接接口也有各种形状，如图2-34所示。对于通用型汽车故障诊断仪，为了适

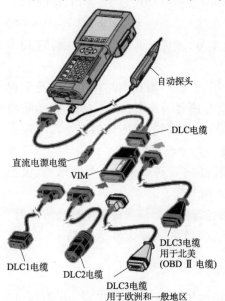

图2-34　汽车故障诊断仪所配备的数据连接接口

应不同车系的需要,往往还配有各种车系的诊断卡,测试不同的车系时,需要选用不同的诊断卡,并将其插入故障诊断仪的卡槽中。

### (二) OBD-Ⅱ诊断连接器及各端子的功用

OBD-Ⅱ是第二代车载诊断系统的英文缩写,其诊断连接器有统一的标准,并规定一律安装在驾驶员侧仪表板下方。诊断连接器共有16个端子,其形状如图2-35所示,各端子的代号和含义见表2-6。

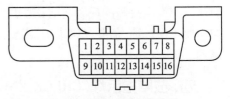

图2-35 OBD-Ⅱ诊断座的形状

OBD-Ⅱ诊断座中各端子的代号和含义　　　　表2-6

| 端子代号 | 功　用 | 端子代号 | 功　用 |
| --- | --- | --- | --- |
| 1 | 供汽车制造厂使用 | 9 | 供汽车制造厂使用 |
| 2 | SAE-J1850 资料传输正极 + | 10 | SAE-J1850 资料传输负极 - |
| 3 | 供汽车制造厂使用 | 11 | 供汽车制造厂使用 |
| 4 | 车身搭铁 | 12 | 供汽车制造厂使用 |
| 5 | 信号回路搭铁 | 13 | 供汽车制造厂使用 |
| 6 | 高速 CAN(SAE-J2284) | 14 | 低速 CAN(SAE-J2284) |
| 7 | ISO-9141-2 资料传输 K | 15 | ISO-9141-2 资料传输 L |
| 8 | 供汽车制造厂使用 | 16 | 蓄电池正极 |

OBD-Ⅱ诊断连接器中,对关键性的端子,如电源、搭铁、资料传输线都作了明确的规定,其中,资料传输线有ISO(国际统一标准)和SAE(美国统一标准)两种。其他端子则提供给汽车制造厂使用,各汽车制造厂可以根据自己的技术特点与需要灵活使用。

### (三) OBD-Ⅱ故障代码

OBD-Ⅱ故障代码由五位数组成,例如P0351,其中:

"P"——第一位为英文字母,是系统代码。"P"代表发动机和变速器组成的动力传动系统(POWER TRAIN);"B"代表车身电控系统(BODY);"C"代表汽车底盘电控系统(CHASSIS);"U"代表网络系统。

"0"——第二位为数字,表示由谁定义的故障代码。"0"或"2"代表由 SAE/ISO 定义的故障代码;"1"代表由汽车制造厂定义的故障代码;"3"代表由 SAE/ISO 或汽车制造厂定义的故障代码。

"3"——第三位为数字,表示 SAE 定义的故障发生的范围或系统。"0"代表空燃比测量和排放控制系统;"1"代表空燃比测量;"2"代表喷油器线路;"3"代表点火系统或失火;"4"代表排放控制系统;"5"代表车速或怠速控制系统;"6"代表 ECU 或输入/输出控制系统;"7"代表变速器控制系统;"8"代表非电控发动机的动力传动系统;"9"代表混合动力控制系统。

"51"——第四、五位为数字,代表故障代码(00~99)。

### (四) OBD-Ⅲ简介

OBD-Ⅲ即第三代车载诊断系统,目前已经开始使用。它是OBD-Ⅱ进一步的发展,在包容全部OBD-Ⅱ功能的基础上,增加了许多新的功能,特别是将原来的有线数据传输转变成了无线数据传输(不再需要诊断连接器)。

无线数据传输可以远程读出诊断数据,而汽车却不必在诊断的现场。这种情况下,只要汽车通过收费站之类的地方,无线监测点就可以自动完成排放检测。或者,在汽车维修人员到达汽车发生故障的现场之前,就可以确认故障发生的原因。或者,不论汽车位于何处,诸如需要更换机油、需要二级维护、需要进行某些部件的检查之类的信息也可以直接自动传到修理厂等。

### 四、故障指示灯(CHECK ENGINE)的功能

#### (一)灯泡自检功能

接通点火开关时,故障指示灯会点亮。当发动机转速达到或超过400r/min后,故障指示灯会熄灭。符合这一要求,表明故障指示灯的功能是否正常。

#### (二)故障警告功能

电控系统存在故障时,故障指示灯将被点亮,以提醒驾驶员。

如果故障被排除,则故障指示灯会在5s钟后熄灭。对于有些车型来言,即使故障被排除,也要连续三次行驶,且没有检测到新的故障,故障指示灯才会熄灭。

#### (三)故障代码显示功能

可以通过故障指示灯的闪烁显示故障代码。

#### (四)闪烁功能

如果在第一次行驶周期中检测到某个可能损坏三元催化器的失火故障,故障指示灯即开始闪烁。如果在第二次行驶周期中还是检测到失火故障,则故障指示灯闪烁,并储存故障代码及定格数据。如果失火故障症状减轻,故障指示灯将从闪烁状态转变到连续点亮状态。

提示:一次行驶周期是指发动机从起动到停机的过程。

### 五、发动机ECU的失效保护功能和备份功能

#### (一)失效保护功能

当检测到某电路信号异常时,发动机ECU将以储存在ECU内部的标准值来代替异常信号值,以防止发生严重故障或三元催化器过热。丰田汽车发动机ECU失效保护功能见表2-7。

发动机ECU的失效保护功能　　　　　　　　　表2-7

| 异常信号电路 | ECU插脚名称 | 失效保护功能 |
| --- | --- | --- |
| 点火确认信号电路 | IGF | 停止喷油 |
| 进气压力传感器信号电路 | PIM | 喷油量和点火提前角由节气门开度和发动机转速计算确定 |
| 空气流量计信号电路 | VG | 喷油量和点火提前角由节气门开度(VTA)和发动机转速计算确定 |
| 节气门位置传感器电路 | VTA | 设定节气门开度为0°或25° |
| 冷却液温度传感器电路 | THW | 设定冷却液温度为80° |
| 进气温度传感器信号电路 | THA | 设定气温为20° |
| 爆震传感器信号电路 | KNK | 点火提前角校正延迟量为最大值(约8°) |

## (二)备份功能

备份功能又称为安全回家功能或跛行功能。当发动机 ECU 中的中央处理器发生故障时,ECU 的备份功能可使控制电路转到备用集成电路,以固定信号控制发动机工作,从而允许车辆继续行驶,以确保汽车可以开到修理厂。

该模式下,喷油量和点火时刻为固定值,见表 2-8,此时,故障指示灯点亮,但发动机 ECU 的存储器内并不储存故障代码。

发动机 ECU 的备份功能　　　　　　　　　　表 2-8

| 起动信号(STA) | 急速信号(IDL) | 喷油时间(ms) | 点火提前角(BTDC°CA) |
|---|---|---|---|
| 开 | — | 20.0 | |
| 关 | 开 | 3.5 | 7.25 或 10(随车型而异) |
| 关 | 关 | 6.0 | |

## 六、利用人工读取故障代码的方法进行故障诊断(丰田发动机)

### (一)静态模式下人工读取故障代码

接通点火开关,但不起动发动机,仪表板上的发动机故障指示灯(CHECK ENGINE)应点亮,如图 2-36 所示,否则检查灯泡及电路是否良好。

起动发动机后,发动机故障指示灯应熄灭,否则说明发动机电控系统存在故障,应读取故障代码(注意:在读取发动机故障代码之前,应确认蓄电池电压在 11V 以上,切断各用电设备的电源,节气门处于急速位置(急速开关接通),变速器挂入 P 挡(驻车挡)),步骤如下:

(1)接通点火开关转,但不起动发动机。用短接线短接诊断连接器(DLC1 型或 DLC2 型)中的 TE1 端子和 E1 端子,如图 2-37 所示。此时,故障代码会通过仪表板上的故障指示灯闪烁显示出来,闪烁显示方式如图 2-38 所示(12 号码和 31 号码)。如果存在两个以上的故障代码,则先显示小数字的代码,后显示大数字的代码。

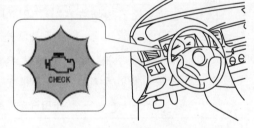

图 2-36　发动机故障指示灯点亮

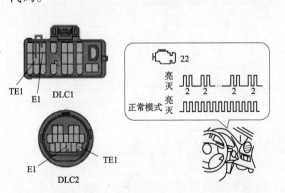

图 2-37　短接 TE1 与 E1 时故障指示灯闪烁显示故障代码

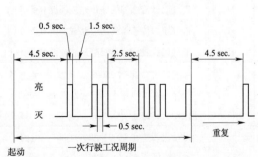

图 2-38　故障代码的显示方式(12 和 31 号码)

(2) 根据发动机故障指示灯的闪烁规律读取故障代码。

(3) 故障代码读取完毕后,关断点火开关,并拆下诊断连接器上的短接线。

### (二) 动态模式下人工读取故障代码

即:在发动机在运转状态下读取故障码。该方式灵敏度高,可以诊断出静态模式下不能发现的故障,步骤如下:

(1) 关断点火开关,用短接线短接诊断连接器中的 TE2 端子和 E1 端子。

(2) 接通点火开关,发动机故障指示灯开始快速闪烁。两次闪烁的时间间隔为 0.13s。

(3) 起动发动机,模拟驾驶人员所描述的故障状态行驶,车速不低于 10km/h。

(4) 路试后,再用短接线将诊断连接器中的 TE1 端子和 E1 端子短接。

(5) 由仪表板上发动机故障指示灯的闪烁规律读取故障代码。

(6) 拆下诊断连接器上的所有短接线。

注意:

(1) 在点火开关接通的情况下,短接 TE2 端子和 E1 端子,不会进入动态模式;

(2) 汽车行驶速度低于 5km/h 时,会产生"42"号故障代码,它表示车速信号故障,但实际上车速信号正常;

(3) 如果不起动发动机就读取故障代码,会出现"43"号故障代码,它表示起动信号故障,但实际上起动信号正常;

(4) 当自动变速器选挡杆在"D""2""L"或"R"挡位时,或打开空调时,或踩下加速踏板时,将显示"51"号故障代码,表示开关状态故障,但实际上各种开关信号是正常的。

### (三) 查阅维修手册,确认故障代码的含义

丰田汽车发动机故障代码的含义见表 2-9。

丰田汽车发动机故障代码的含义　　　　　表 2-9

| 故障代码 | 故　障　代　码　的　含　义 |
| --- | --- |
| 12 | 起动机电路接通 2s 以上,ECU 仍然没有收到曲轴转速信号和凸轮轴位置信号 |
| 13 | 发动机转速达 1000r/min 以上,仍然没有曲轴转速信号信号输入 ECU |
| 14 | ECU 连续 6 次(或 8 次)没有收到点火器的 IGF 信号(点火确认信号) |
| 16 | 从 ECU 中央处理器来的正常信号没有输出(ECU 内部故障) |
| 22 | 冷却液温度传感器线路短路或断路 0.5s 以上 |
| 24 | 进气温度传感器线路短路或断路 0.5s 以上 |
| 31 | 进气压力传感器线路短路或断路 0.5s 以上 |
| 41 | 节气门位置传感器线路短路或断路 0.5s 以上 |
| 42 | 在发动机转速达 2800r/min 以上(电控变速器)或 2500～4500r/min(普通自动变速器)时,车速信号(SPD)未输送到 ECU 有 8s 以上 |
| 43 | 发动机转速达 800r/min 后无起步信号输送到 ECU,汽车无法起步 |
| 52 | 发动机转速在 1600～5200r/min 范围内,第一爆震传感器有 6 个信号没有输入 ECU |
| 53 | 发动机转速在 650～5200r/min 范围内,ECU 检测到爆震控制故障(ECU 内部故障) |
| 55 | 发动机转速在 1600～5200r/min 范围内,第二爆震传感器有 6 个信号没有输入 ECU |

续上表

| 故障代码 | 故障代码的含义 |
|---|---|
| 78 | (1)发动机转速低于1000r/min时,燃油泵电路短路或断路1s以上<br>(2)发动机转速低于1000r/min时,燃油泵与ECU的电路短路或断路<br>(3)发动机转速低于1000r/min时,燃油泵ECU的检测信号线路短路或断路 |
| 51 | 在诊断座的TE1与E1短接的情况下,开着空调,或怠速电磁阀断开,或选挡杆处于非P位及非N位 |

### (四)根据故障代码的含义排除故障

发生故障的部位可能是故障代码所指示的元件本身,也可能是ECU与该元件相连的线路,还可能是ECU本身,但ECU本身故障的可能性非常小,10万千米只有千分之一的可能性。

为了准确确定故障部位,需要使用万用表等工具进行进一步的测量。在元件本身以及与ECU、搭铁、电源等相连的线路都正常的情况下,才更换ECU。

### (五)清除故障代码

断开点火开关,从配电盒中拆下EF1熔断丝(20A)10s以上即可。

拆除蓄电池的负极搭铁线,也可以清除故障代码,但这样会使时钟和音响等装置中存储的信息也被清除。

## 七、利用故障诊断仪进行故障诊断的方法

### (一)丰田汽车

将汽车故障诊断仪与仪表板下方的诊断连接器相接(DLC2型),如图2-39所示,接通点火开关,接通故障诊断仪电源开关。

几秒钟后,故障诊断仪屏幕上会显示有选择菜单,根据菜单,可以进入不同的系统,例如:发动机系统、变速器系统、制动系统等。

选择进入某系统后,又会出现功能选择菜单,例如:读取故障代码、清除故障代码、读数据流、读取定格数据、基本调整、自适应匹配、读取电控单元(ECU)版本号、电控单元编码等,根据需要,可以选择进入不同的功能。

一般情况下,可以按照如下流程来进行故障诊断(以空气流量计故障为例):

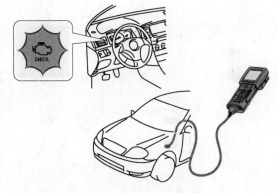

图2-39 利用故障诊断仪进行故障诊断(丰田汽车)

(1)读取故障代码。明确故障项目及故障的性质:是什么故障(例如:空气流量计故障)是现有故障还是历史故障? 是常发性还是偶发性。

(2)读取定格数据。明确故障发生时的基本条件,特别是与故障项目关系密切的内容(例如:空气流量计的读数、发动机转速、节气门开度等)。

(3)清除故障代码。

(4)起动发动机,模拟故障发生的条件。

(5)关闭发动机,再次读取故障代码及定格数据——确定(1)步的故障内容是真实存在的,还是虚假故障。

(6)起动发动机,读取与故障项目相关的数据流,分析与故障现象之间的关系(例如:目前的空气流量计的读数、发动机转速、节气门开度等;空气流量计的读数是否随节气门开度及发动机转速变化。)

(7)按照维修手册的指引检查并排除故障。

(8)清除故障代码。

(9)试车——确定故障现象是否消失。

(10)读取故障代码及数据流——确定维修后的数据流正常,故障没有再次出现。

(二)大众汽车(以奥迪100 2.6L发动机为例)

### 1. 大众车系专用诊断仪的基本功能

大众车系专用诊断仪 V.A.G1551 一般具有以下功能:

01——查询控制单元(ECU)的型号(更换 ECU 前,应该首先利用该功能读出旧 ECU 的型号,更换新的 ECU 后,再利用"07"功能将该型号输入到新的 ECU 中,否则,可能会因为 ECU 的内部程序与车辆不匹配而造成发动机无法起动或运转不良);

02——查询故障记忆(即:读取故障代码);

03——执行元件测试(可以对部分执行器进行不断线功能测试,例如:选择"燃油泵"并"确认"后,燃油泵即可开始运转);

04——基本设置(可以对步进电动机式怠速阀位置及发动机怠速的、基本点火角等进行设置);

05——删除故障记忆;

06——结束输出;

07——控制单元型号(用于输入与该车相匹配的控制单元型号);

08——阅读测量数据块;

10——自适应(有"00"、"01"两个通道。在"00"通道可以将怠速等设置在"04"功能确定的基本位置;"01"通道则可以改变所设置的怠速等数值)。

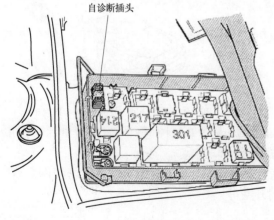

图 2-40 连接诊断仪的插头位置

### 2. 连接专用诊断仪的插头的位置

连接专用诊断仪的插头位于驾驶员侧的继电器盒内,见图 2-40。

### 3. 基本设置(04 功能)

04 功能共有 4 个显示组,分别为 01~04 显示组。

01 显示组:共有 4 个数据,分别为:怠速控制阀步进电机的步数、发动机的温度、右列汽缸混合气浓度控制(λ 控制)适配值、左列汽缸混合气浓度控制(λ 控制)适配值(例如:38 93.0℃ 1.00 1.01)。

选择 01 显示组后,怠速控制阀会重新定位,使其实际位置与怠速转速所要求的位置相符合。如果更换怠速控制阀或 ECU,或在发动机运转时拔下怠速控制阀的插头,则必须进行该项基本设置。

如果在发动机运转时选择 01 显示组,则只有在发动机熄火后怠速控制阀才能被调整。

02 显示组:共有 4 个数据,含义与 01 显示组的相同,但喷油时间等控制的适配值被清除。只有在维修时才有必要作此调整。

03 显示组:共有 4 个数据,分别为:发动机温度、怠速阀位置、点火角、发动机转速(例如:93.0℃  1  0.0上止点前  740r/min)。其中,怠速阀位置:"0"表示"怠速阀开启","1"表示"怠速阀关闭";点火角在"01"通道中锁定为"0°"。

04 显示组:共有 4 个数据,分别为:发动机温度、怠速阀位置、右列汽缸混合气浓度控制(λ 控制)自适应值、左列汽缸混合气浓度控制(λ 控制)自适应值(例如:93.0℃  1  1.01  0.96)。

**4. 阅读测量数据块**(08 功能)

"阅读测量数据块"即通常所说的"读数据流"。08 功能显示的测量数据共有 7 个显示组,各显示组数据含义见表 2-10。

各显示组数据含义                                表 2-10

| 显 示 组 号 | 所 显 示 数 据 的 含 义 |
|---|---|
| 00(或 000) | 显示 10 个十进位数据,分别代表:发动机转速、进气管压力、点火角、怠速控制阀步进电机的步数、发动机温度、λ 控制缸体 1、λ 控制缸体 2、λ 自适应缸体 1、λ 自适应缸体 2、怠速稳定控制自适应值 |
| 01(或 001) | 发动机转速、进气管压力、计算的点火正时、怠速控制阀步进电机的步数 |
| 02(或 002) | 节气门开度、进气管压力、冷却液温度、进气温度 |
| 03(或 003) | λ 学习系数(1-3 缸)、λ 学习系数(4-6 缸)、λ 控制自适应值(1-3 缸)、λ 控制自适应值(4-6 缸) |
| 04(或 004) | λ 调整的状态、炭罐清除适配值、λ 控制自适应值(1-3 缸)、λ 控制自适应值(4-6 缸) |
| 05(或 005) | 发动机转速、爆震控制程度、计算的点火提前角、冷却液温度 |
| 06(或 006) | 怠速控制阀步进电机的步数、怠速稳定控制自适应值、附加信号对怠速稳定控制的影响、怠速稳定控制 |

# 课题五  电控发动机传感器故障诊断

## 一、曲轴位置与转速传感器检测

曲轴位置与转速传感器用来检测曲轴的位置和转速,ECU 利用其信号进行如下控制:①各缸喷油和点火的顺序;②各缸喷油位置;③各缸喷油量;④点火正时;⑤怠速等。

曲轴位置与转速传感器有磁感应式、霍尔效应式、光电效应式、磁阻效应式等多种类型,一般安装于曲轴的前端或后端、凸轮轴的前端或后端或分电器的内部,其数量一般也不是一个,而是一套,在不同发动机上的安装位置及数量也不尽相同。

该传感器故障时,往往会造成发动机不能运转或运转不良,相关故障现象包括:不能起动、动力不足、油耗过高、怠速不良等。与此同时，ECU内部会储存相应的故障代码，发动机故障报警灯也会点亮。

### （一）磁感应式传感器检测

磁感应式传感器的结构及信号如图2-41所示，其信号波形的形状取决于信号轮上信号齿的分布情况，缺齿对应的信号一般用于检测曲轴的位置。

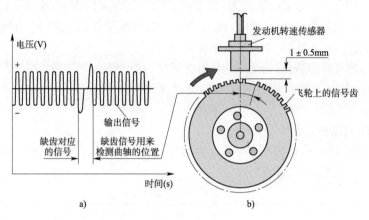

图2-41 磁感应式传感器的结构及信号
a）传感器产生的信号；b）传感器的结构

**1. 检测感应线圈电阻值**

断开传感器线束连接器，用万用表测感应线圈两端子间的电阻值，阻值应符合维修手册的规定（例如：大众汽车为450~1000Ω），否则更换传感器总成。

**2. 检测传感器间隙**

用非导磁性厚薄规测量信号转子与感应线圈磁头之间的间隙，间隙应符合维修手册的规定（例如：丰田汽车为0.2~0.4mm；雪铁龙汽车为0.5~1.5mm），否则，调整该间隙或更换传感器壳体总成。

**3. 检测传感器输出信号**

转动发动机，同时用示波器测传感器的信号输出波形，应产生交变信号波形，否则，更换传感器总成。

**4. 检测传感器线路导通情况**

用万用表测传感器线束连接器中各端子与ECU对应端子之间的电阻值，从而判断二者之间的线路情况，应导通，且电阻值小于1Ω。

**5. 检测传感器线路绝缘情况**

用万用表测传感器线束连接器中各端子与搭铁之间的导通情况，应不通，否则说明线路中间有破损、搭铁，应维修或更换线束。

### （二）霍尔效应式传感器检测

霍尔效应式传感器的结构、工作原理及电路如图2-42所示。

**1. 测传感器的工作电源**

拔下传感器连接器，接通点火开关，用万用表测线束侧连接器电源端子的对地电压，应该为5V(个别车型为8V),否则检查ECU的供电电源及传感器与ECU之间的线路。

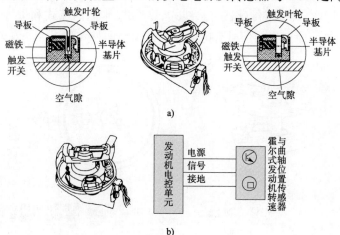

图2-42 霍尔效应式传感器的结构、工作原理及电路
a)工作原理;b)电路

**2. 测传感器的信号参考电压**

测线束侧连接器信号端子的对地电压(即:信号参考电压),应该为5V,否则检查ECU与传感器之间的线路。

**3. 测传感器线路搭铁情况**

测线束侧连接器搭铁端子的对地电阻,应小于1Ω,否则检查该端子与ECU之间的线路情况及ECU的搭铁情况。

**4. 测传感器输出的信号波形**

连接传感器连接器,接通点火开关,运转发动机,同时用示波器测传感器的信号输出波形,应产生方波信号,否则,更换传感器总成。

**(三)光电效应式传感器检测**

光电效应式传感器的结构、电路如图2-43所示,其检测方法类似于霍尔效应式传感器,除了需要检测工作电源、信号参考电压、线路搭铁情况、输出的信号波形外,还需要检查光电元件的脏污情况、信号盘的翘曲情况。

**(四)磁阻效应式传感器检测**

磁阻效应:通过半导体元件的磁通量发生变化时,半导体元件的电阻会随之发生变化。该半导体元件也被称为磁阻元件。

利用磁阻效应原理制成的传感器即为磁阻效应式传感器。一般情况下,该传感器内部制有集成电路,会将磁阻元件电阻值的变化转换为电压方波作为传感器的输出信号。发生故障时,可以检测其供电情况(一般为5V)、搭铁情况、与ECU之间的连接情况以及信号波形情况。

## 二、空气流量传感器检测

空气流量传感器(或称空气流量计)或连接线路发生故障,会造成喷油量和点火正时失常,从而引起发动机动力不足、油耗过高、排放超标、怠速不稳、甚至不能起动等故障现象。

现代汽车常见的空气流量传感器有热线式、热膜式、卡门涡流式和进气压力式等多种形式(叶板式已经淘汰),所产生的信号有电压型和频率型两种类型。

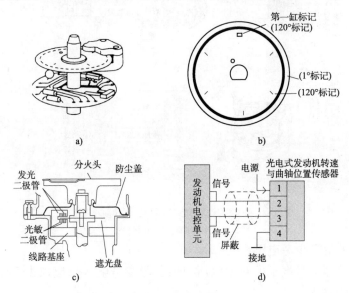

图 2-43 光电效应式传感器的结构、电路
a)外形;b)遮光盘;c)结构;d)电路

不论是哪种类型的空气流量传感器,至少都有电源、搭铁和信号三个引脚,故障诊断的一般思路是:供电电源正常、搭铁正常,但没有空气流量信号或信号不正常,即可判定空气流量传感器故障。

**(一)热线式和热膜式空气流量传感器检测**

热线式和热膜式空气流量传感器的结构如图 2-44 所示。热线式空气流量传感器长期使用后,会在热线上积累杂质,为了消除这一因素对测量精度的影响,在传感器电路中采用了烧净措施:每当发动机熄火(或起动)时,ECU 自动接通传感器内部的电子电路,加热热线,使其温度在 1s 内升高 1000℃,从而烧毁污物,达到自清洁的目的。热膜式空气流量传感器则不存在这一问题。

**1. 检查传感器的电源电压**

方法:拔下传感器线束插头,接通点火开关,用万用表直流电压挡测传感器线束插头上电源脚与搭铁之间的电压。

捷达轿车热膜式空气流量传感器:拔下传感器上的 5 线连接器插头,如图 2-45 所示。接通点火开关,检测线束插头上电源脚(1 号脚)与发动机缸体之间的电压,规定值应不低于 11.5V。如电压为零,说明燃油泵继电器触点未闭合或电源线路断路,需要检修燃油泵继电器或电源线路(该传感器工作电源来自燃油泵继电器 J17)。

**2. 检查传感器的搭铁情况**

方法:拔下传感器线束插头,用万用表电阻挡测传感器线束插头上搭铁脚与发动机缸体之间的电阻值。一般应接近 0Ω,否则说明搭铁不良。

单元二　汽车发动机故障诊断与排除

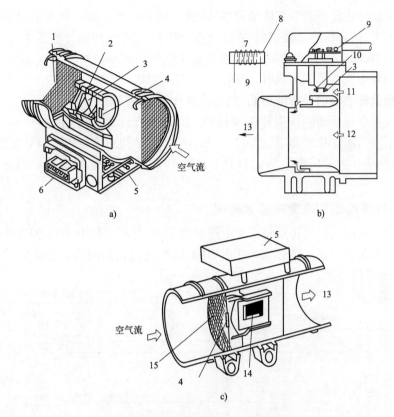

图2-44　热线式和热膜式空气流量传感器结构
a)主流测量热线式；b)旁通测量热线式；c)热膜式
1—防护网；2—取样管；3—白金热线；4—上游温度传感器；5—电路板；6—连接器；7—热线和冷线；8—陶瓷螺线管；9—接电路板；10—进气温度传感器(冷线)；11—旁通气路；12—主通气路；13—通往发动机；14—热膜；15—金属网

捷达轿车热膜式空气流量传感器：检测线束插头上搭铁脚(3号脚)与发动机缸体之间的电阻，规定值应低于1Ω。如电阻值过大，说明ECU搭铁不良，需要检查ECU搭铁情况(传感器通过ECU搭铁)。如果ECU搭铁正常，则说明ECU故障，应更换ECU。

**3. 检查传感器的信号电压**(或信号频率)

方法：拆下空气流量传感器，人工给传感器提供工作电源，并向传感器空气入口吹气(可用吹风机)，同时测量传感器的输出信号(电压或频率)，看信号是否随吹气速度的变化而变化。有变化，则传感器基本正常；无变化，则更换传感器。

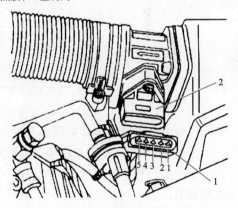

图2-45　捷达轿车空气流量传感器连接器
1—线束插头；2—传感器插座

捷达轿车热膜式空气流量传感器：拆下空气流量传感器，将传感器2脚接12V电源正极，3脚接电源负极，用万用表测传感器4脚与3脚之间的电压，用吹风机由远而近地吹空气流量传感器进气口，电压值应随吹气速度的增大而增大，否则更换传感器。

71

对于频率信号输出型的空气流量传感器（例如别克汽车），则应该在确保电源与搭铁线路正常的情况下，接好传感器线束插头，接通点火开关，用吹风机向传感器空气入口吹气（或起动发动机），同时用万用表的频率挡测量其输出信号的频率。对于别克汽车，起动时传感器输出信号的频率应不低于 1200Hz，否则更换该传感器。

**4. 就车检查传感器的自清洁功能**（热线式空气流量传感器）

插好空气流量传感器的线束插头，起动发动机，并将转速升高到 2500r/min 以上，再怠速运转。拆下空气流量传感器空气入口一端的进气管，从传感器空气入口处观察热线，断开点火开关；热线应在发动机熄火 5s 后红热并持续 1s 时间。否则，检查传感器连接线路或更换传感器。

## （二）卡门涡式空气流量传感器检测

丰田卡门涡式空气流量传感器工作电路如图 2-46 所示。其中 THA 脚为进气温度传感器信号脚，VC 脚为空气流量传感器工作电源脚，ECU 通过该脚向传感器提供 5V 工作电源，KS 脚为空气流量信号脚。

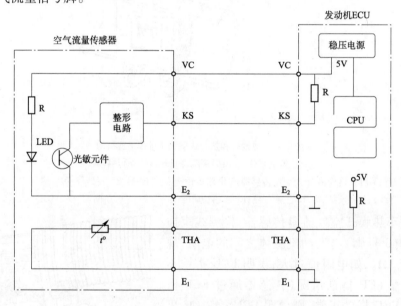

图 2-46　丰田轿车卡门涡式空气流量传感器工作电路

**1. 检查传感器的电源电压以及信号参考电压**

方法：拔下传感器线束插头，传感器各插脚位置见图 2-47。接通点火开关，用万用表直流电压挡测传感器线束插头上电源脚（VC 脚）、信号脚（KS 脚和 THA 脚）与发动机缸体搭铁之间的电压。

三个测量值都应为 4.5~5.5V（表 2-11），否则检查相应线路与 ECU 之间的连接情况；连接正常，则检查 ECU 的供电电源电路；电源电路也正常，则说明 ECU 故障，应该更换 ECU。

**2. 检查传感器的搭铁情况**

方法：用万用表电阻挡测传感器线束插头上搭铁脚（E1 脚和 E2 脚）与发动机缸体之间的电阻值。

规定值应低于1Ω。如电阻值过大,说明ECU搭铁不良,需要检查ECU搭铁情况(传感器通过ECU搭铁)。如果ECU搭铁正常,则说明ECU故障,应更换ECU。

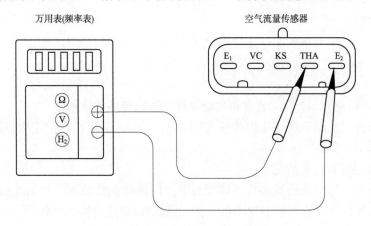

图 2-47　丰田轿车卡门涡流式空气流量传感器的检测

丰田轿车用卡门涡式空气流量传感器检修参数　　　　　表 2-11

| 检测对象 | 插脚名称 | 检测条件 | 标准参数 | 备注 |
|---|---|---|---|---|
| 进气温度传感器电阻值 | THA—E2 | -20℃ | 10000～20000Ω | |
| | | 0℃ | 4000～7000Ω | |
| | | +20℃ | 2000～3000Ω | |
| | | +40℃ | 900～1300Ω | |
| | | +60℃ | 400～700Ω | |
| 进气温度传感器信号 | THA—E2 | 进气温度20℃～60℃ | 0.5～3.0V | |
| 空气流量传感器电源与信号 | Vc—E1 | 点火开关接通 | 4.5～5.5V | 检测电源电压 |
| | KS—E1 | 点火开关接通 | 4.5～5.5V | 检测信号电压 |
| | | 怠速 | 2.0～4.0V(脉冲) | 信号电压跳跃变化 |

**3. 检查传感器的空气流量信号**

方法:拆下空气流量传感器,将传感器线束插头与插座插好,接通点火开关,并向传感器空气入口吹气(可以用吹风机),用万用表脉冲信号挡测量传感器"KS"脚与"E1"脚之间的脉冲信号,应该有脉冲信号输出,而且吹气速度越高,脉冲信号的频率也越高,否则更换传感器。

**4. 进气温度传感器检测**

拔下空气流量传感器线束插头,用万用表电阻挡测量传感器插座上"THA"脚与"E2"脚之间的阻值(进气温度传感器电阻值),检测结果应当符合如表2-11所规定。如阻值不符,则须更换传感器。

将传感器线束插头与插座插好,接通点火开关,用万用表直流电压挡测量传感器连接器"THA"脚与"E2"脚之间的信号电压,电压值应当符合如表2-11的规定。

如果"THA"脚与"E2"脚之间的电阻正常,"THA"脚的信号参考电压正常(4.5～5.5V),"E2"脚的搭铁正常,而"THA"脚与"E2"脚之间的信号电压不正常,则说明ECU故障,应更换 ECU。

### (三)进气压力传感器检测

**1. 基本方法**

首先检查进气压力传感器连接软管的连接情况,看是否有漏气、连接不良等情况;然后检查传感器与 ECU 之间的线路连接情况;再测量传感器的输出信号电压(或方波信号的频率)。

**2. 案例:切诺基(Cherokee)吉普车发动机进气压力传感器检测**

切诺基吉普车发动机进气压力传感器(MAP)安装位置及其电路连接如图 2-48 所示。其检修方法如下:

1)检查真空软管连接情况

仔细检查进气压力传感器的真空软管与节气门体的连接情况。如果连接不良或漏气,就会影响传感器性能并直接影响发动机工作,可视情修理或更换真空软管。

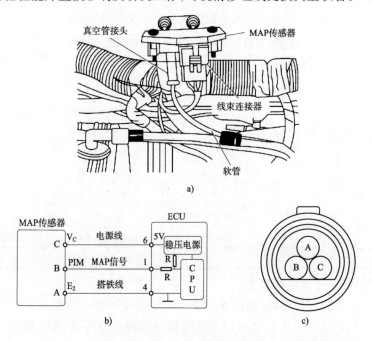

图 2-48　切诺基吉普车进气压力传感器安装位置及其电路连接
a)安装位置图;b)电路连接;c)线束插头

2)检测传感器电源电压

拔下传感器连接插头,接通点火开关,用万用表直流电压挡检测传感器线束测插头"C"脚与发动机缸体搭铁之间的电压,电压值应为 4.5~5.5V。

如电压为零,则检测 ECU 线束插头"6"脚与搭铁之间的电压,如电压为 4.5~5.5V,则说明传感器电源线断路;如电压仍然为零,则检测 ECU 的电源电路,电源电路正常则更换 ECU。

3)检测传感器负极导线连接情况

用万用表电阻挡检测传感器线束侧插头"A"脚与发动机缸体之间的电阻,阻值应当小于 0.5Ω。如阻值过大,说明传感器负极导线断路或 ECU 插头连接不良或 ECU 本身搭铁不良。

4)检测传感器信号电压

插上传感器线束插头,接通点火开关,发动机未起动时,检测输出脚"B"与发动机缸体搭铁之间的电压,电压值应为 4~5V;当发动机热机怠速运转时,"B"脚电压应下降到 1.5~2.1V;当节气门开度增大时,"B"脚电压应逐渐升高。否则说明传感器故障,应予以更换。

检测 ECU 线束插头"1"脚与搭铁之间的电压,应与传感器"B"脚电压相同。如检测结果不符规定,说明传感器信号线断路或插头松动。

也可以在点火开关接通的情况下,人工对传感器真空管施加并改变真空,同时测量"B"脚与搭铁之间的电压,"B"脚电压随应真空变化而变化。

某些车型采用了方波频率信号式进气压力传感器,此时则应该用示波器测量其信号波形,或用万用表的脉冲挡测量其信号脉冲的频率。

## 三、节气门位置及加速踏板位置传感器检测

### (一)节气门位置传感器检测

节气门位置传感器用来判别节气门的开度及其变化,从而对喷油量、点火提前角、怠速转速等进行修正控制,例如:怠速控制、加速加浓、大负荷加浓、强制怠速断油控制等。在装备电控自动变速器的汽车上,节气门位置传感器信号还是控制变速器换挡时机和变矩器锁止时机的主要信号之一。该传感器发生故障时,发动机会出现怠速不稳、加速不良、大负荷功率不足等问题,电控自动变速器也会出现换挡不良问题。

节气门位置传感器按结构大致可分为触点开关式、滑线电阻式、组合式和霍尔效应式四种,一般情况下,利用万用表检测节气门位置传感器电插头相应脚之间的电阻值,即可判断其故障。另外,还需要检测节气门位置传感器与 ECU 之间线路的连接情况。图 2-49 为丰田汽车组合式节气门位置传感器结构、电路及信号。

**1. 测量 ECU 提供给传感器的电源电压、怠速触点的信号参考电压和搭铁线的搭铁情况**

拔下节气门位置传感器的线束插头,接通点火开关,用万用表直流电压挡测量线束侧插头中 VC 脚对地电压,应为 5V;测量线束侧插头中 IDL 脚对地电压,应为 5V(也有少数车为 12V)。否则检查该插头与 ECU 之间的线路;线路正常时,查 ECU 供电电源电路;ECU 供电电源电路也正常,则更换 ECU。

用万用表电阻挡测量线束侧插头中搭铁脚(E 脚)的对地电阻,阻值应小于 0.5Ω,否则说明搭铁不良,应该检查该插头与 ECU 之间的线路;线路正常时,查 ECU 搭铁线;ECU 搭铁线也正常时更换 ECU。

**2. 测量传感器中 IDL 触点情况**

拔下传感器线束插头,用万用表电阻挡测量传感器插头中 IDL 脚与搭铁脚(E 脚)之间的电阻。

节气门关闭时:IDL 脚与 E 脚之间电阻值应小于 0.5Ω,如阻值过大,说明 IDL 触点烧蚀而接触不良,应予以修磨或更换传感器。

节气门打开时:IDL 脚与 E 脚之间的电阻值应为 ∞,否则说明传感器内部有短路故障,

应予以维修或更换。

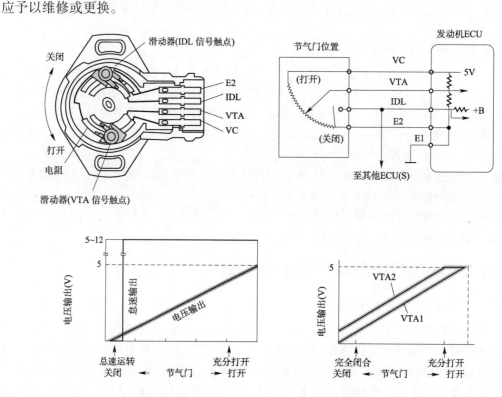

图 2-49　丰田汽车组合式节气门位置传感器结构、电路及信号

**3. 测量传感器中滑线电阻器的情况**

拔下传感器线束插头,用万用表电阻挡测量传感器插头中 VC 脚与 E 脚之间的电阻,阻值应符合厂方的规定值,否则更换传感器。

用万用表电阻挡测量传感器插头中 VTA 脚与搭铁脚或 VC 脚之间的电阻,阻值应随节气门开度的变化而连续变化(增大或减小),变化时不能有跳动或间断,否则说明滑动触点有接触不良现象,应更换传感器。

**(二)加速踏板位置传感器检测**

加速踏板位置传感器(用于采用全电子节气门的发动机)一般安装在驾驶员脚下,用来检测加速踏板的位置。发动机 ECU 利用该传感器的信号来控制全电子节气门的开度。

加速踏板位置传感器有两种:滑线电阻式和霍尔效应式。为了确保其工作的可靠性,此传感器往往有两个不同特性的输出信号。

提示:因在安装该传感器时,需要极精密的位置调整,所以,不得拆下该传感器。当该传感器出现故障时,须更换加速踏板总成。

滑线电阻式加速踏板位置传感器如图 2-50 所示,其结构、工作原理及检测方法同滑线电阻式节气门位置传感器。以下仅以丰田卡罗拉 1ZR—FE 发动机为例,介绍霍尔效应式加速踏板位置传感器的检测方法,图 2-51 为其控制电路,其中有 VPA(主)、VPA2(副)两个传感器电路,其中 VPA 为加速踏板位置信号,并用于发动机控制,VPA2 用于故障监测,且为 VPA 发生故障时应急备用信号。

单元二 汽车发动机故障诊断与排除

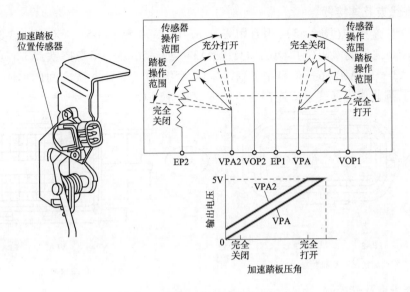

图 2-50 滑线电阻式加速踏板位置传感器

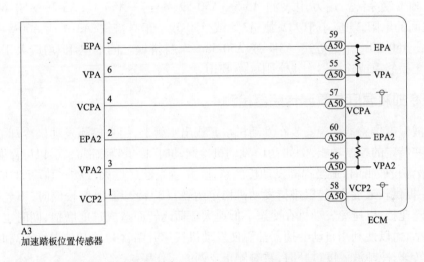

图 2-51 丰田卡罗拉 1ZR—FE 发动机加速踏板位置传感器控制电路

**1. 读取加速踏板位置传感器数据**

连接故障诊断仪,接通点火开关,踩аются加速踏板,并读取加速踏板位置传感器数据,VPA 读数应该在 0.5~4.5V 之间连续变化;VPA2 读数应该在 2.6~5.0V 之间连续变化。

符合要求,则进入步骤 5;不符合要求,则进行下一步。

**2. 检查传感器的供电电压**

拆下加速踏板位置传感器连接器(图 2-52),接通点火开关,用万用表测线束 A3-4—A3-5、A3-1—A3-2 之间的电压,应为 4.5~5.5V,否则,进入步骤 5。

**3. 检查 ECU 的加速踏板位置传感器控制电路**

用万用表测线束 A3-2—A3-3、A3-5—A3-6 之间的电阻,均应为 36.60~41.61Ω,正常,则更换加速踏板总成;异常,则继续下一步。

77

**4. 检查线束及连接器**

拆下 ECU 连接器（图 2-53），用万用表测 A3-6—A50-55、A3-5—A50-59、A3-3—A50-56、A3-2—A50-60 之间的电阻，均应小于 1Ω；测 A3-6 或 A50-55—车身搭铁、A3-5 或 A50-59—车身搭铁、A3-3 或 A50-56—车身搭铁、A3-2 或 A50-60—车身搭铁之间的电阻，均应大于 10KΩ，否则，维修或更换线束或连接器。正常，则更换 ECU。

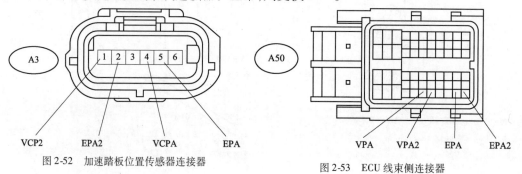

图 2-52　加速踏板位置传感器连接器　　　　图 2-53　ECU 线束侧连接器

**5. 检查线束及连接器**

拆下 ECU 连接器，用万用表测 A3-5—A50-59、A3-4—A50-57、A3-2—A50-60、A3-1—A50-58 之间的电阻，均应小于 1Ω；测 A3-5 或 A50-59—车身搭铁、A3-4 或 A50-57—车身搭铁、A3-2 或 A50-60—车身搭铁、A3-1 或 A50-58—车身搭铁之间的电阻，均应大于 10kΩ，否则维修或更换线束或连接器。正常则更换 ECU。

## 四、冷却液温度与气温传感器检测

冷却液温度传感器一般安装在发动机水套或出水管上，用来检测发动机冷却液的温度，以实现某些特定的控制功能，例如：(1) 发动机冷起动时，提供特浓混合气，以确保顺利起动；(2) 冷却液温度较低时，适当提高发动机的怠速，并适当延迟点火，以缩短暖机时间，从而减少磨损，并提供较浓混合气，以维持发动机稳定运转；(3) 冷却液温度较低时，不允许自动变速器升入超速挡，以避免发动机在冷态下低速大负荷运转而造成过度磨损，同时也不允许锁止离合器结合，以便利用自动变速器油温使发动机快速升温；(4) 冷却液温度较高时，增大冷却风扇的转速；冷却液温度过高时，暂时停止空调的工作等。

可见，冷却液温度传感器信号除了影响发动机的工作状态外，还影响自动变速器、汽车空调等的工作状态，其故障往往会带来发动机起动、怠速、油耗、冷却及自动变速器换挡、空调制冷等诸多方面的问题。

进气温度传感器（ATS）一般安装在发动机进气管上，或与空气流量传感器制为一体，用来测量发动机的进气温度，ECU 利用其信号除了可以将进气的体积流量换算为质量流量外，还可以实现某些特定的控制功能，例如：进气温度较低时，适当增大喷油量（因低温时汽油的蒸发性较差，不利于形成混合气），以确保发动机能够稳定运转（特别是怠速时）。

各种汽车上所用的冷却液温度、气温传感器的结构和工作原理都大同小异（图 2-54），一般都采用了负温度系数（NTC）热敏电阻。因此，检查方法也没有多大差别，一般都可以用万用表直接测量其电阻随温度的变化情况，另外还需要测量该传感器与 ECU 之间的线路连接情况。下面仅以丰田卡罗拉 1ZR—FE 发动机水温传感器为例加以说明。

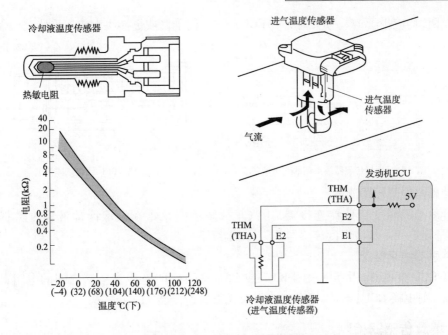

图 2-54　冷却液温度与气温传感器

**1. 读取冷却液温度传感器数据**

连接汽车故障诊断仪,接通点火开关,读取冷却液温度传感器数据,读数应与发动机的冷却液温度状态基本一致。

如果读数为 -40℃,则说明传感器或其电路可能存在断路故障,继续下一步;

如果读数为 140℃ 或以上,则说明传感器或其电路可能存在短路故障,进入步骤 4;

如果读数在正常范围以内,则清除故障代码,并再次读取故障代码,如果故障代码仍然出现,则更换 ECU。

当然,也可以对冷却液温度传感器进行人工检查:拆下冷却液温度传感器,将传感器和温度计放入烧杯或加热容器中,如图 2-55 所示,同时,用万用表测量传感器两个端子之间的电阻,并将电阻值与图 2-54 的电阻-温度特性进行比较,如果偏差较大,则更换传感器。

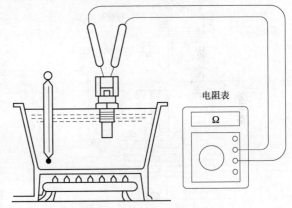

图 2-55　冷却液温度传感器的人工检查

**2. 传感器线束断路测试**

检查冷却液温度传感器连接器,确认正常;断开冷却液温度传感器连接器,用短接线短接传感器线束侧的两个端子,如图 2-56 所示,用汽车故障诊断仪重新读取冷却液温度数据,应为 140℃ 或以上,是则更换冷却液温度传感器,不是则继续下一步。

**3. 传感器线束检查**

断开 ECU 连接器(图 2-57),用万用表测 B3-2—B31-97(THW)、B3-1—B31-96(ETHW)

之间的电阻,均应小于1Ω。是,则更换ECU;不是,则维修或更换线束或连接器。

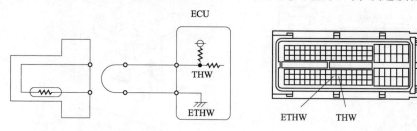

图 2-56 短接传感器线束侧的两个端子　　图 2-57 ECU 线束侧连接器

**4. 传感器线束短路测试**

断开冷却液温度传感器连接器,用汽车故障诊断仪重新读取冷却液温度数据,应为 −40℃,是则更换冷却液温度传感器,不是则继续下一步。

**5. 传感器线束检查**

断开 ECU 连接器,用万用表测 B3-2 或 B31-97(THW)—车身搭铁之间的电阻,应大于 10kΩ。是,则更换 ECU;不是,则维修或更换线束或连接器。

## 五、爆震传感器检测

爆震传感器装在发动机缸体或缸盖上(图 2-58),用来检测爆震现象的发生情况,从而对点火正时进行闭环控制。

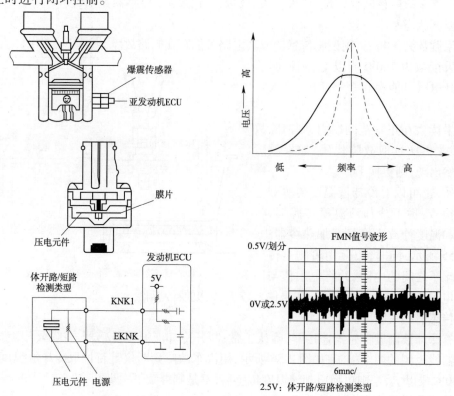

图 2-58 爆震传感器

该传感器发生故障时,ECU 内会在储存相应的故障代码,同时,为了保护发动机,ECU 还会将各缸的点火正时适当延迟(丰田车延迟 8°;大众车延迟 15°),此时,发动机的动力性和经济性均会有所下降。

爆震传感器有压电式、磁致伸缩式等多种形式,以下仅以丰田卡罗拉 1ZR—FE 发动机压电式爆震传感器为例加以说明。

**1. 读取爆震传感器反馈数据**

连接汽车故障诊断仪,起动发动机并暖机,踩动加速踏板,使发动机转速发生变化。同时用汽车故障诊断仪读取爆震传感器的反馈数据,数据应该有所变化。否则,进行以下步骤。

**2. 检查 ECU 提供的 KNK1 电压**

断开爆震传感器的连接器,如图 2-59 所示,接通点火开关,用万用表测线束侧连接器 D1-2—D1-1 之间的电压,应为 4.5~5.5V,否则进入步骤4。

**3. 检查爆震传感器**

拆下爆震传感器,用万用表测传感器两个端子之间的电阻,如图 2-60 所示,应为 120~280kΩ,否则,更换该传感器。

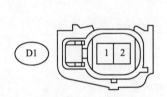

图 2-59　爆震传感器线束侧连接器形状

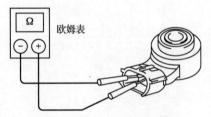

图 2-60　测爆震传感器的电阻

爆震传感器正常,但仍然出现故障代码 P0327(爆震传感器输出电压低于 0.5V)或 P0328(爆震传感器输出电压高于 4.5V),则更换 ECU。

**4. 检查爆震传感器与 ECU 之间的线路**

断开 ECU 连接器,用万用表测 D1-2—B31-110、D1-1—B31-111 之间的电阻,应小于 1Ω;测 D1-2 或 B31-110—车身搭铁、D1-1 或 B31-111—车身搭铁之间的电阻,应大于 10kΩ,否则,维修或更换线束或连接器。

在爆震传感器与 ECU 之间的线路正常的情况下,传感器线束连接器的 KNK1 端子仍然没有 4.5~5.5V 电压,则更换 ECU。

## 六、氧传感器检测

氧传感器装在发动机的排气管上(图 2-61),通过检测废气中残余氧气含量的方法来判断混合气的浓度,以便 ECU 对喷油量实施"闭环调节"。

氧传感器故障时,该"闭环调节"功能失效,混合气浓度偏离理想值,从而造成发动机的性能恶化,此时,ECU 会储存相应的故障代码,仪表板上的发动机故障灯也会点亮。

氧传感器一般根据电化学原理工作,有氧化锆($ZrO_2$)式和氧化钛($TiO_2$)式等两种类型,其工作温度分别为 300℃ 以上和 600℃ 以上,氧化锆式又分为加热型与非加热型两种,氧化

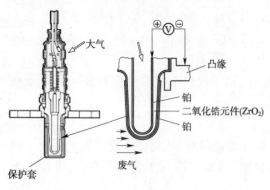

图2-61 氧传感器

钛式一般都为加热型。

由于普通氧传感器只能工作于理论混合气附近,对于近年来出现的所谓"稀薄燃烧"发动机而言,这种氧传感器则无法满足工作要求,于是就出现了所谓的空燃比传感器(A/F传感器,如图2-62所示),它在较宽的范围内均可产生几乎与混合气浓度成正比的电压信号。由于其工作原理的特殊性,该传感器的输出信号不能用万用表测量,需要使用汽车故障诊断仪,通过读取相关数据来判断其工作情况。

由于废气中的污物会附着在氧传感器的表面,导致氧传感器逐渐失效,此外,氧传感器线束连接器处用于防水的硅橡胶也会逐渐污染内侧电极。因此,氧传感器需要定期更换,更换周期一般为8万千米。另外,汽油中含铅时,催化剂铂也会中毒失效。因此,装有氧传感器的汽车禁止使用含铅汽油。

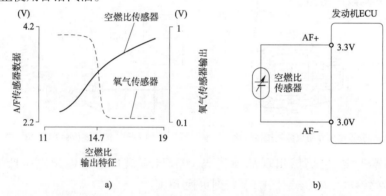

图2-62 空燃比传感器特性及工作电路
a)空燃比传感器特性;b)空燃比传感器工作电路

以下以丰田卡罗拉1ZR—FE发动机为例,说明普通氧传感器的检测方法,其控制电路如图2-63所示,其中S1为主氧传感器,S2为副氧传感器。

### (一)氧传感器加热控制电路的检查

特别说明:当出现故障代码P0031(加热器电流小于0.3A)、P0032(加热器电流大于2A)时,需要检查主氧传感器加热控制电路;当出现故障代码P0037(加热器电流小于0.3A)、P0038(加热器电流大于2A)时,需要检查副氧传感器加热控制电路。两电路检查方法相同,以下为主氧传感器加热控制电路的检查步骤。

**1. 检查加热器的电阻**

断开主氧传感器的连接器(图2-64),用万用表测量传感器连接器B15-1—B15-2、B15-1—B15-4之间的电阻,分别应该为5.0~10.0Ω(20℃时)和大于10kΩ,否则,更换传感器总成。

单元二 汽车发动机故障诊断与排除

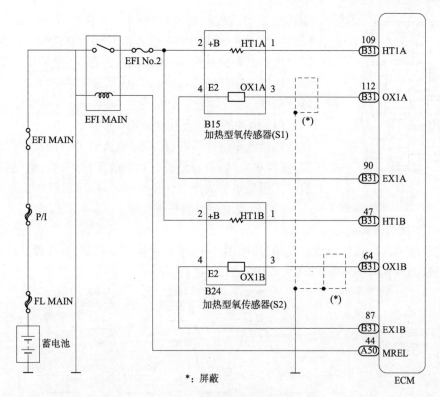

图 2-63 丰田卡罗拉轿车氧传感器控制电路

**2. 检查加热器电源电压**

接通点火开关,用万用表测主氧传感器线束侧连接器 B15-2—车身搭铁之间的电压,应为 9~14V,否则,转入步骤 4。

**3. 检查加热器与 ECU 之间的线路**

断开 ECU 连接器,用万用表测 B15-1—B31-109(HT1A)之间的电阻(图 2-65),应小于 1Ω;测 B15-1 或 B31-109—车身搭铁之间的电阻,应大于 10kΩ。

正常则更换 ECU,不正常则维修或更换线束或连接器。

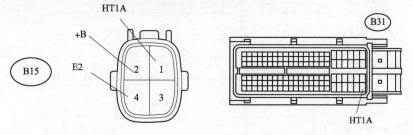

图 2-64 主氧传感器连接器　　　图 2-65 ECU 线束侧连接器

**4. 检查 EFI NO.2 熔断丝**

从发动机舱继电器盒上拆下 EFI NO.2 熔断丝(图 2-66),用万用表测量其电阻,应小于 1Ω,正常则维修或更换线束或连接器,不正常则更换该熔断丝。

**(二) 主氧传感器信号的检查**

特别说明:当出现故障代码 P0130(发动机暖机时氧传感器信号保持 0.4~0.5V 不变)、

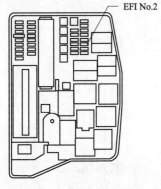

图2-66　EFI No.2 熔断丝的位置

P2195(发动机暖机时氧传感器信号保持0.5V以下不变)、P2196(发动机暖机时氧传感器信号保持0.4V以上不变)时,需要进行以下检查步骤(可能的故障部位:主氧传感器线路断路或短路、主氧传感器、EFI继电器、进气系统、燃油压力、喷油器、ECU)。

(1)检查是否存在其他故障代码。

连接汽车故障诊断仪,接通点火开关,打开汽车故障诊断仪,读取故障代码,看是否有其他故障代码,有,则先排除其他故障代码显示的故障。

(2)检查油箱燃油是否耗尽。

(3)再次读取故障代码。

用汽车故障诊断仪清除故障代码,按照图2-67起动并运行发动机,再次读取故障代码,看是否仍然出现代码P0130、P2195、P2196,是,则进行下一步。

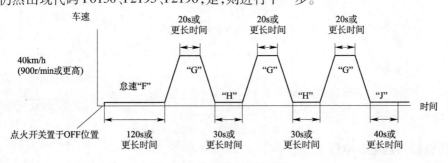

图2-67　发动机运行试验程序

(4)读取主氧传感器数据。

起动发动机,并使发动机在2500r/min下运转90s,然后怠速运转,用汽车故障诊断仪读取主氧传感器的电压值,正常值应为0.4~0.5V,其他异常情况见图2-68。正常,则进行下一步,异常则进入步骤8。

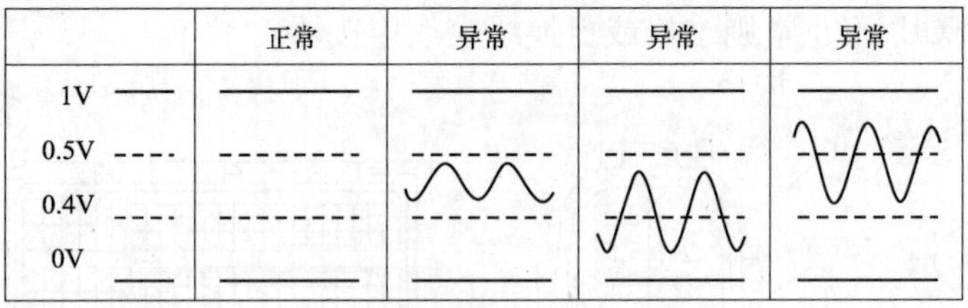

图2-68　氧传感器的读数情况

(5)更换主氧传感器。

(6)再次进行按照图2-67起动并运行发动机。

(7)再次读取故障代码。

用汽车故障诊断仪读取故障代码,如果再次出现代码P0130、P2195、P2196,则更换ECU。

(8)检查主氧传感器加热器电阻、电源、加热器与ECU之间的线路,异常,则维修或更换。

(9)检查发动机的进气系统是否有泄漏。

(10)检查燃油压力、喷油器总成。

以上全部正常,则更换主氧传感器,再次进行按照图 2-67 起动并运行发动机,再次读取故障代码,仍然出现故障代码 P0130、P2195、P2196,则更换 ECU。

## 课题六　电控发动机点火系统故障诊断

现代汽车发动机所采用的点火系统大致有两种类型,即:有分电器 ECU 控制点火系统和无分电器 ECU 控制点火系统,而传统的有触点机械式点火系统和无触点电子式点火系统已经被淘汰。

点火系统常见的故障有点火正时不当、点火中断、点火过弱等,所引起的故障现象有发动机抖动、油耗过高、动力不足、不能起动或起动困难等。

### 一、有分电器 ECU 控制点火系统检测与故障诊断

有分电器 ECU 控制点火的特点是:点火正时受 ECU 控制,各缸点火顺序仍然由机械式分电器控制。其基本构成如图 2-69 所示。以下以丰田汽车为例,说明该点火系统检测与故障诊断方法。其中,IGT 信号为"点火控制信号",由 ECU 发送给点火器,从而控制点火系统的工作,IGT 信号发送的时刻由 ECU 根据各传感器的信号计算决定,该时刻决定了点火正时;IGF 信号为"点火确认信号"或"点火反馈信号",由点火器发送给 ECU,从而被 ECU 用于对点火系统的监控。如果 ECU 连续多次接收不到 IGF 信号,即可判定为"点火系统故障",ECU 内部会储存相应的故障代码,并停止喷油。

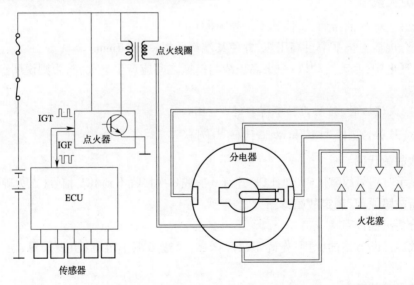

图 2-69　有分电器 ECU 控制点火系统的基本构成

#### (一)检查点火正时

(1)起动发动机,并暖机;用短接线短接诊断连接器的 TE1—E1 端子(如果是 OBD-Ⅱ型

诊断连接器,则短接 TC—CG 端子),如图 2-70 所示。此时,发动机在怠速下将按照初始点火正时工作。

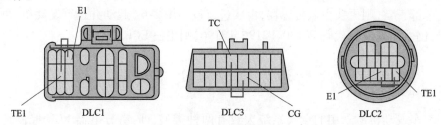

图 2-70 短接诊断连接器相关端子

(2)将正时灯的传感头连接在点火线圈的电源线上(正时灯的传感头有 2 种类型:探测初级电流通/断型和探测次级电压型,如是后者,则将传感头连接在中央高压线上),在怠速状态下,检查点火正时(用频闪灯照射曲轴皮带轮旁的正时刻度)。

(3)测得的点火正时应为 10°。如果不符合要求,则可通过转动分电器壳体或曲轴位置传感器的壳体进行调整。

### (二)检查火花塞

(1)检查火花塞是否存在裂纹、电极受污、电极耗损等情况,如有,则应予以清洁或更换。

(2)检查火花塞间隙:正常间隙应为 0.9~1.1mm。

间隙不当,则进行调整(常规型火花塞)或更换(白金或铱金火花塞)。

**注意**:火花塞的型号应符合维修手册的规定。如果火花塞热值不适宜,可能会造成火花塞电极积炭或熔化。

### (三)跳火试验

(1)断开全部喷油器插头,使其不能喷射燃料。

(2)从分电器上拔下中央高压线,并使其端部距搭铁 5~7mm。

(3)接通电源,起动发动机:中央高压线与搭铁之间应产生电火花,否则说明点火系统存在故障。

**注意**:跳火试验时,转动曲轴不得超过 5~10s。

### (四)故障诊断(以"14"号故障代码为例)

**1. 读取故障代码**

读码显示"14"号故障代码,即:ECU 连续 6 次或 8 次接收不到 IGF 信号(点火确认信号)。

**2. 分析故障原因,制定故障诊断方案**

原因分析见图 2-71。

制定故障诊断方案的原则:先确定故障区域,再逐步缩小范围;由表及里,由简到繁,分段检查。

**3. 故障区域的确定**

方法一:跳火试验法

从分电器上拔出中央高压线,并使其端部距缸体 5~7mm。起动发动机,看高压线与缸体之间是否跳火,故障区域的确定方法见图 2-72。

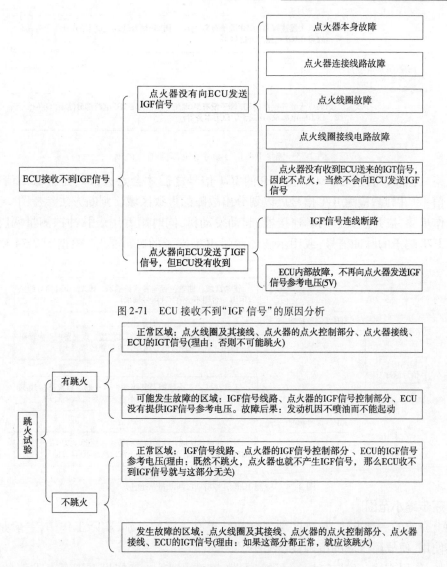

图 2-71　ECU 接收不到"IGF 信号"的原因分析

图 2-72　用跳火实验法进行故障区域的确定

方法二:正时灯频闪法

将正时灯的感应夹夹在中央高压线上,起动发动机,看正时灯是否频闪。能够频闪,说明高压线内部有高压电,相当于方法一中能够跳火的情况;不能频闪,说明高压线内部没有高压电,相当于方法一中不能跳火的情况。

故障区域的确定参见图 2-72,只是将"跳火"与否换为"频闪"与否即可。

方法三:万用表检测控制信号法(两种思路,两个步骤)

思路一:点火器要成功地向 ECU 发送 IGF 信号,ECU 就必须先向点火器发送 IGF 信号参考电压(5V)。因此,测量 IGF 信号参考电压(5V)可以划分出故障的大致区域。判断方法参考图 2-73。

操作步骤:拔开点火器的两脚连接器,接通点火开关,用万用表测量两脚连接器线束侧 IGF 端子—搭铁之间的电压,根据图 2-73 确定故障区域。

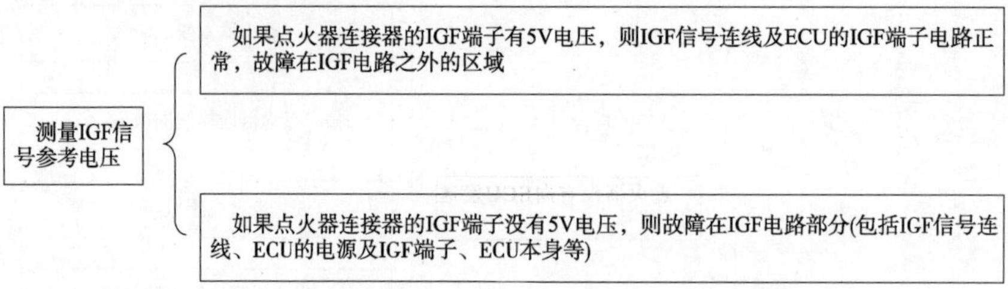

测量IGF信号参考电压
- 如果点火器连接器的IGF端子有5V电压,则IGF信号连线及ECU的IGF端子电路正常,故障在IGF电路之外的区域
- 如果点火器连接器的IGF端子没有5V电压,则故障在IGF电路部分(包括IGF信号连线、ECU的电源及IGF端子、ECU本身等)

图 2-73　测量 IGF 信号参考电压,判断故障区域

思路二:点火器接收到 ECU 发送来的 IGT 信号之后才会点火,即:先有 IGT 信号,才会有 IGF 信号。因此,检测 IGT 信号可以划分出故障的大致区域。判断方法参考图 2-74。

操作步骤:拔开点火器两脚连接器,起动发动机,同时用万用表脉冲挡测量两脚连接器线束侧 IGT 端子的脉冲信号,或用示波器测量 IGT 端子的方波信号,根据图 2-74 确定故障区域。

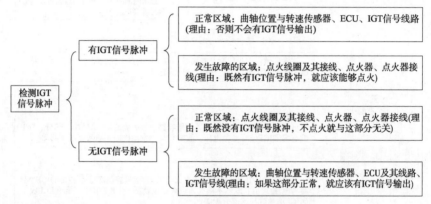

图 2-74　检测 IGT 信号脉冲,判断故障区域

### 4. 逐步缩小范围

以上介绍的三种方法,故障区域划分的结果有一定的差别,实际工作中,一般是多种方法结合使用,使故障区域的范围逐步缩小。

例如:先用方法一(或方法二),确定不跳火,再用方法三,如果发现有 IGT 信号,故障范围立即就缩小到点火器、点火线圈及其接线部分;反之,用方法三时,如果发现没有 IGT 信号,故障范围立即就缩小到曲轴位置与转速传感器、ECU 及其线路、IGT 信号线等部分。

### 5. 由表及里,由简到繁,分段检查

如果故障范围在点火器、点火线圈及其接线部分,应该先检查点火线圈接线,再检查点火线圈本身,再检查点火器接线,最后更换点火器并试车。

如果故障范围在曲轴位置与转速传感器、ECU 及其线路、IGT 信号线等部分,应该先检查曲轴位置与转速传感器及其线路,再检查 IGT 信号线,再检查 ECU 线路(特别是其供电与搭铁电路),最后更换 ECU 并试车。

### (五)点火系统相关元件及线路的检查

#### 1. 高压线的检查

用万用表检查高压线的电阻值。正常阻值应为 25kΩ,否则应该更换。

**2. 点火线圈供电情况的检查**

接通点火开关,用万用表测量点火线圈正极接线柱—搭铁之间的电压,应为蓄电池电压,否则,检查电源电路。

**3. 点火线圈的检查**

用万用表测点火线圈的初级及次级线圈的电阻,如图 2-75 所示,电阻值应符合表 2-12 的规定,否则,更换点火线圈。

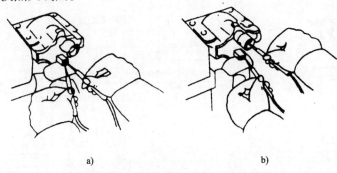

图 2-75　测量点火线圈初级及次级线圈的电阻

a)检查初级线圈电阻;b)检查次级线圈电阻

点火线圈的电阻值　　　　　　　　　　　　　　　表 2-12

| 点火线圈温度状况 | 电阻值($\Omega$) | |
| --- | --- | --- |
| | 初级线圈 | 次级线圈 |
| 冷态（-10~50℃） | 0.36~0.55 | 9000~15400 |
| 热态(50~100℃) | 0.45~0.65 | 11400~13800 |

测量点火线圈正极接线柱与车身搭铁之间的电阻,电阻值应大于10MΩ,否则,更换点火线圈。

**4. 曲轴位置与转速传感器的检查**（见课题五）

**5. 点火器及线路的检查**

点火器的连接电路如图 2-76 所示。结合电路图,用万用表检查点火器的供电、搭铁及其他线路情况,有异常,则修复。

拆下点火器,在点火器的 +B 端子与搭铁端子之间施加 +12V 电源,用万用表测量点火器负极端子—搭铁之间的电阻,应不导通;在 IGT 端子与搭铁端子之间再施加 4.5V 电压,再次测量点火器负极端子—搭铁之间的电阻,应导通。

不符合上述要求,则更换点火器。

**6. 火花塞绝缘性的检查**

用万用表测量火花塞高压线接头与壳体之间的电阻,应大于10MΩ,否则应更换火花塞。

**（六）注意事项**

(1)拆接点火系统导线时,必须断开点火开关。

(2)发动机正在运转时,不允许断开蓄电池的接线。

(3) 进行跳火试验时,须将喷油器插头拔下,以防喷出过多的燃油。
(4) 故障排除后,需要清除故障代码。

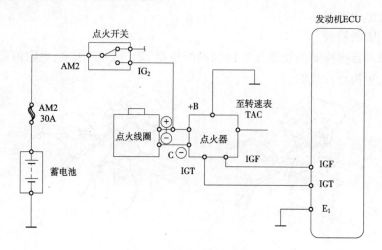

图 2-76　点火器连接电路

## 二、无分电器 ECU 控制点火系统检测与故障诊断

无分电器 ECU 控制点火系统又称为直接点火系统,其特点是彻底取消了分电器,原分火器的分电功能也由 ECU 取代。该系统没有任何可运动的机械装置,因而,机械运动与磨损方面的故障被彻底消除。

无分电器 ECU 控制点火系统的配电方式有二极管分电、点火线圈分电两种,点火方式也有各缸独立点火、双缸同时点火两种,如图 2-77 所示。

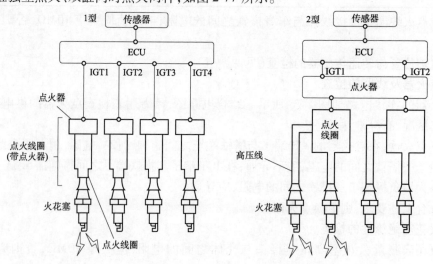

图 2-77　各缸独立点火与双缸同时点火的结构对比

各缸独立点火系统中,点火器与点火线圈可以制为一体,如图 2-78 所示,也可以单独设置,如图 2-79 所示。

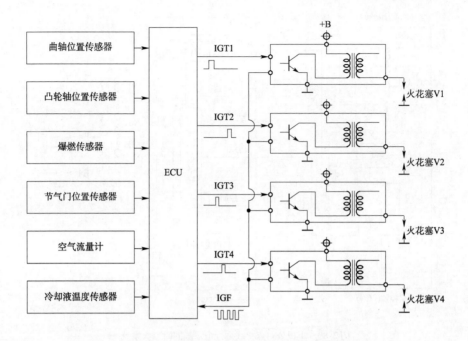

图 2-78 各缸独立式点火系统(点火器与点火线圈制为一体)

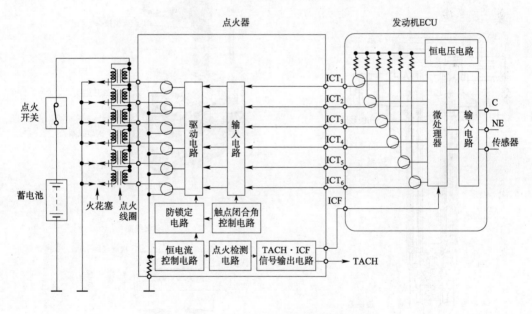

图 2-79 各缸独立式点火系统(点火器单独设置)

所谓双缸同时点火,是指对同时到达上止点的两个汽缸实施同时点火,其中必然有一个缸为压缩上止点,其点火为有效火,另一个缸为排气上止点,其点火为无效火(或称废火)。该点火系统有点火线圈配电(图2-80)和二极管配电两种方式。

各缸独立点火式点火系统的点火线圈如图2-81所示(点火线圈与点火器制成一体),双缸同时点火式点火系统的点火线圈如图2-82所示(点火线圈与点火器制成一体)。

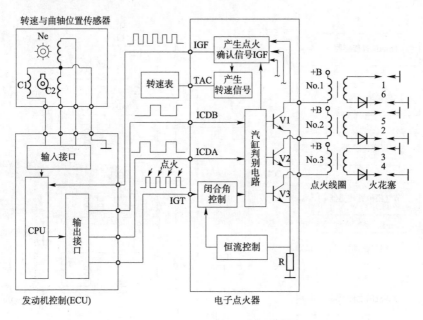

图 2-80　丰田公司点火线圈配电双缸同时点火系统

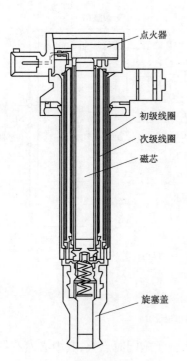

图 2-81　各缸独立点火式点火器-
点火线圈组件

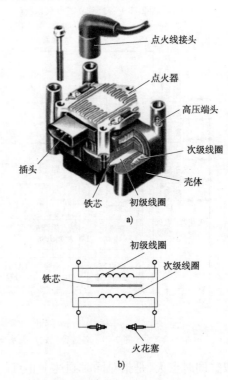

图 2-82　双缸同时点火式点火器-点火线圈组件
a) 点火器-点火线圈组件结构；b) 点火线圈电路示意图

以下以丰田卡罗拉 1ZR—FE 发动机为例，说明各缸独立点火式点火系统的故障诊断方法。其系统构成如图 2-83 所示，控制电路如图 2-84 所示。

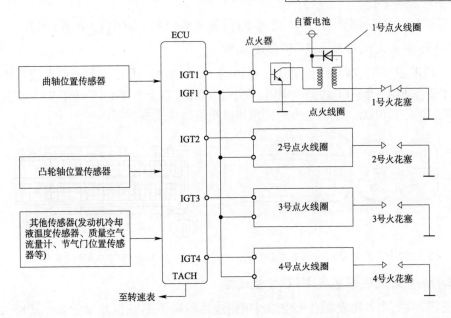

图 2-83　丰田卡罗拉 1ZR—FE 发动机点火系统构成

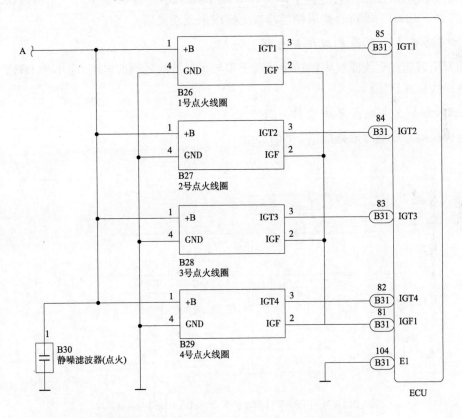

图 2-84　丰田卡罗拉 1ZR—FE 发动机点火系统控制电路

## (一) 检查点火线圈总成的供电电压

断开某点火线圈总成连接器,线束侧连接器各端子如图 2-85 所示,接通点火开关,用万用表测端子1(+B)—端子4(GND)之间电压,应为9~14V,否则进入步骤(四)。

### (二)检查点火线圈总成 IGF 信号线路

断开 ECU 连接器,ECU 线束测连接器如图2-86所示。用万用表测点火线圈线束侧连接器端子2与ECU端子81之间的电阻,应小于1Ω;测端子2或ECU端子81—车身搭铁之间的电阻,应大于10kΩ。不符合要求则维修或更换线束或连接器。

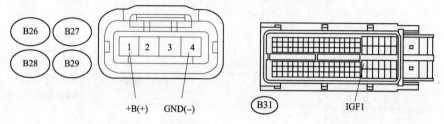

图2-85 点火线圈总成线束侧连接器　　图2-86 ECU线束测连接器

### (三)检查点火线圈总成 IGT 信号线路

参见图2-84,用万用表测点火线圈线束侧连接器端子3与ECU端子82(或83或84或85)之间的电阻,应小于1Ω;测端子2或ECU端子82(或83或84或85)—车身搭铁之间的电阻,应大于10kΩ。不符合要求则维修或更换线束或连接器。

### (四)检查点火线圈总成搭铁电路

用万用表测点火线圈线束侧连接器端子4与车身搭铁之间的电阻,应小于1Ω,否则,维修或更换线束或连接器。

### (五)检查点火线圈总成电源线路

点火线圈总成电源电路如图2-87所示。

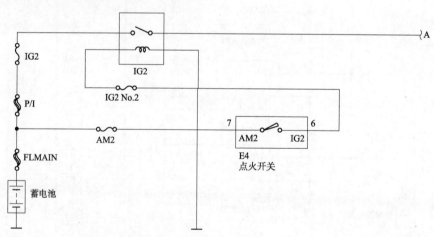

图2-87 丰田卡罗拉1ZR—FE发动机点火线圈电源电路

从发动机舱继电器盒上拆下IG2继电器(集成继电器),断开继电器连接器,如图2-88所示。用万用表测测点火线圈线束侧连接器端子1与1A-4之间的电阻,应小于1Ω;测端子1或1A-4—车身搭铁之间的电阻,应大于10kΩ。不符合要求则维修或更换线束或连接器。

### (六)检查 ECU 电源及搭铁电路(略)

ECU 电源及搭铁电路不正常,则根据情况进行维修;电源及搭铁电路正常,则更换 ECU。

## 三、高压电路部分故障的诊断与排除

### (一)高压无火

**1. 故障现象**

(1)发动机不能起动,无着火征兆。

(2)带有电流表的汽车,起动发动机,电流表指示正常。

**2. 故障原因**

(1)点火线圈次级线圈断路或短路。

(2)分火头击穿。

(3)分电器盖漏电或中心炭极脱落。

(4)高压线断路。

(5)火花塞失效或"淹死"。

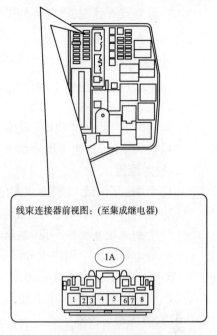

图 2-88 IG2 继电器(集成继电器)连接器

**3. 故障诊断与排除**

拔下中央高压线,进行跳火试验。

1)无火

(1)检查点火线圈次级绕组的电阻。若电阻值不符合规定值,更换点火线圈。

(2)检查中央高压线是否断路。如有异常,应更换。

2)有火

(1)检查分火头是否击穿。

(2)检查高压分线是否老化漏电,是否断路。

(3)检查分电器盖中心炭极是否完好,盖体是否裂损或窜电。

(4)检查火花塞是否漏电,电极是否潮湿或积炭过多,间隙是否符合标准。若不符,应调整或更换。

### (二)高压火弱

**1. 故障现象**

(1)发动机不易起动,起动后发动机沉闷无力、运转不均匀。

(2)排气管冒黑烟并伴有"突、突"声。

(3)发动机温度过高,怠速不稳易熄火。

**2. 故障原因**

(1)高压线或分电器盖、分火头漏电。

(2)点火线圈或火花塞工作不良。

**3. 故障诊断与排除**

(1)检查分电器盖是否漏电、窜电。

(2)检查点火线圈、火花塞的工作性能是否良好。如有异常,应予更换。

### (三)个别缸不工作

**1. 故障现象**

(1)发动机在各种转速运转时,排气管均发出有节奏的"突、突"声。

(2)发动机运转不稳、抖动。

(3)有时有"回火""放炮"现象,排气管冒黑烟。

(4)动力下降,怠速不稳易熄火。

**2. 故障原因**

(1)个别缸高压分线脱落或漏电。

(2)分电器轴松旷偏摆,传感器信号齿轮缺齿。

(3)个别火花塞工作不良、高压分线插错。

(4)分电器盖上个别高压分线插孔漏电或窜电。

(5)无分电器点火系统采用双点火线圈点火系统,其中一个点火线圈损坏、高压分线断路、火花塞间隙过大,造成两个缸不工作。

**3. 故障诊断与排除**

(1)察看高压分线有无脱落、漏电或插错。

(2)检查分电器轴是否松旷偏摆,传感器信号齿轮是否缺齿。

(3)检查不工作缸分电器盖的旁插孔或高压分线是否漏电。

(4)检查点火线圈、高压分线。如有异常,应予以更换。

## 课题七 柴油机燃料系故障诊断与排除

柴油发动机故障主要与压缩终了时的汽缸压力、缸内温度、喷油量及雾化质量、喷油正时等有关。其燃料系的常见故障,按其外部症状不同可分为难以起动、动力不足、工作粗暴、飞车、转速不稳等。因各种机型的结构特点不同,故障原因也有所差别。

柴油发动机常见的燃油供给系统有机械式和电控共轨式两大类。

### 一、机械式燃油供给系统故障诊断与排除

常见的机械式燃油供给系统有分配式喷油泵和柱塞式喷油泵两种,如图2-89、图2-90所示。

#### (一)发动机难以起动

发动机难以起动故障按其外部症状不同可分为起动时排气管不排烟、排白烟和排黑烟三种常见故障。

**1. 起动时排气管不排烟**

1)故障现象

起动时,起动机能带动发动机正常转动,但不能着火,排气管不排烟。

2)故障原因

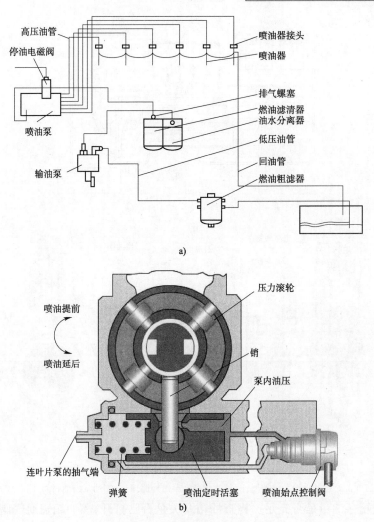

图 2-89 分配式喷油泵燃油供给系

a)燃油供给系油路图；b)VE 型分配式喷油泵

(1)油箱开关未打开或油箱盖通气阀失灵。
(2)油箱内存油量不足或无油。
(3)油箱至输油泵间油管破裂、漏油或堵塞。
(4)输油泵故障。
(5)燃油滤清器芯、输油泵滤网堵塞。
(6)油量调节齿杆卡死在停油位置。
(7)出油阀座与柱塞套大端面接合处密封不良。
(8)出油阀压紧座松动、密封垫损坏。
(9)溢流阀关闭不严(分配式喷油泵)。
(10)停油电磁阀关闭(分配式喷油泵)。

3)故障诊断与排除

(1)旋松放气螺钉,手动泵油,若放气螺钉处没有油溢出,说明故障在低压油路。

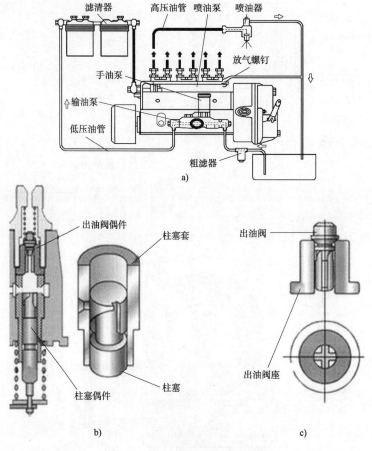

图2-90 柱塞式喷油泵燃油供给系

a)燃油供给系油路图;b)柱塞式喷油泵结构原理;c)喷油泵出油阀偶件

①检查油箱存油量是否充足。检查油箱开关是否已打开,燃油箱盖通气阀是否畅通。

②检查油箱至输油泵间油管有无破裂、漏油。

③手动泵油。

若泵油的过程中没有压、吸油感,则故障应为手动泵油装置损坏,应更换。

在泵油过程中,若有明显的压油感,但无油溢出,则故障为输油泵进油接头至油箱之间严重堵塞。

在泵油过程中,若有明显的吸油感,但只有空气溢出,或带有少许油泡,则故障为油箱中存油不足或油管严重漏气。

④拆下输油泵进油管接头,关闭油箱开关,往油箱方向吹气,依次用肥皂水抹上各油管接头,若有气泡,说明油管接头漏气。

⑤拆下输油泵按图2-91所示检测油泵的吸油能力、供油压力、供油量、密封性等工作性能,若油泵性能较差应更换。

⑥对于分配式喷油泵燃油系统,应拆下燃油细滤器进油管接头,接上燃油压力表,接通起动开关使输油泵工作,检测油泵出油压力(大于21kPa)及封闭压力(40~50kPa),如果压力过低或无压力应更换输油泵。

单元二　汽车发动机故障诊断与排除

（2）若放气螺钉处有大量燃油冒出，拧紧放气螺钉后将高压油管接头拧松，起动发动机，观察高压油管接头处是否有油喷出。若高压油管接头处无油喷出，说明故障在高压油路。

①检查喷油泵各连接机构工作是否可靠。

②拆下高压油管接头，手动泵油，检查出油阀密封性能是否良好。

③检查油量调节齿杆是否卡在停油位置。

④将齿杆置于最大供油位置，用螺丝刀撬动喷油泵柱塞弹簧座，作喷油动作，检查高压油路中是否有空气。当柴油从出油阀喷出不带有气泡时，旋紧高压油管，再撬动几次，使喷油器喷油。

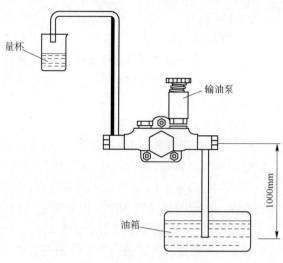

图 2-91　柱塞式输油泵测试方法

⑤对于分配式喷油泵燃油供给系统高压油路，应检查停油电磁阀是否工作。打开点火开关，同时仔细倾听电磁阀是否发出"哒"的响声。如果听不到，拔下电磁阀导线，用万用表测量停油电磁阀电阻，如图 2-92 所示。如果电阻正常，将点火开关打开，测量电磁阀导线电压（标准值为：24V），或用电流表测量电磁阀导线过电电流，如图 2-93 所示。如果导线无电压或电流很小，说明电磁阀线路故障。打开点火开关时观察燃油表是否正常，如油箱中有油而燃油表指示无油位置，则应检查点火继电器、点火开关是否正常。当确认电磁阀损坏后应更换，应急时可将电磁阀拆下，取出柱塞阀和弹簧，再装上电磁阀并使油道常通，但此时不能再接电磁阀的电源。

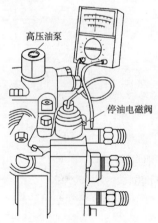 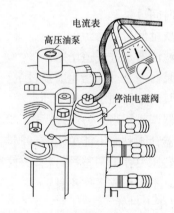

图 2-92　用万用表检测停油电磁阀电阻　　　图 2-93　用电流表检测电磁阀导线过电电流

**2. 起动时排气管排白烟**

1）故障现象

起动时，起动机能带动发动机正常运转，但不能着火，排气管排白烟。

2）故障原因

(1) 汽缸压缩压力太低。

(2) 冷起动装置不工作或发动机起动温度过低。

(3) 燃油中含有过多的水分或冷却液进入汽缸。

(4) 喷油时刻太迟。

3）故障诊断与排除

(1) 打开散热器盖，起动发动机，并观察是否有大量气泡从散热器上部冒出。若有，说明汽缸垫冲坏或缸体、缸盖有裂纹，进气行程时冷却液被吸入汽缸。

(2) 若无气泡冒出，旋松低压油管接头，并用小托盘接油，手动泵油，检查放出的燃油中是否有水。如果燃油中有水珠。说明燃油箱内有水。应从燃油箱底部放油螺塞处将油箱内的水及杂物放尽，更换柴油滤清器滤芯。

(3) 检查低温起动预热装置工作是否正常。若发现预热装置不能工作，应进行检修或更换新件。

(4) 若在起动发动机时稍将加速踏板再踩下一点，发动机就能顺利起动，则故障为起动油量不足或怠速调整过低，应对喷油泵重新进行调整。

(5) 将喷油正时稍稍提前，再起动发动机，若能起动且排气烟色有所好转，说明喷油时刻太迟，应调整喷油正时。若起动后仍然排出大量白烟，加速时白烟量更大，则应检查喷油泵出油压力是否过低、喷油雾化是否不良或汽缸压力过低。

(6) 若汽缸压力不足，应检查增压器工作是否正常，增压器轴是否卡滞、气门间隙是否过小或过大等，必要时，加以调整或检修。

**3. 起动时排气管排黑烟**

1）故障现象

起动时，起动机能带动发动机正常运转，但不能着火，排气管排黑烟。

2）故障原因

(1) 喷油时间过早。

(2) 燃油质量低劣或受污染。

(3) 空气滤清器及进气道堵塞。

(4) 喷油泵柱塞、挺杆、凸轮磨损过量。

(5) 喷油泵联轴器固定螺栓松动。

(6) 调速器调整不当。

(7) 喷油器针阀黏滞不能关闭或针阀与阀座间有泄漏。

(8) 喷油器压力弹簧调整螺钉松动，使喷油压力过低。

(9) 个别缸不工作或工作不良。

(10) 汽缸压力过低。

3）故障诊断与排除

(1) 检查空气滤清器及进气管道是否畅通，视情况加以修复或更换。

(2) 若柴油机伴有敲击声并排黑烟，表明喷油时间过早，则应检查喷油泵联轴器螺栓是否松动，键与键槽是否松旷、连接从动盘是否错位。

（3）拆下喷油器,在校验台上试验（图2-94）。其喷油压力、喷雾锥角及射程等应符合标准。

（4）若以上检查均正常,应检测汽缸压力。若汽缸压力过低,应检修发动机。

（5）拆下喷油泵检查柱塞、挺杆、凸轮是否磨损过量,必要时进行维修,并在油泵试验台上调整喷油泵。

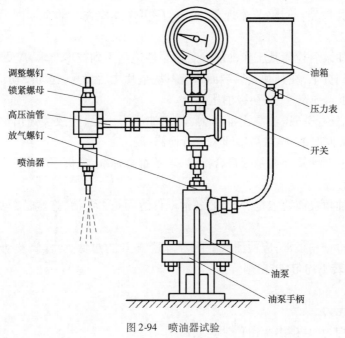

图2-94　喷油器试验

### （二）动力不足

动力不足是指发动机达不到其额定功率和最高转速,其故障现象主要有柴油机运转均匀,但转速提不高,排烟少;柴油机运转不均匀,排白烟;柴油机运转不均匀,排黑烟;柴油机"游车"。

**1. 柴油机运转均匀,但转速提不高,排烟少**

1) 故障现象

(1) 运转均匀,排烟量少,且无力。

(2) 急加速时,转速不能迅速提高,且排黑烟。

2) 故障原因

(1) 调速杆系调整不当。

(2) 喷油泵油量调节齿杆达不到最大供油位置。

(3) 喷油泵扇形小齿轮松动。

(4) 喷油泵出油阀密封不良。

(5) 喷油泵柱塞磨损过量、黏滞或弹簧折断。

(6) 喷油泵滚轮或凸轮磨损过量。

(7) 喷油器供油品质不良,供油量不足。

(8) 输油泵供油不足。

(9)汽缸压力不足。

3)故障诊断与排除

(1)拧松放气螺钉,若放气螺钉处有很多气泡排出,说明燃油系统中有空气,应检查输油泵进油管接头到油箱之间管路及各接头是否有漏气现象。若有漏气,应给予修复。

(2)将加速踏板踩到底,检查供油调速杆是否能达最大供油位置,若不能,应进行调整。

(3)检查油管是否有凹陷节流现象,若有,应更换。检查输油泵滤网、燃油滤清器是否堵塞。

(4)拆下输油泵后检测其工作性能。若油泵性能达不到技术要求,应更换。

(5)将限压阀拆下,在其弹簧后端面垫上一块垫片之后装复,起动发动机,若动力有所好转,则故障为限压阀弹簧过软,初级油压偏低。

(6)用压力表检测高压油泵出油压力,若出油压力不足,则故障为出油阀密封不良、柱塞、滚轮或凸轮磨损严重,应对高压油泵进行检修、调试。

(7)检查调速器弹簧弹力是否符合标准,若不符合标准,应拆下喷油泵检修调速器,并重新调试喷油泵。

(8)检查供油角提前装置是否缺油,各运动件运动是否灵活,弹簧是否变形。若有,应进行维修或更换。

(9)若以上检查均正常,应检测汽缸压力,若汽缸压力过低,应检修发动机。

**2. 柴油机运转不均匀,排白烟**

1)故障现象

(1)发动机无力。

(2)运转不均匀,且排出灰白色烟雾或白烟。

(3)刚起动排白烟,温度升高后排黑烟。

2)故障原因

(1)喷油时间过迟。

(2)汽缸进水。

(3)汽缸压力过低。

(4)柴油内含有水分。

3)故障诊断与排除

(1)若柴油机无力,排灰白色烟雾,应检查联轴节固定螺钉是否松动、喷油时间是否过迟。

(2)用干净玻璃片挡住排气管口几秒后取出,观察玻璃片上是否有水珠。若有水珠,说明汽缸中进水。

(3)若发动机动力不足且冷却液温度过高,拆下水箱盖,起动发动机怠速运转,观察水箱内水箱盖处气泡涌出情况。若发动机在运行过程中有很多气泡不断涌到水箱盖处并排出,说明发动机个别汽缸的汽缸垫已被冲坏。

(4)逐缸进行人工断油试验,如图2-95所示。当某缸高压断油时发动机转速没有明显变化,表明该缸为故障缸。拆下故障缸的喷油器,如果喷油器上有水珠,说明此汽缸渗水,应更换汽缸垫。

(5)若水箱盖处无水泡涌出或起泡量很少,则故障出自柴油中有水。

(6)若起动时排白烟,温度升高后排黑烟,表明汽缸压力不足。

**3. 柴油机运转不均匀,排黑烟**

1)故障现象

(1)发动机运转不均匀。

(2)排气管排黑烟。

(3)加速无力并伴有敲击声。

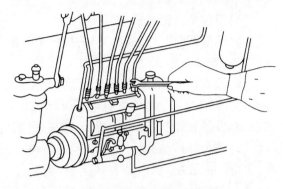

图 2-95　人工断油试验

2)故障原因

(1)空气滤清器堵塞。

(2)喷油泵出油阀磨损或弹簧折断。

(3)喷油泵个别柱塞黏住或扇形齿松动。

(4)喷油泵个别凸轮或挺杆滚轮磨损过量。

(5)喷油泵挺杆调整螺钉调整不当或松动。

(6)喷油器工作不良。

(7)增压器工作不良。

(8)汽缸压缩压力过低。

3)故障诊断与排除

(1)拆掉空气滤清器后,发动机烟色正常或黑烟量明显减少,表明滤清器堵塞,应加以清洁或更换。

(2)检查涡轮增压器进、排气口是否有漏气现象,若有应及时进行检修。检查进入涡轮增压器的空气流量是否正常。若涡轮增压器转速慢,进气不足,应检修或更换增压器。

(3)用逐缸断油法诊断。某缸断油后,若发动机转速明显降低、黑烟量少、敲击声减弱或消失,表明该缸供油过多。若发动机转速变化小而黑烟消失,表明该缸喷油器雾化品质差;若无变化,表明该缸不工作。

(4)检查故障缸的喷油泵柱塞副是否工作良好,扇形齿轮固定螺钉是否松动,柱塞弹簧是否断裂等。若均正常,应拆检喷油器。

(5)若上述各项均正常,应检测故障缸的汽缸压力是否过低。

**4. 柴油机"游车"**

1)故障现象

(1)发动机运转中,出现转速忽高忽低周期性的变化。

(2)转速提不高,加速无力。

2)故障原因

(1)调速器故障。

(2)调速器内润滑油过脏或过少。

(3)油量调节齿杆卡滞。

(4)油量调节齿杆与扇形齿轮齿隙过大(或柱塞调节臂与油量调节拨叉配合间隙过大)。

(5)喷油泵凸轮轴轴向间隙过大。

(6)油量调节齿杆(或拨叉)的拉杆销子松旷。

3)故障诊断与排除

(1)检查供油齿杆的松紧度,若不能前后自如移动或移动范围较小,应将齿杆与调速器连接处拆离作进一步检查。这时若齿杆移动灵活,表明故障在调速器;若仍只能在小范围内移动,表明有个别柱塞移动有阻滞、咬住、弹簧折断的现象,应逐个检查排除。

(2)若齿杆移动灵活,应检查调速器内润滑油有无过脏或过少,各连接处是否松旷、变形,飞块收张是否一致。若有,应给予维修。

(3)检查喷油泵凸轮轴轴向间隙是否过大,若间隙过大,应进行维修。

(4)若以上检查均正常,应进一步检查是否因挺杆上升或下降时的不正常摆动而造成"游车"。

(三)怠速转速不稳

**1. 故障现象**

柴油发动机不论是在冷机或热机条件下,怠速转速都不稳定,机体严重抖动,转速时高时低,甚至不能维持正常运转而熄火。

**2. 故障原因**

(1)怠速转速太低。

(2)燃油系统中有空气。

(3)喷油泵工作不正常。

(4)喷油不正时。

(5)喷油器堵塞或工作不正常。

(6)发动机支撑座胶垫松动、断裂。

**3. 故障诊断与排除**

(1)检查发动机支撑座胶垫是否断裂、松动而引起发动机抖动。有则加以紧固或更换。

(2)起动发动机并观察发动机转速表。若转速表指示的转速值较低并伴有机体抖动现象,应检查怠速限位螺钉是否松动失调。若不是,稍加油使发动机转速提升到规定怠速转速,若发动机能稳定均匀运转无抖动现象,说明故障为怠速调整不当。

(3)发动机怠速运转时,观察高压油管接头处是否有燃油泄漏现象。若有泄漏,则该缸工作不良导致怠速不稳,应修复或更换高压油管。

(4)发动机怠速运转时,松开放气螺钉,观察出油情况。如果有很多气泡自放气螺钉孔冒出,说明燃油中有空气。检查输油泵至油箱之间各接头是否有漏气现象,有则予以排除。

(5)若怠速仍然不稳,可在怠速时用手分别触摸各缸高压油管,感觉各缸喷油脉冲强弱。如果个别汽缸喷油脉冲很弱,应进一步对该缸做人工断油。若断油时发动机转速无多大变化,说明该缸工作不良,应将该缸喷油器拆下校验。

(6)急加速时,若发动机有明显的金属敲击声,说明喷油时刻可能过早;若发动机转速迟滞一下后才缓慢提高,说明喷油过迟。喷油不正时,均应重新调整。

(7)以上检查均正常,检测发动机各缸的汽缸压力,各缸压力差不应大于规定值。

### (四)飞车

飞车是指柴油发动机在运转过程中转速失去控制,突然超过允许的最高转速的故障现象。若汽车在运行中出现飞车现象,应立即紧急制动直至发动机熄火。若汽车静止,发动机空转时出现飞车现象,应及时采取断油或断气的措施使柴油机熄火,否则会造成毁机事故。

**1. 故障现象**

发动机转速失控突然升高,急转不止,同时伴有极大的异响。

**2. 故障原因**

(1)调速器失灵。

(2)齿杆卡死在最大油量位置。

(3)油量调节齿圈紧固螺钉松动。

(4)油量调节齿杆和调速器拉杆脱开。

(5)燃烧室进入额外燃料。

**3. 故障诊断与排除**

柴油发动机飞车故障的诊断与排除应在柴油机熄火后进行。在飞车故障未排除之前,不允许再起动柴油机。

(1)松开加速踏板时,加速踏板应能迅速复位,并能拉动调速拉杆回到急速位置。若发现调速拉杆有卡滞现象或不能自然复位,应加以修复。

(2)拆下喷油泵侧盖,检查调节齿圈紧固螺钉有无松动、齿杆是否卡在最大供油位置。若有松动或卡死,应给予修复,并重新调试油泵。

(3)拆调速器后盖(柱塞泵),检查调速器调速弹簧是否变形或断裂。若已变形、断裂,应更换。

(4)若总油量调节螺钉已松动,应将油泵拆下重新调整。

(5)检查支撑杆、销、拨杆等调速器杆系是否有卡滞、松旷、脱节现象。若有,应加以修复,并重新调试喷油泵。

(6)若喷油泵及调速器工作良好,则应检查是否有额外的燃油或机油进入汽缸。如多次起动不着火,汽缸内存留燃油过多;增压器油封严重漏油,汽缸磨损窜油等。

### (五)工作粗暴

**1. 故障现象**

发动机在运转时有振抖现象,并且振抖随转速的升高而增强,同时发出清脆的敲击声,急加速时声响更大,排气管排黑烟。

**2. 故障原因**

(1)发动机支撑支架螺栓松动、支架断裂、胶垫老化、破损脱落。

(2)喷油泵喷油不正时。

(3)喷油器雾化不良。

(4)喷油器严重漏滴。

(5)柴油机各缸工作不均匀。

(6)缸内积炭过多。

(7)空气滤清器堵塞。

**3. 故障诊断与排除**

(1)检查发动机支架、支架螺栓、胶垫是否有松动或断裂损坏现象,再检查其安装位置是否正确。发现问题应予以修复。

(2)发动机在运转时,有均匀的敲击声,急加速时响声更大,且排黑烟,拆下空气滤清器后,若故障消失或响声减弱,则故障为滤清器堵塞。若无变化,调整喷油泵供油提前角。

(3)若敲击声不均匀,表明各缸工作不一致,应对发动机进行人工断油试验。若断油后响声消失,说明该汽缸供油量过多,应将喷油器拆下进行校验。

(4)若以上检查均正常,应使用工业用内窥镜检查汽缸内是否积炭过多,使混合气早燃。

(5)拆下喷油泵,在油泵试验台上检查喷油泵各缸供油均匀度。若不符合技术要求,应给予调整。

## 二、电控共轨式燃油供给系统故障诊断与排除

电控共轨式燃油供给系统如图2-96所示。系统所用传感器及功能见表2-13。

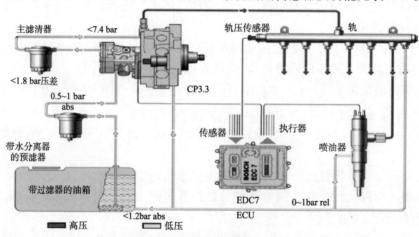

图2-96 电控共轨式燃油供给系统

电控共轨式燃油供给系统所用传感器及功能　　　表2-13

| 序号 | 名称 | 功能描述 |
|---|---|---|
| 1 | 曲轴位置与转速传感器 | 检测曲轴位置与转速,用于喷油时刻、喷油量计算 |
| 2 | 凸轮轴位置传感器 | 判缸;曲轴位置与转速传感器失效时用于跛行回家 |
| 3 | 进气温度传感器 | 测量进气温度,修正喷油量和喷油正时,过热保护 |
|   | 增压压力传感器 | 监测进气压力,和进气温度一起计算进气量,与进气温度传感器集成在一起 |
| 4 | 冷却液温度传感器 | 测量冷却液温度,用于冷起动、目标怠速计算等,同时还用于修正喷油正时、过热保护等 |
| 5 | 共轨压力传感器 | 测量共轨中的燃油压力,用于油压稳定控制 |
| 6 | 加速踏板位置传感器 | 将驾驶员的意图送给ECU |
| 7 | 车速传感器 | 提供车速信号给ECU,用于整车驱动控制 |
| 8 | 大气压力传感器 | 根据不同海拔高度校正喷油控制参数,集成在ECU中 |

## (一)故障诊断说明

电控发动机的故障并不一定是电控系统的问题,大多数情况下,故障仍然在机械和燃油管路方面。如果故障指示灯不点亮,则应该主要检查机械方面的故障;如果故障指示灯点亮,则说明出现了电控系统方面的问题,此时,可先读取故障代码,并按照故障代码的内容进行相应的诊断维修工作。

## (二)常见电控系统故障诊断与排除(表2-14)

电控共轨柴油机常见电控系统故障诊断与排除  表2-14

| 序号 | 故障现象 | 故障可能原因及常见表现 | 维修建议 |
| --- | --- | --- | --- |
| 1 | 无法起动<br>难以起动<br>运行熄火 | 电控系统电源电路不通:<br>1. 通电自检时故障指示灯不亮;<br>2. 诊断仪无法连通;<br>3. 油门接插件没有5V参考电压;<br>4. 接通点火开关时故障灯不会自检(即不会亮几秒钟) | 检查电控系统线束及保险,特别是点火开关方面(包括熔断丝,改装车还应看点火钥匙那条线是不是接在钥匙开关ON挡上) |
| | | 蓄电池电压不足:<br>1. 万用表或诊断仪显示电压偏低;<br>2. 起动机运转无力;<br>3. 大灯昏暗 | 更换蓄电池或充电 |
| | | 无法建立工作时序:<br>1. 诊断仪显示同步信号故障;<br>2. 示波器显示曲轴/凸轮轴工作相位错误 | 1. 检查曲轴/凸轮轴信号传感器是否完好无损;<br>2. 检查其接插件和导线是否完好无损;<br>3. 曲轴传感器上是否有异物或者划痕 |
| | | 预热不足:<br>1. 高寒工况下,没有等到冷起动指示灯熄灭就起动;<br>2. 万用表或诊断仪显示预热过程蓄电池电压变动不正常 | 1. 检查预热线路是否接线良好;<br>2. 检查预热塞电阻水平是否正常;<br>3. 检查蓄电池电容量是否足够 |
| | | ECU软/硬件或高压系统故障:<br>1. 诊断仪显示模数转换模块故障;<br>2. 存在轨压过低故障 | 1. 确认后,更换ECU;<br>2. 检查油路及高低压油泵 |
| | | 喷油器不喷油:<br>1. 怠速抖动较大;<br>2. 高压油管无脉动;<br>3. 诊断仪显示怠速油量增高;<br>4. 诊断仪显示喷油驱动线路故障 | 1. 检查喷油驱动线路(含接插件)是否损坏/开路/短路;<br>2. 检查高压油管是否泄漏;<br>3. 检查喷油器是否损坏/积炭 |

续上表

| 序号 | 故障现象 | 故障可能原因及常见表现 | 维修建议 |
|---|---|---|---|
| 1 | 无法起动难以起动运行熄火 | 高压泵供油能力不足:诊断仪显示轨压偏小 | 1.检查高压油泵是否能够提供足够的油轨压力;<br>2.检查燃油计量阀是否损坏;<br>3.检查低压油路是否供油畅通、喷油器是否卡死、高压油管是否裂等 |
| | | 轨压持续超高:诊断仪显示轨压持续2s高于1600bar | 1.检查燃油计量阀是否损坏;<br>2.燃油压力泄放阀卡滞 |
| | | 轨压传感器损坏:艰难起动后存在敲缸、冒白烟等现象 | 拔掉轨压传感器能顺利起动 |
| | | 机械组件故障:<br>1.参照机械维修经验,如油路不畅/油路有空气、输油泵进口压力不足;起动电机损坏;<br>2.阻力过大,缺机油或者未置空挡;<br>3.进排气门调整错误等 | 1.检查燃油/机油油路;<br>2.检查进/排气路;<br>3.检查滤清器是否阻塞等 |
| 2 | 跛行回家模式(故障指示灯亮) | 仅靠曲轴信号运行:<br>1.诊断仪显示凸轮信号丢失;<br>2.对起动时间的影响不明显 | 1.检查凸轮传感器信号线路;<br>2.检查凸轮传感器是否损坏 |
| | | 仅靠凸轮信号运行:<br>1.诊断仪显示曲轴信号丢失;<br>2.起动时间较长(例如4s左右),或者难以起动 | 1.检查曲轴传感器信号线路;<br>2.检查曲轴传感器是否损坏 |
| 3 | 加速踏板失效,且发动机无怠速(转速维持在1100r/min左右) | 油门故障:<br>1.急速升高至1100r/min,油门失效;<br>2.诊断仪显示第一/二路油门信号故障;<br>3.诊断仪显示两路油门信号不一致;<br>4.诊断仪显示油门卡滞 | 1.检查油门线路(含接插件)是否损坏/开路/短路;<br>2.检查油门电阻特性;<br>3.加速踏板是否进水 |
| 4 | 热保护引起功率/转矩不足,转速不受限 | 1.冷却液温度过高导致热保护;<br>2.进气温度过高导致热保护;<br>3.燃油温度传感器/驱动线路故障;<br>4.进气温度传感器/驱动线路故障;<br>5.冷却液温度传感器/驱动线路故障 | 1.检查发动机冷却系;<br>2.检查发动机供油系;<br>3.检查发动机气路;<br>4.检查冷却液温度传感器本身或信号线路是否损坏;<br>5.检查气温传感器本身或信号线路是否损坏 |

续上表

| 序号 | 故障现象 | 故障可能原因及常见表现 | 维修建议 |
|---|---|---|---|
| 5 | 电控系统进入失效模式后导致功率/转矩不足 | 1. 轨压传感器损坏或线路故障;<br>2. MeUN(燃油计量阀)驱动故障,阀损坏或线路故障;<br>3. 诊断仪显示加速踏板无法达到全开等;<br>4. 高原修正导致;<br>5. 油轨压力传感器信号飘移;<br>6. 高压油泵闭环控制类故障;<br>7. 增压压力传感器损坏或线路故障 | 对于轨压传感器/MeUN 故障:<br>1. 诊断仪显示轨压位于 700~760bar 左右,随转速升高而升高,则可能燃油计量阀/驱动线路损坏;<br>2. 诊断仪显示轨压固定于 777bar,可能为轨压传感器或线路损坏;<br>3. 发动机最高转速被限制在 1600~1700r/min 左右;<br>4. 回油管温度明显升高;<br>5. 检查油轨压力传感器物理特性,更换;<br>6. 检查高压油路是否异常,否则更换高压泵;<br>7. 1、2、5、6 以上四种情况导致转速受限 |
| 6 | 机械系统原因导致功率/转矩不足 | 1. 进排气路阻塞,冒烟限制起作用;<br>2. 增压后管路泄漏,冒烟限制起作用;<br>3. 增压器损坏(例如旁通阀常开);<br>4. 进排气门调整错误;<br>5. 油路阻塞/泄漏;<br>6. 低压油路:有空气或压力不足;<br>7. 机械阻力过大;<br>8. 喷油器雾化不良,卡滞等;<br>9. 其他机械原因 | 1. 检查高压/低压燃油管路;<br>2. 检查进排气系统;<br>3. 检查喷油器;<br>4. 参照机械维修经验进行 |
| 7 | 运行不稳,怠速不稳 | 信号同步间歇错误:诊断仪显示同步信号出现偶发故障 | 1. 检查曲轴/凸轮轴信号线路;<br>2. 检查曲轴/凸轮传感器间隙;<br>3. 检查曲轴/凸轮信号盘 |
| | | 喷油器驱动故障:诊断仪显示喷油器驱动线路出现偶发故障(开路/短路等) | 检查喷油器驱动线路 |
| | | 加速踏板信号波动:<br>1. 诊断仪显示松开加速踏板后仍有开度信号;<br>2. 诊断仪显示固定加速踏板位置后加速踏板信号波动 | 1. 检查加速踏板信号线路是否进水或磨损导致加速踏板开度信号飘移;<br>2. 更换加速踏板 |
| | | 机械方面故障:<br>1. 进气管路/进排气门泄漏;<br>2. 低压油路阻塞/油路进气;<br>3. 缺机油等导致阻力过大;<br>4. 喷油器积炭、磨损等 | 参照机械维修经验进行 |

续上表

| 序号 | 故障现象 | 故障可能原因及常见表现 | 维修建议 |
|---|---|---|---|
| 8 | 冒黑烟 | 喷油器雾化不良、滴油等：<br>1. 诊断仪显示怠速油量增大；<br>2. 诊断仪显示怠速转速波动 | 1. 根据机械经验进行判断，例如断缸法等；<br>2. 确认后拆检 |
| | | 油轨压力信号飘移（实际＞检测值）：诊断仪显示相关故障码 | 更换传感器/轨 |
| | | 机械方面故障，例如气门漏气、进排气门调整错误等：诊断仪显示压缩测试结果不好 | 参照机械维修经验进行 |
| 9 | 加速性能差 | 前述各种电喷系统故障原因导致转矩受到限制：诊断仪显示相关故障码 | 按故障代码提示进行维修 |
| | | 负载过大：<br>1. 各种附件的损坏导致阻力增大；<br>2. 缺机油/机油变质/组件磨损严重；<br>3. 排气制动系统故障导致排气受阻 | 1. 检查风扇等附件的转动是否受阻；<br>2. 检查机油情况；<br>3. 检查排气制动 |
| | | 喷油器机械故障：积炭/针阀卡滞/喷油器体开裂/安装不当导致变形 | 拆检并更换喷油器 |
| | | 1. 进气管路泄漏；<br>2. 油路进空气 | 1. 拧紧松脱管路；<br>2. 排除油路中空气 |
| | | 油门信号错误：诊断仪显示油门踩到底时开度达不到100% | 1. 检查线路；<br>2. 更换加速踏板 |

## 课题八　冷却系故障诊断与排除

发动机冷却系是维持发动机正常工作温度，保证发动机能长时间连续正常运行的重要系统，其常见故障有冷却系温度过高、冷却系温度过低、冷却液消耗异常等。冷却系基本构成如图2-97所示。

### 一、冷却系故障诊断一般方法

**(一)冷却系温度过高**

**1. 故障现象**

(1) 汽车在行驶中冷却液温度超过90℃，水温表针指向红线(轿车超过105℃，水温警示灯闪亮)，直到沸腾(俗称"开锅")。

(2) 运行中冷却液温度在90℃以上，一旦停车，冷却液立即沸腾。

(3) 发动机在加速时伴随有明显的金属敲击声，同时动力不足，冷却液温度警示灯闪亮，难以熄火。

**2. 故障原因**

(1) 冷却系堵塞或水道中有水垢。

单元二 汽车发动机故障诊断与排除

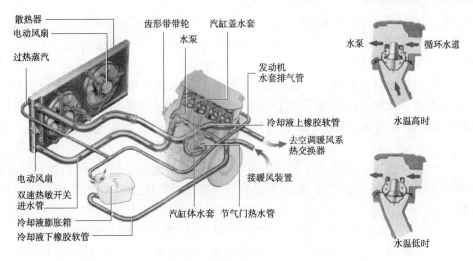

图 2-97 发动机冷却系基本构成

（2）水泵损坏。

（3）节温器失灵。

（4）风扇电机损坏或硅油风扇离合器损坏。

（5）百叶窗关闭或开度不足。

（6）风扇皮带打滑或断裂。

（7）散热器散热片倾倒过多或泥沙堵塞。

（8）汽缸垫冲坏或缸体、缸盖出现裂缝，高温气体进入冷却系。

（9）点火时间过迟或配气相位不对。

（10）发动机燃烧室积炭过多。

（11）空调冷凝器的冷却风扇不转。

（12）长时间大负荷、低速度运行。

（13）冷却液严重泄漏。

（14）风扇温控开关高速挡失灵或全部失灵。

（15）机油油量不足或黏度太大。

（16）混合气太浓或过稀。

**3. 故障诊断与排除**

（1）检查百叶窗是否关闭或开度不足（有百叶窗的车型）。

（2）检查风扇。

①水泵（风扇）皮带是否过松、打滑或断裂。

②使用硅油离合器的风扇，热机后将发动机熄火，用手转动风扇叶片。若无阻力或阻力很小，说明硅油离合器有故障，应进行检修或更换。

③装用电动风扇的发动机，发动机冷却液温度高于规定数值时风扇不转，应检查熔断丝是否良好。若熔断丝正常，拔下热敏开关插头，将两插片直接接通，若风扇仍不转，表明电扇损坏或电扇到温控开关的电路有故障；若电扇转动，表明温控开关有故障。

（3）若发动机冷却液温度过高，应打开水箱盖检查冷却液量。若不足，往冷却系中加入少许水溶性荧光检漏剂,起动发动机怠速运行几分钟,用荧光检漏仪检查冷却系统有无泄漏或渗漏现象。若有泄漏,应进行维修。拔出机油尺观察机油颜色,若机油呈乳白色,说明发动机机体内有冷却液渗漏。

(4)检查机油油量及黏度。若油量过少,应及时添加;若机油黏度过大,应更换机油。

(5)由怠速开始加速,同时用手握住水管,感觉水管中水的流动速度是否能随转速的提高而迅速加快。若不是,说明冷却系统有堵塞或水垢过多影响流速,应对冷却水道进行除垢。

(6)分别在怠速、中、高速条件下观察排气烟色。若排出的是黑烟,说明混合气过浓,应进行调整或维修。怠速时急加速,如果发动机转速有短时失速或回火现象,说明发动机混合气过稀。

(7)检查喷油正时(柴油机)或点火正时(汽油机)。若不正时,应予以调整。

(8)拆下节温器,如图2-98所示。将节温器浸入水中加热,检查节温器阀门开启温度。当冷却液温度达到规定数值时,节温器应开始打开;水沸腾时,节温器阀门升程应达到要求的高度。若不正常,应更换新件。

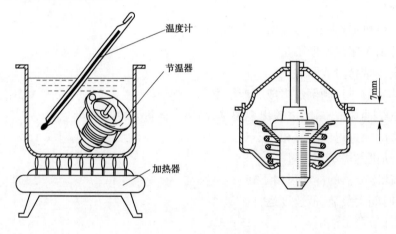

图2-98 节温器的检测试验

(9)拆下水箱盖并加满水,让发动机运行几分钟后,观察水箱盖处是否有很多水泡冒出甚至喷水。若有,说明发动机汽缸垫已被冲坏。

(10)拆下火花塞(汽油机)或喷油器(柴油机),用工业用内窥镜观察发动机燃烧室内积炭情况。若积炭过多,应加以清除,防止发动机早燃或爆燃。

(11)以上检查均正常,则应检查发动机排气门间隙。若间隙过大,应进行调整;若间隙正常,检查发动机排气系统是否畅通,再对发动机配气相位进行检查和调整。

(二)冷却系温度过低

**1.故障现象**

(1)发动机运转一定时间后温度仍低于正常工作温度。

(2)冷却液温度表指示值低于发动机正常工作温度。

(3)发动机乏力、排气管时有放炮声。

**2. 故障原因**

（1）节温器阀门常开。

（2）百叶窗不能关闭。

（3）温控开关、风扇电机线路故障（风扇常开）。

（4）冷却液温度表及其线路故障。

（5）冷却液温度传感器损坏。

（6）硅油离合器故障（装用硅油离合器风扇的车辆）。

**3. 故障诊断与排除**

（1）检查百叶窗是否关闭自如或未装保温罩（在冬季环境温度较低时）。

（2）冷车起动后打开水箱盖，使发动机加速，观察水流速度及流量。若水流速度很快、流量大，说明节温器常开或未装节温器，应更换或加装节温器。

（3）若冷却液温度表指示温度偏低，而用手触试散热器时感觉很烫，用温度计测量水温却正常，说明冷却液温度传感器或冷却液温度表有故障。

（4）冷车起动发动机，此时电动风扇不应运转（装用电动风扇的车辆）。若此时电动风扇运转，说明温控开关失灵，应予以更换。

（5）冷车起动发动机，硅油离合器风扇应低速转动（装用硅油离合器的发动机）。若硅油离合器风扇在冷车时高速旋转，说明硅油离合器有故障，应予以更换。

### （三）冷却液消耗异常

**1. 故障现象**

冷却液消耗过快。

**2. 故障原因**

（1）水管破裂。

（2）水泵水封磨损过甚或损坏而漏水。

（3）汽缸垫渗漏。

（4）汽缸体或汽缸盖有裂纹。

（5）散热器泄漏。

（6）散热器盖进、排气阀失灵使冷却液泄漏。

（7）膨胀水箱盖泄漏。

**3. 故障诊断与排除**

（1）直观检查机体、水泵、散热器及各水管连接处有无冷却液渗出，必要时可对冷却系统进行加压检查，或用荧光检漏仪检测；若有渗漏，应进行维修。

（2）拔出机油尺，观察是否有冷却液泄漏到机油中。若有，应对发动机进行检修。

（3）如果发动机行驶无力，且排气管排白烟，则应检查发动机汽缸垫是否已被冲坏。若有，应检修发动机。

## 二、发动机电动风扇控制电路的检查、诊断与维修

现代汽车发动机广泛采用了电动风扇，其风扇的运转可以受到冷却液温度、空调离合器的工作状态、空调系统的压力等多重因素的控制，而且还可以根据发动机的工况以停转、低

速、中速、高速等几个挡位工作（甚至可以连续无级调速），因而可以使发动机获得更加适宜的冷却强度。

当风扇不能运转或转速过低时，发动机就会因过热而引发其他故障；当风扇转速过高时，发动机又会因过冷而加剧磨损。

不同车系、甚至不同车型发动机的电动风扇控制电路都存在较大差别。因此，查阅、读懂相应的控制电路图，并找出电路图中各相关元件在汽车上的具体位置，是检查、诊断电动风扇的基本前提。以下以丰田5S发动机为例，说明电动风扇控制电路的检查与诊断方法，其控制电路如图2-99所示。

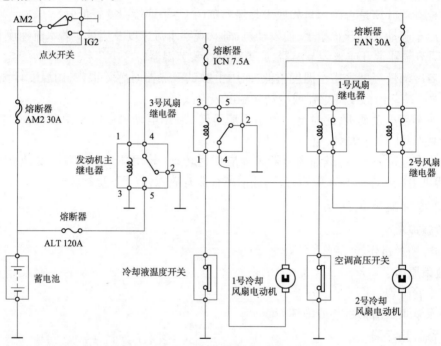

图2-99　丰田5S发动机电动风扇控制电路

### （一）电动风扇的就车检查

（1）在冷却液温度低于83℃的情况下，将点火开关转到ON位置（不起动发动机），检查风扇是否运转。应该不运转。

如果风扇运转，应检查2号、3号风扇继电器以及冷却液温度开关，并检查这两个继电器与冷却液温度开关之间的线路是否存在断路。

（2）拔下冷却液温度开关的电插头，风扇应开始高速运转。如果不转，则检查主继电器、2号、3号风扇继电器以及相关熔断丝，并检查2号、3号风扇继电器与冷却液温度开关之间线路是否与搭铁短接。

插回冷却液温度开关的电插头，风扇停止运转。

（3）拔下空调高压开关电插头，风扇应开始低速运转。如果不转，则检查1号继电器及其线路。

（4）起动发动机，并适当踩下加速踏板，使发动机水温升至93℃以上，看风扇是否开始运转。应该高速运转,如果不运转,则更换水温开关。

### (二)风扇控制电路有关元件的检查

#### 1. 冷却液温度开关的检查

从发动机上拆下冷却液温度开关,将冷却液温度开关感应头放入热水中,并用温度计监测温度,如图 2-100 所示。用万用表测量冷却液温度开关两端子之间的导通情况。

冷却液温度低于 83℃ 时,开关应该导通,否则更换冷却液温度开关;冷却液温度高于 93℃ 时,开关应该不导通,否则更换冷却液温度开关。

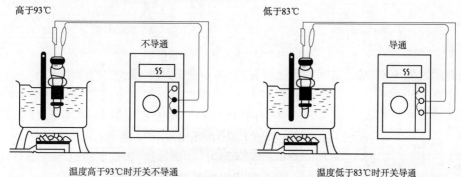

图 2-100 冷却液温度开关的检查

#### 2. 1号、2号风扇继电器的检查

1号、2号风扇继电器都有 4 个端子,1—2 端子之间为其线圈,3—4 端子之间为其常闭触点,如图 2-101 所示。

用万用表测 1—2 端子之间、3—4 端子之间的导通情况,都应为导通,否则更换该继电器;

在 1—2 端子之间施加蓄电池电压,应听到继电器触点闭合的"咔嗒"声,用万用表测 3—4 端子之间的导通情况,应该不通,否则更换该继电器。

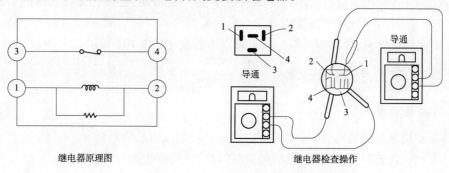

图 2-101 1号、2号风扇继电器的检查

#### 3. 3号风扇继电器的检查

3号风扇继电器有 5 个端子,1—3 端子之间为其线圈,4—5 端子之间为其常开触点,2—4 端子之间为其常闭触点,如图 2-102 所示。

用万用表测 1—3 端子之间、2—4 端子之间的导通情况,都应为导通,否则更换该继电器。

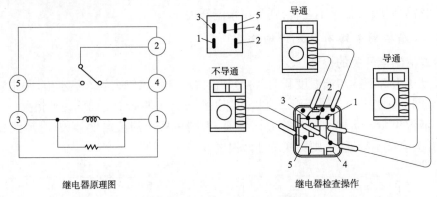

图 2-102 3号风扇继电器的检查

用万用表测 4—5 端子之间的导通情况,应为不通,否则更换该继电器。

在 1—3 端子之间施加蓄电池电压,应听到继电器触点闭合的"咔嗒"声,用万用表测 2—4 端子之间的导通情况,应该不通,否则更换该继电器;用万用表测 4—5 端子之间的导通情况,应该导通,否则更换该继电器。

**4. 风扇电动机的检查**

操作方法如图 2-103 所示,将蓄电池和电流表接在风扇电动机的插脚上,检查和观察电动机的运转是否平顺,工作电流是否为 5.8~7.4A,否则更换风扇总成。

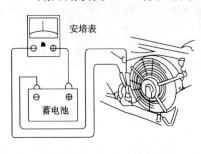

图 2-103 风扇电动机的检查

## 课题九 润滑系故障诊断与排除

发动机运行时,部分动配合零件处于高温、高压、高速和小间隙配合条件下运动。若润滑系出现故障,各摩擦表面将得不到良好的润滑、散热和清洗,必然会加速零件的磨损,影响发动机的正常工作,降低发动机使用寿命。发动机润滑系常见故障有机油压力过低、机油压力过高、机油消耗异常、机油变质等。润滑系基本构成如图 2-104 所示。

### 一、机油压力过低故障诊断

**(一)故障现象**

(1)发动机怠速运转时,机油压力表指示压力过低或机油警示灯亮。
(2)发动机转速高达一定程度时,报警灯闪亮,蜂鸣器报警。

**(二)故障原因**

(1)使用机油型号不当,机油黏度过低。
(2)机油变质劣化(混有水或燃油)。
(3)机油温度过高。
(4)机油量过少。
(5)集滤器堵塞。

(6)机油泵工作不良。

(7)机油泵限压阀关闭不严或限压阀弹簧损坏。

(8)发动机曲轴轴承、连杆轴承间隙过大或机油油路、油管严重泄漏。

(9)机油压力表或传感器失效。

### (三)故障诊断与排除

(1)将车辆停放在平坦地面上,拔出油尺,如图 2-105 所示。检查润滑油油面高度。若油面过低,应加足润滑油。

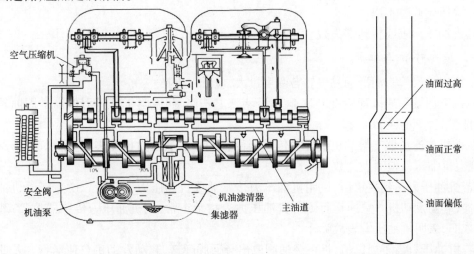

图 2-104　润滑系基本构成　　　　图 2-105　检查润滑油油面高度

(2)观察油尺上润滑油颜色。若呈现乳白色,说明润滑油渗入水分,已变质,黏度下降使油压偏低。应给予更换。

(3)拆下机油压力传感器,装上机油压力检测表。若机油压力达到规定值,而机油压力表指示的油压过低(或机油警示灯不灭),说明机油压力传感器或机油压力表故障,换上新的机油压力传感器,起动发动机怠速运行。若机油压力表指示正常(或机油警示灯灭),则机油压力传感器故障;若故障现象依旧,表明机油压力表故障。

(4)若机油压力表指示的机油压力在怠速、2000r/min 时均低于规定值,应将检测表安装在汽缸体主油道机油压力传感器位置上,起动发动机,检测机油压力。若压力仍高于规定值,说明滤清器至主油道间有堵塞或限压阀故障;若压力无多大变化且较低,拆下限压阀清洗,在弹簧后端面加装垫片后重新进行压力检测。若机油压力明显提高,说明限压阀故障。

(5)加垫后压力仍偏低,应拆下油底壳,检查集滤器是否堵塞、曲轴轴承和连杆轴承间隙是否过大。若是,应加以修复。

(6)上述检查均正常,说明故障为机油泵磨损过多。

## 二、机油压力过高故障诊断

### (一)故障现象

发动机运行中机油将机油滤清器等密封圈冲裂,或发动机起动后机油压力增至

0.49MPa以上。

### (二)故障原因

(1)机油滤清器堵塞且旁通阀开启困难。

(2)曲轴箱通风阀(PCV阀)堵塞。

(3)汽缸体主油道堵塞。

(4)新装配的发动机曲轴轴承或连杆轴承间隙过小。

(5)机油黏度过高。

(6)限压阀调整不当。

(7)机油压力表或传感器失效。

### (三)故障诊断与排除

(1)拔出油尺检查润滑油黏度。若黏度过大,应予以更换。

(2)拆下曲轴箱通风管检查PCV阀是否堵塞。若堵塞,说明机油压力偏高是因曲轴箱通风不良引起,应更换PCV阀。

(3)在机油滤清器支架的机油压力传感器位置安装机油压力检测表,起动发动机,怠速运转,观察机油压力检测表读数。

①若机油压力达到规定值,说明机油压力传感器或机油压力表故障。换上新的机油压力传感器,起动发动机并怠速运行。若机油压力表指示正常,则机油压力传感器故障;若故障现象依旧,表明机油压力表故障。

②若机油压力高于规定值,拆下旁通阀取出旁通阀弹簧,起动发动机怠速运行。若此时机油压力正常,说明机油滤清器堵塞,旁通阀开启困难引起压力过高;若故障现象依旧,将限压阀调整螺栓退出少许。若机油压力降低,说明故障为限压阀调整不当。

(4)在缸盖主油道上安装压力表检测机油压力。如果机油压力过低,说明缸体主油道到缸盖间有堵塞,应予以修复。

(5)对于刚大修好或新装配的发动机,转动曲轴,感觉其旋转灵活性。若转动曲轴时感觉很重,说明曲轴装配过紧,引起机油压力偏高。

## 三、发动机润滑油消耗异常故障诊断

### (一)故障现象

(1)发动机工作时,排气管排蓝烟。

(2)发动机机油消耗量超过0.1L/100km(柴油发动机0.5L/100km)以上。

(3)发动机机体上有机油泄漏痕迹,停车位置地上有油污。

### (二)故障原因

(1)活塞环弹力不足或活塞环口重叠。

(2)活塞环侧隙、端隙过大。

(3)发动机曲轴前后油封漏油。

(4)气门室罩盖工作面不平或密封垫损伤导致机油泄漏。

(5)机油滤清器松动或密封圈损坏使机油泄漏。

(6)机油压力传感器密封圈处泄漏。

(7)废气涡轮增压器轴磨损过多(装有废气涡轮增压器的发动机)。

(8)发动机气门油封漏油。

(9)发动机活塞与汽缸壁间隙过大。

(10)发动机油底壳衬垫漏油。

(三)故障诊断与排除

(1)检查发动机上是否有机油泄漏的痕迹。若有,在清洁好发动机外部油污之后,起动发动机,观察泄漏情况;或往发动机润滑油中加入荧光检漏剂,起动发动机后用荧光检漏仪检查机油泄漏部位。如有泄漏,应予以修复。

(2)使发动机中速运转,观察发动机排气烟色。若排气管排出的是蓝烟,则应检测发动机汽缸压力;若汽缸压力过低,同时出现发动机动力不足、起动困难、急加速敲缸,则说明发动机活塞环磨损过多或活塞与汽缸壁间隙过大,应对发动机进行维修。

(3)若发动机汽缸压力正常,则故障应为气门油封漏油,或废气涡轮增压器轴磨损过多,润滑油进入气管内(装有废气涡轮增压器的发动机)。

# 单元三
# 汽车底盘故障诊断与排除

## 课题一 传动系故障诊断与排除

### 一、离合器故障

汽车在路况复杂的道路上行驶时,由于不断的变速和换挡,不可避免地需要经常踏下和松开离合器踏板,使离合器分离和接合。因此离合器的技术状况会逐渐变坏,导致出现各种故障。

离合器常见的故障有离合器打滑、离合器分离不彻底、离合器发抖和离合器异响等。

（一）离合器打滑

**1. 故障现象**

（1）汽车起步时,完全放松离合器踏板,汽车仍不能行走。

（2）汽车在行驶中加速时,发动机转速升高,但车速不能同步增加。

（3）汽车重载、上坡时打滑较明显,严重时可嗅到离合器摩擦片的焦臭味。

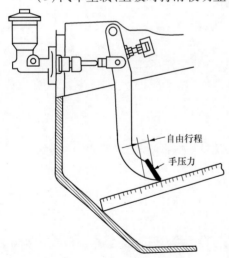

图 3-1 检查离合器自由行程

（4）发动机过热。

（5）燃料消耗增加。

**2. 故障原因**

（1）离合器踏板没有自由行程或自由行程过小,使压盘处于半分离状态。

（2）压紧弹簧或膜片弹簧过软或折断。

（3）摩擦片磨损过薄、表面硬化、铆钉外露或摩擦片沾有油污。

（4）离合器盖与飞轮的连接螺钉松动。

（5）离合器压盘磨损过薄或变形。

**3. 故障诊断与排除**

（1）检查离合器踏板自由行程,如图 3-1 所示。如不符合要求,应予以调整。

（2）若自由行程符合要求,应拆下离合器壳底盖,检查离合器盖与飞轮的连接螺钉是否松动,如图 3-2 所示。如有松动,应予以紧固。

（3）离合器盖与飞轮的连接无松动,再检查离合器分离杠杆内端高低,如图 3-3 所示。如不符合要求,应调整分离杠杆的高度。

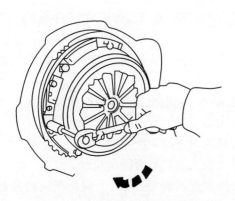

图 3-2 检查离合器盖与飞轮连接螺钉

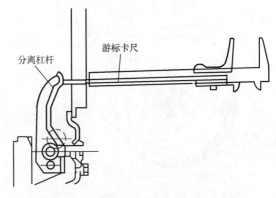

图 3-3 测量分离杠杆高度

(4)经上述检查后仍然打滑,应拆下离合器总成,检查离合器摩擦片,如图 3-4 所示。若摩擦片磨损过多变薄或铆钉头外露,应予以更换。若摩擦片有油污,应用汽油清洗并烘干。然后找出油污来源,予以排除。

(5)若摩擦片良好,则应分解离合器,检查压紧弹簧(或膜片弹簧),如图 3-5 所示。若变形或弹力过弱,应予以更换。

(6)检查离合器压盘或发动机飞轮表面的变形和磨损情况,如图 3-6 所示。若变形量过大,应予以修理或更换。

### (二)离合器分离不彻底

**1. 故障现象**

(1)汽车起步时,将离合器踏板踏到底,仍感到挂挡困难,强行挂入挡后,未放松踏板,汽车就向前移动或造成发动机自行熄火。

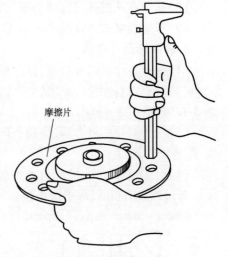

图 3-4 检查离合器摩擦片

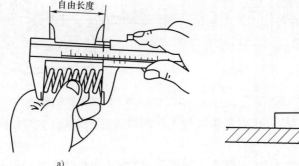

图 3-5 检查离合器压紧弹簧
a)测量弹簧自由长度;b)测量弹簧变形量

(2)变速时挂挡困难或挂不进挡位,同时变速器内发出齿轮撞击声。

**2. 故障原因**

(1)离合器踏板自由行程过大。

121

图3-6 检查飞轮表面磨损情况

（2）分离杠杆（或膜片弹簧）内端不在同一平面上。

（3）双片离合器中间压盘限位螺钉调整不当。

（4）从动盘翘曲变形、铆钉松脱或新换过的摩擦片过厚。

（5）从动盘方向装反。

（6）飞轮或压盘端面挠曲变形。

（7）压紧弹簧弹性不一、个别折断或膜片弹簧变形、裂损。

（8）从动盘花键孔与变速器输入轴花键齿锈蚀或有油污，使从动盘移动困难。

（9）液压操纵式离合器操纵系统液体漏油或混入空气。

**3. 故障诊断与排除**

（1）检查离合器踏板自由行程，见前图3-1。若自由行程过大，应予以调整。

（2）若自由行程符合要求，应拆下离合器壳底盖，检查分离杠杆内端高低是否一致，见前图3-3。若不一致，应予以调整。

（3）对于双片式离合器，应检查限位螺钉与中间压盘的间隙，如图3-7所示。若不符合要求，应予以调整。

（4）对于膜片式离合器，应检查膜片弹簧内端是否过软、磨损过多或折断，如图3-8所示。若过软或有折断，应予以更换。

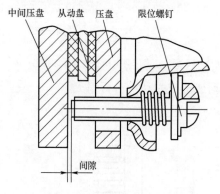

图3-7 中间压盘限位螺钉的调整

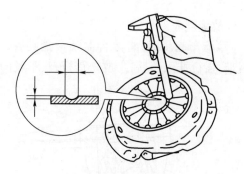

图3-8 检查膜片弹簧内端

（5）若属于新换摩擦片过厚，可在离合器盖与飞轮间增加适当厚度的垫片予以调整，但各垫片厚度及内、外径应一致。

（6）经上述检查调整后仍然无效，应将离合器拆下，检查从动盘是否装反。从动盘的安装方向，如图3-9所示。若装反，应重新组装。

（7）检查从动盘在变速器输入轴花键齿上移动是否灵活。如发涩，应清除锈蚀和油污。检查从动盘有无铆钉松脱和翘曲变形，如图3-10所示。若不符合要求，应予更换。

（8）若经上述检查调整仍然无效，应分解检查离合器总成，分别检查压紧弹簧（或膜片弹簧）、离合器压盘和发动机飞轮表面以及其他有关零件，视情况予以修理或更换。

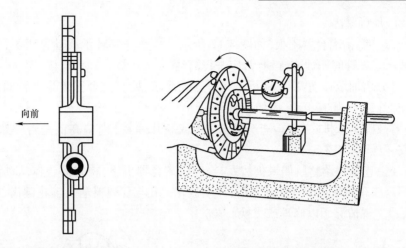

图 3-9　检查从动盘安装方向　　　　图 3-10　检查从动盘变形量

(9) 对于液压操纵式离合器,离合器总成经检查调整后仍分离不彻底,应检查操纵系统有无漏油现象,并对液压操纵系统进行排除空气,如图 3-11 所示。

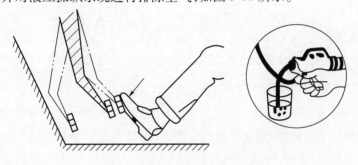

图 3-11　排除离合器操纵系统中的空气

## (三) 离合器发抖

**1. 故障现象**

按正常的操作使汽车起步时,离合器不能平稳接合,并使汽车发生抖振和闯动。

**2. 故障原因**

(1) 离合器分离轴承与导管之间锈蚀或有油污,使分离轴承移动困难。

(2) 分离杠杆(或膜片弹簧)内端不在同一平面上。

(3) 离合器从动盘破裂、变形、有油污或铆钉外露。

(4) 从动盘花键孔与变速器输入轴花键齿之间磨损松旷,从动盘摇摆。

(5) 压盘弹簧弹力不均,个别弹簧变软或折断。

(6) 膜片式离合器膜片弹簧弹力不均。

(7) 扭转减振器弹簧弹力下降或失效。

(8) 飞轮或压盘端面翘曲不平或磨损起槽。

(9) 离合器盖与飞轮的连接螺钉松动。

(10) 变速器与飞轮壳固定螺钉(或螺栓)松动,或发动机支撑固定螺栓松动。

**3. 故障诊断与排除**

(1) 检查变速器与飞轮壳的固定螺钉(或螺栓)以及发动机支撑的固定螺栓是否松动。

如有松动应加以紧固。

(2)连续踏、抬离合器踏板,如图3-12所示。检查分离轴承移动是否灵活。若发涩,表明分离轴承与导管间锈蚀或有油污,应进行清洁。

(3)若分离轴承移动灵活,应拆下离合器壳底盖,检查离合器盖与飞轮的连接螺钉是否松动,见前图3-2。如有松动,应加以紧固。

(4)若故障仍未排除,应检查分离杠杆(或膜片弹簧)内端高低是否一致,见前图3-3。如不一致,应予以调整。

(5)经上述检查调整后如果仍然发抖,应将离合器拆下,检查离合器从动盘摩擦片有否破裂、变形、沾有油污和铆钉外露,以及从动盘花键孔与变速器输入轴花键齿的配合情况,如图3-13所示。视情况予以修理或更换。

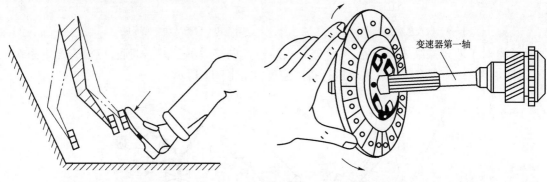

图3-12 踏、抬离合器踏板　　图3-13 检查从动盘花键孔与变速器第一轴花键齿的配合间隙

(6)若离合器从动盘良好,则应分解离合器,分别检查压盘弹簧(或膜片弹簧)和扭转减振器弹簧的弹力、飞轮表面和压盘表面是否翘曲变形。如不符合要求,应予以修理或更换。

### (四)离合器异响

**1. 故障现象**

发动机运转时,踏下离合器踏板有不正常响声,放松踏板异响声消失。或者无论踏下或放松离合器踏板,均有不正常响声发出。

**2. 故障原因**

(1)离合器操纵机构连接部位松动。

(2)分离拨叉或传动部分有卡滞现象。

(3)离合器踏板无自由行程。

(4)离合器分离轴承润滑不良、脏污、磨损松旷或烧毁卡滞。

(5)从动盘摩擦衬片破裂、铆钉松动或从动盘花键齿磨损松旷、花键毂铆钉松动、钢片破裂。

(6)变速器第一轴前轴承或衬套磨损松旷。

**3. 故障诊断与排除**

(1)检查离合器操纵机构各连接部位的紧固件有无松动。如有松动,应予以紧固。

(2)如无松动,连续踏、抬离合器踏板,见前图3-12,检查分离拨叉和传动部分有无卡滞现象。如有卡滞现象,应予以排除。

(3)检查离合器踏板的自由行程,见前图3-1。如无自由行程,应按要求进行调整。

(4)若自由行程符合要求,应将离合器拆下,检查分离轴承的技术状况,如图3-14所示。如转动不灵活或磨损松旷,应更换。

(5)如分离轴承完好,应检查离合器摩擦片的技术状况,见前图3-4。若摩擦衬片破裂、铆钉松动或花键毂铆钉松动、花键齿磨损松旷、钢片破裂,应重新铆合或更换从动盘。

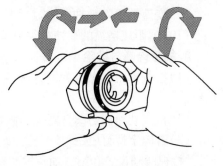

图3-14 检查离合器分离轴承

(6)若从动盘完好,应分解离合器总成,检查压盘弹簧、减振弹簧(见图3-5)、传动片等有无折断。如有折断,应予以更换。

(7)检查变速器第一轴前轴承或衬套是否磨损松旷,视情况加以更换。

**(五)故障诊断与排除作业的注意事项**

(1)严格遵守操作程序,注意安全。
(2)正确使用工具和量具,避免损坏零部件。
(3)故障排除中,注意不能将油污沾到离合器的摩擦表面。
(4)拆装离合器盖与飞轮的固定螺钉时,应交叉、均匀地进行。

## 二、变速器故障

变速器在工作负荷的作用下,随着汽车行驶里程的增加,变速器零件的磨损和变形亦会不断加大,导致相互间配合关系变坏而出现故障。

变速器常见故障有跳挡、乱挡、异响、漏油等。

**(一)变速器跳挡**

**1. 故障现象**

汽车在正常行驶中,变速器自动跳至空挡或滑动齿轮脱离啮合位置,同时发动机转速升高但车速减慢,动力不能按要求传递给驱动车轮。一般在中、高速行驶时,如果负荷突然变化或车辆剧烈振动,则容易产生跳挡。

**2. 故障原因**

(1)变速器与飞轮壳的固定螺钉(或螺栓)松动。
(2)变速器拨叉轴自锁装置失效。
(3)变速杆下端变形或球头松动。
(4)变速器换挡拨叉弯曲变形、严重磨损或紧固螺钉松动,致使齿轮换挡不到位。
(5)锁销式惯性同步器的锁销松动、散架或定位弹簧弹力减弱。锁环式同步器的锁环齿或锁环内锥面螺纹槽磨损过甚。
(6)变速器齿轮、齿套磨损过量,沿齿长方向磨成锥形。
(7)变速器第二轴花键齿与滑动齿轮或接合套花键齿槽磨损松旷。
(8)轴承磨损过甚、松旷,使齿轮不能正确啮合而上下摆动。

(9) 变速器中间轴轴向间隙过大。

(10) 远距离操纵的变速操纵机构调整不当。

**3. 故障诊断与排除**

(1) 检查远距离操纵的变速操纵机构是否松动或失调。如有松动或失调,予以修理或调整。

(2) 检查变速器与离合器壳的固定螺钉(或螺栓)是否松动。如松动,应予以紧固。

(3) 若固定螺钉(或螺栓)不松动,应拆下变速器盖,检查齿轮轮齿、齿套是否磨损成锥形,并检视滑动齿轮和第二轴花键的配合情况,如图3-15所示。若磨损严重或配合松动,应更换磨损严重的零部件。

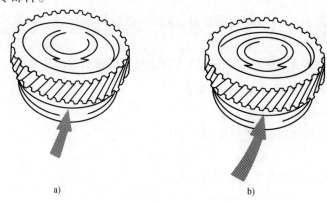

图3-15 检查变速器齿轮磨损情况
a) 齿顶剥落；b) 轮齿表面锥形磨损

(4) 上述检查正常,再检查变速杆、拨叉是否磨损、变形,拨叉紧固螺钉是否松动,如图3-16所示。如有严重磨损、变形或松动,应修复或更换。

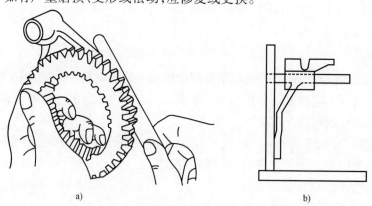

图3-16 检查变速器拨叉
a) 检查拨叉和拨叉槽间隙；b) 检查拨叉是否变形

(5) 经检查,拨叉和变速杆正常,则应检查拨叉轴自锁装置,其凹槽和自锁钢球是否磨损严重,弹簧有无变形、折断或疲劳变软,如图3-17所示。如凹槽和钢球磨损严重,弹簧不合要求,则应予以更换。

(6) 若上述检查均正常,应将变速器拆下解体,检查轴承是否严重磨损、松旷,如图3-18所示。如轴承磨损严重、松旷,应予更换。

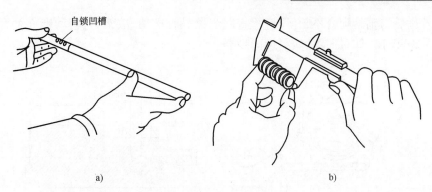

图 3-17 检查变速器自锁装置
a) 检查凹槽磨损；b) 检查弹簧自由长度

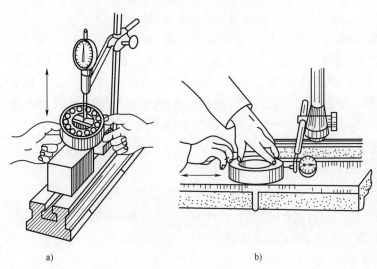

图 3-18 检查轴承
a) 检查轴向间隙；b) 检查径向间隙

（7）检查齿轮与轴配合的轴向间隙和径向间隙，如图 3-19 所示。如超过规定限度，应予以更换。

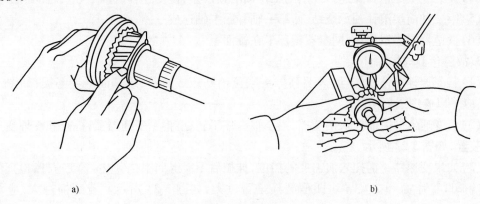

图 3-19 齿轮与轴配合的轴向和径向间隙测量
a) 检查轴向间隙；b) 检查径向间隙

(8) 若齿轮与轴的配合不松旷,应检查同步器是否松动、散架,衬套和锥环是否磨损、破碎,如图 3-20 所示。如有损坏,应更换同步器。

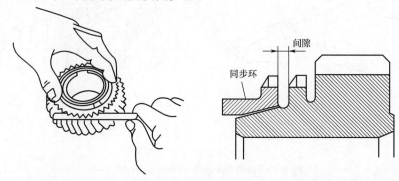

图 3-20　检查同步器

(9) 若仍未发现故障,则应检查变速器第一轴与发动机曲轴的同轴度是否超限。检查时,旋松变速器固定螺钉(或螺栓),挂上直接挡,松开驻车制动器,用手摇柄摇转发动机,观察变速器与离合器壳的接触面是否一致。若接触面间隙一边大一边小,则说明变速器第一轴与曲轴不同轴。如同轴度超限,应拆卸检查飞轮壳承孔和变速器第一轴轴承盖、第一轴前轴承的磨损情况。若磨损过甚,视情况加以修复或更换。

### (二) 变速器乱挡

**1. 故障现象**

(1) 在换挡时,挂不上所需要的挡位或挂上挡后不能退回空挡。

(2) 挂入的挡位与应该挂入的挡位不相符,汽车不能正常行驶。

(3) 一次同时挂入两个挡位,无法传递发动机的动力。

**2. 故障原因**

(1) 变速操纵机构互锁装置损坏,不起作用。

(2) 变速杆弯曲变形,变速杆球头磨损过大,限位销松旷或折断。

(3) 变速叉与变速叉轴固定螺钉松动或松脱。

(4) 拨叉导块凹槽和变速杆下端的工作面磨损严重,使变速杆从两个导块之间滑出。

(5) 第二轴前端滚针轴承烧结,使第一轴和第二轴连成一体。

(6) 变速器同步器损坏,同步器锁环卡在锥面上。

**3. 故障诊断与排除**

(1) 若变速杆能任意转动,表明其球头限位销磨短或脱落,或球面严重磨损,如图 3-21 所示,应予以修理或更换。

(2) 若变速器同时能挂入两个挡,第二轴卡住不转,应拆下变速器盖,检查和修理变速器互锁装置,如图 3-22 所示。

(3) 如果变速器不能挂入所需要的挡位,挂挡后不能退回空挡,应拆下变速杆,检查变速杆下端弧形工作面和拨叉导块凹槽磨损是否过大,如图 3-23 所示。若磨损过大,应予以修理。

(4) 若只有直接挡和空挡能行驶,而其他挡均不能行驶,则应拆下变速器检查第二轴前端滚针轴承是否烧结,如图 3-24 所示。如已烧结,应更换滚针轴承,并对支撑的轴颈和轴孔作相应的修整。

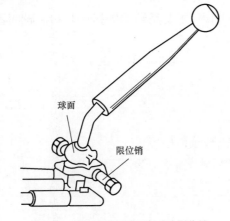

图 3-21　检查变速杆球面与球头限位销

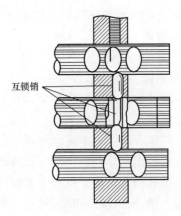

图 3-22　检查互锁销凹槽的磨损量

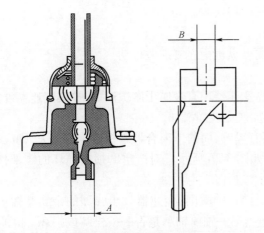

图 3-23　检查变速杆下端弧形工作面与拨叉导块凹槽配合间隙

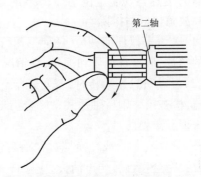

图 3-24　检查第二轴前轴承

(5)若只有挂直接挡才能行驶,其他挡均不能行驶,说明变速器中间轴前端常啮合齿轮的半圆键被切断,应更换新件。

(6)拆检变速器同步器,如图 3-25 所示。必要时更换同步器磨损严重的零部件。

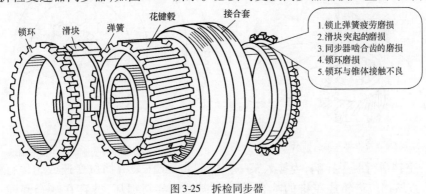

图 3-25　拆检同步器

### (三)变速器异响

**1. 故障现象**

变速器异响是指变速器内发生不正常的响声,主要是轴承磨损松旷和齿轮间不正常啮合而引起的噪声。

变速器异响,大致在空挡位置或挂上某一挡位行驶的两种情况下发生。

**2. 故障原因**

(1)变速器缺油或油质变坏。

(2)轴承磨损松旷或损坏。

(3)齿轮啮合间隙过小或齿轮磨损过度,啮合间隙过大。

(4)齿轮齿面金属剥落、轮齿断裂或修理后装配错位。

(5)花键孔与花键槽磨损严重,配合松旷。

(6)输入轴、输出轴扭曲变形。

(7)同步器弹簧失效、锁块脱落。

(8)变速杆下端面与拨叉导块凹槽之间磨损松旷。

(9)变速叉变形或变速叉固定螺钉松动。

(10)变速器安装定位不准、装配松动或操纵机构连接部位松动。

**3. 故障诊断与排除**

(1)若汽车以任何挡位、任何车速行驶,变速器均有金属干摩擦声,用手摸变速器外壳有烫手的感觉,应检查油质和油量,视情况添加或更换润滑油。

(2)发动机怠速运转时,若变速器空挡有异响,而踏下离合器踏板后响声消失,则应拆下变速器,检查第一轴后轴承和常啮合齿轮,如图3-26所示。对严重磨损或损坏的零部件,应予以修理或更换。

(3)汽车在起步或在换挡过程踏离合器踏板的瞬间,变速器发出强烈的金属摩擦声,而在离合器完全接合后响声消失,应检查变速器第一轴前轴承是否磨损松旷或损坏,如图3-27所示。如磨损松旷或损坏,应予以更换。

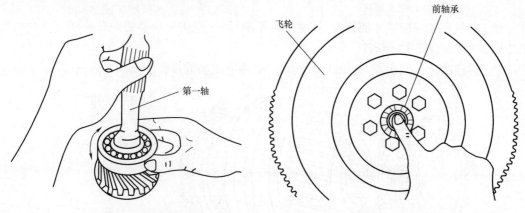

图3-26 检查第一轴后轴承　　　　图3-27 检查变速器第一轴前轴承

(4)若空挡滑行时无异响,当挂入某一挡位起步,或在某一挡位变速或匀速行驶时产生异响,应检查该挡位齿轮或花键的啮合是否磨损松旷甚至损坏,或存在啮合间隙过小的情况。必要时进行修理或更换。

(5)若变速器在低速挡行驶时有异响,但高速挡行驶时声响减弱或消失,空挡滑行时可听到"哗哗"的异响声,应检查变速器第二轴后轴承的松旷程度,见前图3-18。如过于松旷或损坏,应予以更换。

(6)若用直接挡行驶时无异响,而其他挡均有异响,应检查变速器中间轴轴承和第二轴前端轴承,见前图3-24。如磨损松旷或损坏,应予以更换。

(7)汽车行驶在不平路面时,变速杆摆动且出现无节奏的响声,用手把住变速杆手柄时,响声即可消失,应检查变速叉有否变形或固定螺钉松动,变速叉、拨叉导块凹槽或变速杆下端工作面是否磨损严重,见前图3-23。如有松动或磨损过大,应修复或更换。

(8)若在挂挡或换挡时,发出"嘎嘎"声并伴有换挡困难的现象,应检查同步器锥环是否磨损严重,见前图3-20。若磨损过大,应予以更换。

(9)变速器在各挡位行驶均有异响,且加速时声响更为明显,则应分解变速器,检查变速器壳体、轴、齿轮、花键和轴承等是否严重磨损或变形,如图3-28所示。必要时进行修理或更换。

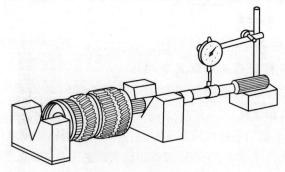

图3-28 检查第二轴变形量

### (四)变速器漏油

**1. 故障现象**

变速器内的润滑油从变速器盖、前、后轴承盖或其他部位渗漏出来。

**2. 故障原因**

(1)润滑油加注过多。

(2)壳体破裂。

(3)密封衬垫变形或损坏。

(4)放油螺塞松动、滑扣。

(5)加油孔螺塞松动、滑扣。

(6)变速器的通气孔堵塞,使变速器内压力增加、温度升高,造成各密封部位渗漏。

(7)变速器盖、轴承盖固定螺钉松动。

**3. 故障诊断与排除**

(1)检查各紧固螺钉是否松动。若松动,予以紧固。

(2)检查变速器润滑油量是否过多。若过多,应按规定放出多余的润滑油。

(3)检查通气塞是否堵塞,如图3-29所示。若堵塞,要加以疏通。

(4)检查加油螺塞、放油螺塞是否松动、滑扣,如图3-29所示。若松动,加以紧固;若滑扣,视情进行修理或更换。

(5)观察变速器漏油处并检查漏油处纸垫、油封的完好情况。如有损坏,应予以更换。

(6)若经上述检查后仍漏油,应将变速器拆下,检查变速器壳体有无裂纹、砂眼、气孔等,如图3-30所示。若破裂或有砂眼孔,应予以修理或更换。

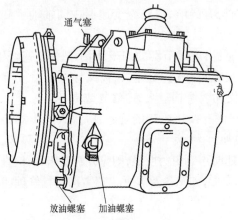
图3-29 检查通气塞、放油螺塞及加油螺塞

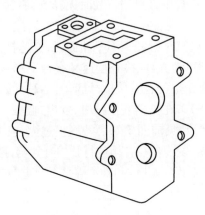
图3-30 检查变速器壳体

**(五)故障诊断与排除作业的注意事项**

(1)严格遵守操作程序,注意安全。

(2)正确使用工具和量具。

(3)故障排除中,不能用手锤直接敲击零件,必须采用铜棒或硬木垫进行敲击。

(4)拆装时应防止自锁钢球、互锁钢球弹出伤人或丢失。

(5)装合各接合面时应加衬垫并涂密封胶,保证可靠密封。

### 三、自动变速器故障

自动变速器故障的诊断与排除,是运用各种检测仪器和故障诊断方法,按照规定的程序和步骤,对自动变速器的选挡操纵机构、液压控制系统、机械系统和电子控制系统进行测试,根据故障现象和测试情况,结合自动变速器的具体结构原理和有关技术资料,对故障进行分析,确定故障原因及部位,然后对故障部位进行相应的调整、修理或更换。

当自动变速器出现故障之后,应按如下程序和方法进行故障的诊断:

(1)对自动变速器进行基础检验,并加以必要的处理。

基础检验也称基本检查,是对自动变速器油的品质和油量、发动机怠速、挡位开关、操纵手柄位置和节气门拉索等进行的检查。自动变速器的油量不当、油质不佳、联动机构调节不妥及发动机怠速不正常等,都是引起自动变速器故障的最常见原因。因此,通过基础检验发现的问题,应首先加以调整和处理,以使问题得以简化。如果故障仍然存在,则需进行有关的机械试验,作进一步深入的诊断。但必须强调,基础检验及其调整和处理,应作为机械试验的前提。

(2)若作基础检验并完成必要的处理之后,故障仍然存在,则应对自动变速器进行手动换挡试验。

（3）通过手动换挡试验发现自动变速器工作不正常，则应对自动变速器进行机械试验，以区别属机械故障还是液压控制系统故障，并分析确定具体的故障部位。

（4）若手动换挡试验时自动变速器工作正常，说明故障在电子控制系统。应通过故障自诊断系统读取故障码，参考有关资料，并作分析，以确定故障的具体部位。

（5）根据故障诊断所确定的故障部位，进行故障维修。

（一）机械试验

下面以丰田汽车的3行星排4挡辛普森式行星齿轮自动变速器为例，介绍自动变速器的有关机械试验。丰田A43D或A43DE自动变速器的结构示意图和各挡操作元件工作情况分别如图3-31及表3-1所示。

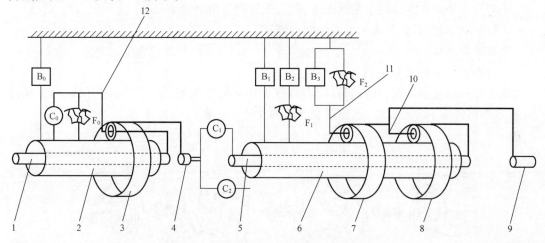

图3-31　丰田A43D自动变速器的结构示意图

1-超速输入轴；2-超速太阳轮；3-超速行星齿圈；4-输入轴；5-中间轴；6-太阳轮；7-前行星齿圈；8-后行星齿圈；9-输出轴；10-后行星架；11-前行星架；12-超速行星架

丰田A43D自动变速器各挡操作元件工作情况　　　　　表3-1

| 操纵杆位置 | 挡位 | 直接挡离合器 $C_0$ | 超速制动器 $B_0$ | 超速单向离合器 $F_0$ | 前进挡离合器 $C_1$ | 高速倒挡离合器 $C_2$ | | 2挡制动器 $B_1$ | 低速倒挡制动器 $B_2$ | 1号单向离合器 $F_1$ | 2号单向离合器 $F_2$ | 3号制动器 $B_3$ | | 传动比 |
|---|---|---|---|---|---|---|---|---|---|---|---|---|---|---|
| | | | | | | 内活塞 | 外活塞 | | | | | 内活塞 | 外活塞 | |
| P | 停车 | ○ | | | | | | | | | | ○ | ○ | |
| R | 倒挡 | ○ | | ○ | | ○ | ○ | | | | | ○ | ○ | -2.21 |
| N | 空挡 | ○ | | | | | | | | | | | | |
| D | 1 | ○ | | ○ | ○ | | | | | ○ | | | | 2.45 |
| | 2 | ○ | | ○ | ○ | | | ○ | | | ○ | | | 1.45 |
| | 3 | ○ | | ○ | ○ | ○ | | | | | | | | 1 |
| | 4 | | ○ | | ○ | ○ | | | | | | | | 0.68 |
| 2 | 1 | ○ | | ○ | ○ | | | | | ○ | | | | 2.45 |
| | 2 | ○ | | ○ | ○ | | | ★ | | | ○ | | | 1.45 |
| L | 1 | ○ | | ○ | ○ | | | | | ○ | | ★ | ★ | 2.45 |

注：★——利用发动机制动；$C_0$——直接挡离合器；$C_1$——前进挡离合器；$C_2$——高速-倒挡离合器；$B_1$——2挡制动器；$B_2$——低速-倒挡制动器。

## 1. 失速试验

液力变矩器失速是指涡轮因负载过大而停转,但泵轮仍然转动的现象。

(1)目的:

检查发动机、变矩器及自动变速器中有关换挡执行元件的工作是否正常。

(2)准备工作:

①让汽车行驶至发动机和自动变速器均达到正常工作温度。

②检查汽车的行车制动器和驻车制动器,确认其性能良好。

③检查自动变速器油面高度,应正常。

(3)试验步骤(图3-32):

①将汽车停放在宽阔的水平地面上,前后车轮用三角木块塞住。

②拉紧驻车制动器,左脚用力踩住制动踏板。

③起动发动机。

④将操纵手柄拨入D位置。

⑤在左脚踩紧制动踏板的同时,用右脚将加速踏板踩到底,使节气门全开,时间不超过5s,在发动机转速不再升高时,迅速读取此时的发动机转速。

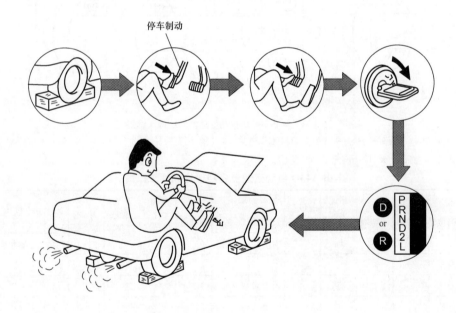

图3-32 失速试验

⑥读取发动机转速后,立即松开加速踏板。

⑦将操纵手柄拨入P或N位置,让发动机怠速运转1min,使自动变速器油温度降低,以防止自动变速器油温度过高而变质。

⑧将操纵手柄拨入其他挡位(R、S、L或2、1),做同样的试验。

不同车型的自动变速器都有其失速转速标准。若失速试验测取的失速转速与标准值相符,说明自动变速器的油泵、主油路油压及各换挡执行元件的工作基本正常。若失速转速与标准值不相符,故障原因如表3-2所列。

失速转速不正常的原因　　　　　　　　　　　　　　　表 3-2

| 操纵手柄 | 失速转速 | 故　障　原　因 |
| --- | --- | --- |
| 所有位置 | 过高 | ①主油路油压过低<br>②前进挡和倒挡的换挡执行元件打滑<br>③低挡及倒挡制动器打滑 |
| 所有位置 | 过低 | ①发动机动力不足<br>②变矩器导轮的单向离合器打滑 |
| 仅在 D 位 | 过高 | ①前进挡油路油压过低<br>②前进挡离合器打滑 |
| 仅在 R 位 | 过高 | ①倒挡油路油压过低<br>②高挡及倒挡离合器打滑 |

**2. 延时试验**(时滞试验)

发动机起动后,将操纵手柄从空挡换至 D 位或 R 挡位后,需要有一段短暂时间的延时才能使自动变速器完成挡位的接合(此时会产生一个轻微的振动),这一短暂的时间称为自动变速器换挡的延时时间或时滞时间。

(1)目的:

测出自动变速器换挡的迟滞时间,根据迟滞时间的长短来判断主油路油压及换挡执行元件的工作是否正常。

(2)准备工作:

①让汽车行驶至发动机和自动变速器达到正常温度。

②将汽车停放在水平地面上,拉紧驻车制动器操纵杆。

③检查发动机怠速,必要时按标准予以调整。

(3)试验步骤(图 3-33):

①将自动变速器操纵手柄从空挡(N)位置拨至前进挡(D)位置,用秒表测量从拨动操纵手柄开始到感觉汽车振动为止所需的时间,该时间称为 N—D 延时时间。

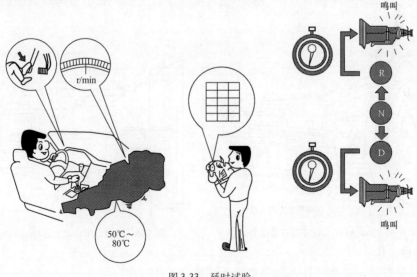

图 3-33　延时试验

②将自动变速器操纵手柄拨至 N 位置,让发动机怠速运转 1min 后,再做一次同样的试验。

③做 3 次试验,并取平均值。

④按上述方法,将操纵手柄由 N 位置拨至 R 位置,测量 N—R 延时时间。

一般自动变速器 N—D 延时时间小于 1.0~1.2s,N—R 延时时间小于 1.2~1.5s。若延时时间过长,说明自动变速器存在故障。其故障原因分析见表 3-3。

延时时间过长的原因分析　　　　表 3-3

| 现　象 | 原　因　分　析 |
| --- | --- |
| 从"N"推入"D"滞后时间大于规定值 | ①主油路油压过低<br>②前进挡离合器磨损过甚<br>③前进挡单向超越离合器打滑 |
| 从"N"推入"R"滞后时间大于规定值 | ①主油路油压过低<br>②倒挡离合器磨损过甚<br>③低挡及倒挡制动器磨损过甚<br>④超速单向离合器打滑<br>⑤超速离合器磨损 |

**3. 油压测试**

(1)目的:

油压测试是在自动变速器工作时,通过测量液压控制系统各油路的压力来判断液压控制系统及电子控制系统有关零部件的功能是否正常。目的是检查液压控制系统各管路、元件是否漏油,各元件(如液力变矩器、油泵、油压调节阀、节气门阀、油压电磁阀、调速器等)及自动变速器油的工作状况,是自动变速器性能分析和故障判断的主要依据。

油压测试的内容取决于自动变速器的类型及测压孔的设置方式。图 3-34 至图 3-37 为几种常见车型自动变速器测压孔的位置。自动变速器的三个基本油压是主油路油压、调速器油压和节气门油压。下面仅介绍一般车型自动变速器主油路油压和调速器油压测试的主要内容和方法。

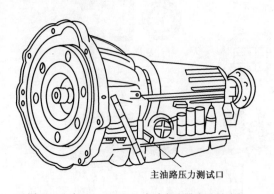

图 3-34　丰田 A340、A341 自动变速器油压测试点

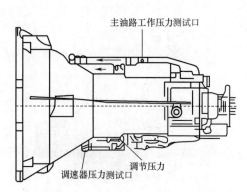

图 3-35　奔驰汽车自动变速器油压测试点

(2)准备工作:

①让汽车行驶至发动机及自动变速器达到正常工作温度。

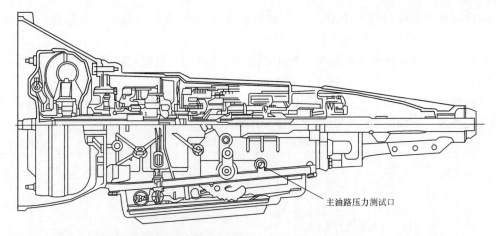

图 3-36 福特汽车 A4LD 自动变速器油压测试点

②将车辆停放在水平地面上,检查加速踏板拉索、发动机怠速和自动变速器油油面高度。如不正常,应予以调整。

③准备一个量程为 2MPa（有的车型为 3MPa 或 7MPa）的压力表,找出自动变速器各个油路测压孔的位置。

④拆下自动变速器壳体上的油压测试孔螺塞,装上压力表。

(3) 主油路油压测试步骤（图 3-38）：
①用三角木塞塞紧前、后轮。
②将驻车制动器操纵杆拉到底。
③起动发动机。

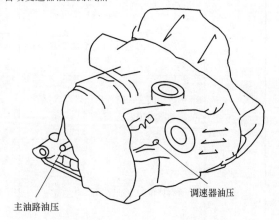

图 3-37 日产 U13 车型 RL4F03A 自动变速器油压测试点

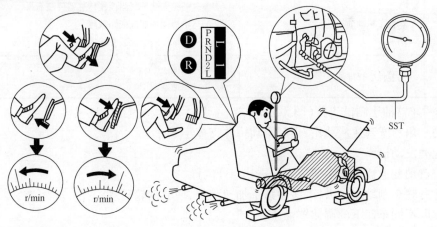

图 3-38 主油路油压测试

④在怠速情况下,将自动变速器操纵手柄拨入"D"位置,读取压力值（此为怠速工况下的前进挡主油路油压）。

⑤将制动踏板踩到底,然后同时将加速踏板也踩到底,在失速情况下读取压力值(此为失速工况下的前进挡主油路油压)。

⑥将自动变速器操纵手柄拨至 N 或 P 挡位置,让发动机怠速运转 1min 以上。

⑦推入"R"位置,作同样试验。

将测得的主油路油压与该车型的标准值进行比较。若主油路油压不正常,说明自动变速器存在故障。主油路油压不正常的故障原因见表 3-4 所列。

主油路油压不正常的故障原因　　　　　表 3-4

| 工况 | 测试结果 | 故障原因 |
|---|---|---|
| 怠速 | 所有挡位的主油路油压均太低 | ①油泵故障<br>②主油路调压阀卡死<br>③主油路调压阀弹簧软<br>④节气门拉索或节气门位置传感器调节不当<br>⑤节气门阀卡滞<br>⑥主油路泄漏 |
| | 前进挡和前进低挡的主油路油压均太低 | ①前进挡离合器活塞漏油<br>②前进挡油路泄漏 |
| | 前进挡的主油路油压正常,前进低挡的主油路油压太低 | ①1 挡强制离合器或 2 挡强制离合器活塞漏油<br>②前进低挡油路泄漏 |
| | 所有挡位的主油路油压均太高 | ①节气门拉索或节气门位置传感器调整不当<br>②主油路调压阀卡死<br>③节气门阀卡滞<br>④主油路调压阀弹簧太硬<br>⑤油压电磁阀损坏或线路故障 |
| 失速 | 稍低于标准油压 | ①节气门拉索或节气门位置传感器调整不当<br>②油压电磁阀损坏或线路故障<br>③主油路调压阀卡死或弹簧太软 |
| | 明显低于标准油压 | ①油泵故障<br>②主油路泄漏 |

(4)调速器油压测试步骤(图 3-39):

①用三角木塞塞住从动轮,顶起驱动桥并支撑牢靠。

②起动发动机。

③将自动变速器操纵手柄拨至前进挡(D)位置。

④松开驻车制动器操纵杆,缓慢踩下加速踏板,使驱动轮转动。

⑤读取不同车速下的调速器油压。

⑥将测试结果与该车型的标准值进行比较。

液压控制自动变速器装有调速器,调速器油压的大小反映了车速的高低。不同车型的自动变速器,其调速器油压也不相同。如果测出调速器油压不正常,其故障分析如表 3-5 所列。

单元三 汽车底盘故障诊断与排除

a)                   b)

图 3-39 调速器油压测试

a) 路试；b) 台试

**调速器油压不正常原因分析**       表 3-5

| 测 试 结 果 | 原 因 分 析 |
|---|---|
| 调速器油压过低 | ①主油路油压太低<br>②调速器油路泄漏<br>③调速器工作不正常 |

**4. 手动换挡试验**

（1）目的：

手动换挡试验的目的是确定故障存在的部位，区分故障是由机械、液压系统，还是由电子控制系统引起的。

手动换挡试验应在读取故障代码和完成自动变速器基本检查后进行。

（2）试验步骤：

①对自动变速器进行基本检查和调整。

②脱开电子控制自动变速器所有换挡电磁阀线束的插头。

③起动发动机，将自动变速器操纵手柄拨至不同位置，然后做道路试验（也可将驱动轮悬空，进行台架试验）。

④观察发动机转速和车速的对应关系，以判断自动变速器所处的挡位（丰田轿车系列车型的电子控制自动变速器手动换挡时挡位和操纵手柄的关系见表3-6）。

丰田轿车电控自动变速器 A140E、A240E、A340E、A341E、A442DE 等手动换挡时挡位和操纵手柄的关系。

表 3-6

| 操纵手柄的位置 | P | R | N | D | 2 | L |
|---|---|---|---|---|---|---|
| 挡位 | 停车挡 | 倒挡 | 空挡 | 超速挡 | 3挡 | 1挡 |

不同挡位时发动机转速与车速的关系见表3-7。

发动机转速和车速的关系　　　　　　　　　　表3-7

| 挡位 | 发动机转速（r/min） | 车速（km/h） | 挡位 | 发动机转速（r/min） | 车速（km/h） |
| --- | --- | --- | --- | --- | --- |
| 1挡 | 2000 | 18~22 | 3挡 | 2000 | 50~55 |
| 2挡 | 2000 | 34~38 | 超速挡 | 2000 | 70~75 |

⑤操纵手柄位于不同位置时，若根据试验时的发动机转速和车速推断出自动变速器所处的挡位与表3-7相符，说明电子控制自动变速器的阀板及换挡执行元件基本上工作正常。否则，说明自动变速器的阀板或换挡执行元件有故障。

⑥试验结束后，接上电磁阀线束插头。

⑦清除电脑中的故障代码，防止因脱开电磁阀线束插头而产生的故障代码保存在电脑中，影响自动变速器的故障自诊断工作。

## （二）电子控制自动变速器故障自诊断

1）使用汽车电脑检测仪：

汽车电脑检测仪分为通用型和专用型两种。

通用型汽车电脑检测仪也是一个小型电脑，它的软件中储存有各国不同车型的电控系统检测程序和数据资料，并配有各种检测插头。使用时只需将被测汽车的生产厂家名称和车辆的识别码输入汽车电脑检测仪，就能从软件中调出相应的检测程序，然后按照检测仪屏幕提示的检测步骤，将相应的故障检测插头与汽车上的电脑故障检测插座相连，即可对发动机、自动变速器、制动防抱死装置等部分的电控系统进行有选择的检测。

专用型汽车电脑检测仪只能用于指定的车型，而其他厂家的车型则不能使用。

2）汽车电脑检测仪的主要功能：

汽车电脑检测仪的主要功能有如下三项：

①读取故障代码。

②进行数据传输。

③清除电脑内储存的故障代码。

3）故障代码的人工读取：

目前大部分车型均可利用汽车电脑故障检测插座和仪表板上的自动变速器故障警告灯，进行故障代码的人工读取。以日本丰田汽车为例，其电子控制自动变速器人工读取故障代码的步骤如下：

①检查蓄电池电压，应达到规定的数值。

②打开发动机附近的汽车电脑故障检测插座罩盖，按照罩盖内所注明的各插孔的名称，用一根导线将TE1（自诊断触发端）和E1（搭铁端）两插孔相连接（见图3-40所示）。

③打开点火开关至ON位置，但不起动发

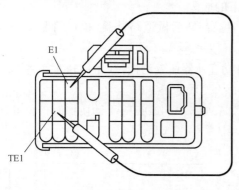

图3-40　短接TE1和E1

动机。

④按下超速挡开关"O/D OFF",使之置于 ON 位置(图 3-41)。

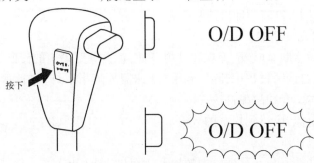

图 3-41　按下超速挡开关

⑤根据自动变速器故障警告灯的闪亮规律读出故障码(图 3-42)。

若自动变速器电子控制系统工作正常,电脑内没有故障代码,则故障警告灯以 2 次/s 的频率连续闪亮(见图 3-43 所示);若自动变速器电子控制系统工作不正常,电脑内存在故障代码,则故障警告灯以 1 次/s 的频率闪亮,并将两位数的故障代码的十位数和个位数先后用故障警告灯的闪亮次数表示出来。如当故障代码为 23 时,故障警告灯先以 1 次/s 的频率闪亮 2 次,表示故障代码的十位数为 2,然后停顿 1.5s,再以 1 次/s 的频率闪亮 3 次,表示故障代码的个位数为 3(图 3-44)。

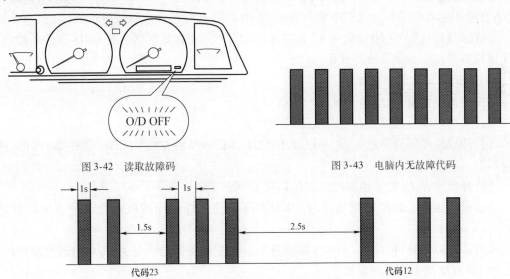

图 3-42　读取故障码　　　　　图 3-43　电脑内无故障代码

图 3-44　故障警告灯的故障代码显示

⑥读取所需的故障代码后,从检测插座上拔下连接导线,关闭点火开关。

4)几种典型车型自动变速器故障代码的人工读取步骤:

(1)通用汽车自动变速器:

①检查蓄电池电压,应达到规定的数值。

②用导线将故障插座内的 A、B 两插孔短接(图 3-45)。

③打开点火开关。

④通过仪表盘上故障警告灯的闪亮规律读出自动变速器电控系统的故障代码。

⑤清除故障代码：打开点火开关，跨接诊断座的 A 和 B 脚，然后关闭点火开关，将蓄电池负极接线断开 30s 以上，再装回即可清除。

（2）福特汽车自动变速器：

福特汽车的故障诊断有欧规、美规和日规三种，各类车型采用的诊断插座各不相同。现以美规车系为例，在自诊断过程中，除可利用"变速器故障指示灯"来读取外，还可以用 LED 灯读取故障代码。本文介绍故障灯法。

①检查蓄电池电压，应达到规定的数值。

②找出故障检测插座。

③用导线将单孔插座与 6 孔插座中的插孔 2 短接（图 3-46）。

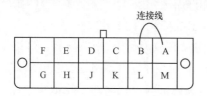 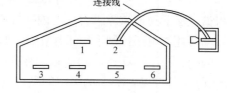

图 3-45　通用汽车自动变速器故障代码读取　　图 3-46　福特汽车自动变速器故障代码读取

④打开点火开关。

⑤通过仪表盘上故障警告灯的闪烁规律读出自动变速器（和发动机）电控系统的故障代码（若自动变速器电脑和发动机电脑不同时，须用 LED 试灯法来读取故障代码）。

⑥清除故障代码：关闭点火开关，即可清除故障代码（有些车型装有 OBD-Ⅱ诊断插座，只能用仪器来读取和清除故障代码）。

（3）丰田汽车自动变速器：

①检查蓄电池电压，应达到规定的数值。

②在发动机附近找到汽车电脑故障检测插座。

③打开故障检测插座罩盖，用一根导线将 TE1（自诊断触发端）和 E1（搭铁端）短接（图 3-47）。

④打开点火开关，按下超速挡开关使其置于 ON 位置。

⑤通过仪表盘上的超速挡指示灯"O/D OFF"的闪烁规律读取出自动变速器的故障代码。

⑥清除故障代码：将"EFI"15A 熔断丝拆下 10s，然后关闭点火开关，即可清除故障代码。

（4）马自达汽车自动变速器：

马自达汽车的自动变速器有两种系统，一种系统为变速器拥有独立电脑（在诊断座中有 TAT 和 GND 脚），另一种与发动机共用一个电脑，无 TAT 和 GND 脚。现以前者为例。

①检查蓄电池电压，应达到规定的数值。

②在空气滤清器附近找到汽车电脑故障检测插座。

③打开检测插座罩盖，用导线将插座的 TAT 和 GND 的两个插孔短接，见图 3-48 所示。

④变速器操作手柄置于 P 或 N 位置，打开点火开关，按下操作手柄上的保持开关。

⑤通过仪表盘上自动变速器保持指示灯的闪烁规律读取出故障代码。

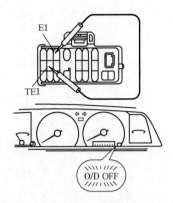
图 3-47 丰田汽车自动变速器故障代码读取

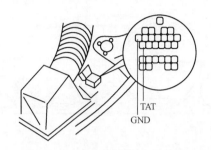
图 3-48 马自达汽车自动变速器故障代码读取

⑥清除故障代码:将点火开关置于 OFF,拆下蓄电池负极搭铁,并踩下制动踏板 20s 以上,装回负极线,即可完成故障代码的清除。进行车辆路试到车速 50km/h 以上,猛踩加速踏板使变速器强制作用,然后停车,再读取故障代码,如没有任何故障代码显示,则表示系统正常。

(5)尼桑汽车自动变速器:

尼桑汽车没有用于检测自动变速器故障的检测插座,在检查蓄电池电压达到规定的数值后,按下述步骤操作,读取自动变速器的故障代码。

①将发动机运转到正常的温度。

②关闭点火开关,让发动机熄火,操作手柄置于 P 位置。

③按下超速挡开关或模式开关(如果有的话),使之置于 ON 位置。

④打开点火开关,将它置于 ON 位置,此时超速挡指示灯"O/D OFF"或模式开关指示灯"POWER"会亮 2s 后熄灭。

⑤关闭点火开关。

⑥将操作手柄拨至 D 位,然后将超速挡开关置于 OFF 位置。

⑦打开点火开关,将它置于 ON 位置,2s 后将操作手柄拨至 2 位置。

⑧将超速挡开关置于 ON 位置,然后将操作手柄拨至 1 位置。

⑨将超速挡开关置于 OFF 位置。

⑩将加速踏板快速踩到底后放松,此时,电脑进入故障自诊断状态。通过观察仪表盘上超速挡指示灯的闪烁规律即可读出自动变速器的故障代码。

故障代码的清除:拆下蓄电池负极线 15s 后,装回即可(可能会出现故障码 11——拆过蓄电池/主电脑不良,此时可忽略)。

(6)本田汽车自动变速器:

①检查蓄电池电压,应达到规定的数值。

②在驾驶室乘员座前的仪表盘下方找出故障检测插座,并用一根导线将故障检测插座的两个插孔连接(图 3-49)。

③打开点火开关。

④通过仪表盘上挡位指示灯 D4 的闪烁规律,读出故障代码(4L30-E 变速器通过"CHECK TRANS"灯读取)。

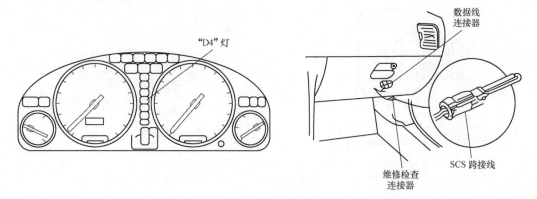

图 3-49　本田汽车自动变速器故障代码读取

⑤清除故障代码:连接 2PIN 诊断接头,打开点火开关,拆下 BACKUP 熔断丝 10s 后再装复,再拆下 2PIN 跨接线,即可清除故障代码。

(7)三菱汽车自动变速器:

三菱汽车的诊断插座有 12PIN,16PIN-OBD-Ⅱ 两种,现以 Galant 车的 12PIN 插座为例。

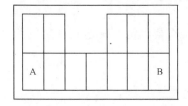

图 3-50　三菱汽车自动变速器故障代码读取

①检查蓄电池电压,应达到规定的数值。
②在熔断丝盒附近找出故障检测插座。
③将 LED 灯跨接在插座的 A 脚与 B 脚中(图 3-50)。
④打开点火开关。
⑤观察 LED 灯闪烁情况,读出故障代码。
⑥清除故障代码:在排除故障后,将点火开关转至 OFF 位置,拆开蓄电池负极 10s 以上,再接好负极电缆。然后将点火开关转至 ON,读取故障代码,看是否输出正常码。热机后,再怠速运转 10min。

(三)常见故障诊断与排除

自动变速器的常见故障有:汽车不能行驶、自动变速器打滑、换挡冲击大、升挡过迟、不能升挡、无超速挡、无前进挡、无倒挡、频繁跳挡、无发动机制动、不能强制降挡、液压油容易变质、锁止离合器无锁止及异响等。不同结构形式的自动变速器,同一故障现象,其故障原因及部位也不相同。下面仍以丰田 A43D 自动变速器为例,对其常见故障进行分析。

**1. 汽车不能行驶**

1)故障现象:

(1)无论操纵手柄位于倒挡、前进挡或前进低挡,汽车都不能行驶。

(2)冷车起动后汽车能行驶一小段路程,但稍一热车就不能行驶。

2)故障原因:

(1)自动变速器油底壳被撞坏、破裂,或自动变速器散热器、油管及其接口等有漏油处,自动变速器油全部漏光。

(2)操纵手柄和手动阀摇臂之间的连杆或拉索松脱,手动阀始终保持在空挡或停车挡位置。

(3)油泵进油滤网堵塞。

(4)主油路严重泄漏。

(5)油泵损坏。

3)故障诊断与排除：

(1)拔出自动变速器的油尺,检查自动变速器油的油面高度。若油尺上没有自动变速器油,说明自动变速器油已全部漏光。应检查油底壳、自动变速器油散热器、油管及其接口等处有无破损或松动而导致漏油。自动变速器常见漏油部位如图 3-51 所示。如有严重漏油处,应加以修复或更换。

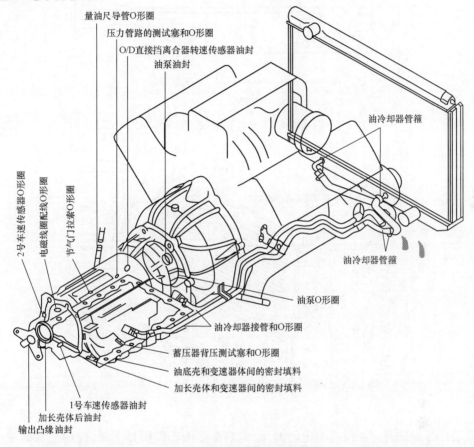

图 3-51　自动变速器常见漏油部位

(2)检查自动变速器操纵手柄与手动阀摇臂之间的连杆或拉索有无松脱,如图 3-52 所示。如有松脱,应予以装复,并重新调整好操纵手柄的位置。

(3)拆下主油路测压孔上的螺塞,起动发动机,将操纵手柄拨至前进挡或倒挡位置,检查测压孔有无自动变速器油流出：

①若测压孔内没有自动变速器油流出,应打开油底壳,检查手动阀摇臂轴与摇臂有无松脱,手动阀阀芯有无折断或脱钩,必要时给予修复或更换。若手动阀工作正常,则说明油泵损坏,应拆卸分解自动变速器,检查并更换油泵。

②若测压孔内只有少量自动变速器油流出,油压很低或基本没有油压,应打开油底壳,检查油泵进油滤网有无堵塞,如图 3-53 所示。如无堵塞,说明油泵损坏或主油路严重泄漏,应拆卸分解自动变速器,予以修理。

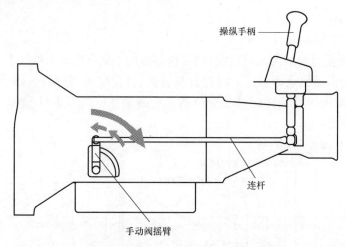

图 3-52 检查操纵手柄与手动阀之间的连杆或拉索

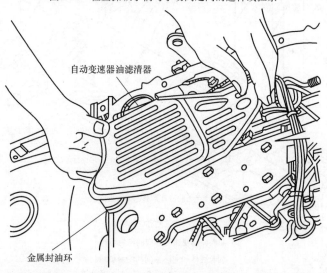

图 3-53 检查油泵进油滤网

③若冷车起动时主油路有一定的油压,但热车后油压即明显下降,说明油泵磨损过甚,应更换油泵。

④若测压孔内有大量自动变速器油喷出,说明主油路油压正常,故障出在自动变速器中的输入轴、行星排或输出轴,应拆检自动变速器。

**2. 自动变速器打滑**

1) 故障现象:

(1) 起步时踩下加速踏板,发动机转速能很快升高但车速提高缓慢。

(2) 行驶中踩下加速踏板加速时,发动机转速提高但车速没有很快随之提高。

(3) 平路行驶基本正常,但上坡无力,而发动机转速却异常高。

2) 故障原因:

(1) 自动变速器内油面太低。

(2) 自动变速器内油面太高,运转中被行星排剧烈搅动后产生大量气泡混在自动变速器油中。

(3) 离合器或制动器摩擦片、制动带磨损过甚或烧焦。

(4) 油泵磨损过甚或主油路泄漏,造成油路油压过低。

(5) 单向超越离合器打滑。

(6) 离合器或制动器活塞密封圈损坏,导致漏油。

(7) 减振器活塞密封圈损坏,导致漏油。

3) 故障诊断与排除:

(1) 自动变速器出现打滑现象时,应先检查其自动变速器内的油面高度和品质,见图3-54所示。若油质较好、但油面过低或过高,应先将油面调整至正常后再做检查。若油面调整正常后自动变速器不再打滑,可不必拆检自动变速器。

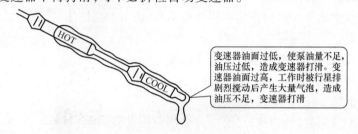

变速器油面过低,使泵油量不足,油压过低,造成变速器打滑。变速器油面过高,工作时被行星排剧烈搅动后产生大量气泡,造成油压不足,变速器打滑

图3-54 检查油面高度和品质

(2) 检查自动变速器油是否变成棕黑色或有烧焦味。若有,则说明离合器或制动器的摩擦片或制动带有烧焦,应拆修自动变速器。

(3) 进行路试,以确定自动变速器是否打滑,并检查出现打滑的挡位和打滑的程度。将操纵手柄拨入不同的位置,让汽车行驶。若自动变速器升至某一挡位时发动机转速突然升高,但车速没有相应地提高,即说明该挡位有打滑。

根据出现打滑的规律,可以判断出具体的故障原因:

① 若自动变速器在所有前进挡都有打滑现象,则为前进挡离合器打滑,应拆检并更换前进挡离合器。

② 若自动变速器在操纵手柄位于D位时的1挡有打滑,而在操纵手柄位于L位或1位时的1挡不打滑,则为前进挡单向超越离合器打滑,应拆检并加以更换。若不论操纵手柄位于D位或L位或1位时,1挡都有打滑现象,则为低挡及倒挡制动器打滑,应予以更换。

③ 若自动变速器只在操纵手柄位于D位时的2挡有打滑,而在操纵手柄位于S位或2位时的2挡不打滑,则为2挡单向超越离合器打滑,应拆检并加以更换。若不论操纵手柄位于D位或S位或2位时,2挡都有打滑现象,则为2挡制动器打滑,应予以更换。

④ 若自动变速器只在3挡有打滑现象,则为倒挡及高挡离合器打滑,应予以更换。

⑤ 若自动变速器只在超速挡时有打滑现象,则为超速制动器打滑,应予以更换。

⑥ 若自动变速器在倒挡和高挡时都有打滑现象,则为倒挡及高挡离合器打滑,应予以更换。

⑦ 若自动变速器在倒挡和1挡时都有打滑现象,则为低挡及倒挡制动器打滑,应予以更换。

4) 对于有打滑故障的自动变速器,在拆卸分解之前,应先检查自动变速器的主油路油压,如前图3-37所示。自动变速器不论前进挡或倒挡均打滑,其原因往往是主油路油压过低。若主油路油压正常,则只要更换磨损或烧焦的摩擦元件即可。若主油路油压不正常,应根据主油路油压的情况(详见"三、自动变速器故障"中的油压测试),相应地对油泵或阀板进行检修,并更换自动变速器的所有密封圈和密封环。

### 3. 换挡冲击大

1) 故障现象:

(1)当汽车准备起步,操作手柄由停车挡或空挡挂入倒挡或前进挡时,汽车振动较严重。

(2)车辆行驶时,在自动变速器升挡的瞬间汽车有较明显的闯动。

2) 故障原因:

(1)发动机怠速过高。

(2)节气门拉索或节气门位置传感器调整不当,使主油路油压过高。

(3)升挡过迟。

(4)真空式节气门阀的真空软管破裂或松脱。

(5)主油路调压阀有故障,使主油路油压过高。

(6)减振器活塞卡住,不能起减振作用。

(7)单向阀钢球漏装,换挡执行元件(离合器或制动器)接合过快。

(8)换挡执行元件打滑。

(9)油压电磁阀不工作。

(10)控制电脑有故障。

3) 故障诊断与排除:

(1)检查发动机怠速。装有自动变速器的汽车发动机怠速一般为750r/min左右。若怠速过高,应按标准予以调整。

(2)检查节气门拉索或节气门位置传感器的调整情况,如图3-55及图3-56所示。如不符合标准,应重新予以调整。

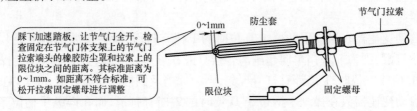

图3-55 检查节气门拉索

(3)检查真空式节气门阀的真空软管有否松脱或破裂。如有松脱或破裂,应予以接牢或更换。

(4)进行道路试验。如果在基础检验并加以正确处理之后仍有升挡过迟的现象,则说明换挡冲击大的故障是升挡过迟所致。如果在升挡之前发动机转速异常升高,导致在升挡的瞬间有较大的换挡冲击,则说明离合器或制动器打滑,应分解自动变速器,视具体情况予以修理。

(5)检测主油路油压。如果基础检验正常后,怠速时的主油路油压过高,则说明主油路调压阀或节气门阀有故障,可能是调压弹簧的预紧力过大或阀芯卡滞所致,应拆检并视情况给予修复或更换。如果怠速时主油路油压正常,但起步进挡时有较大的冲击,则说明前进挡离合器或倒挡及高挡离合器的进油单向阀阀球损坏或漏装。对此,应拆卸阀板,予以修理(图3-57)。

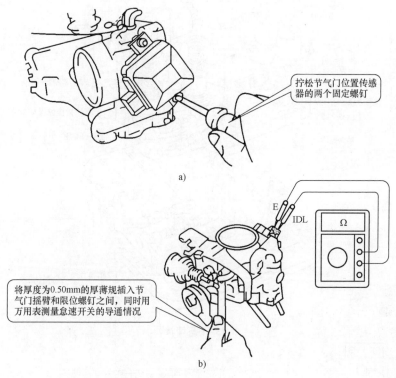

图3-56 节气门位置传感器的调整
a)调整;b)校验

(6)检测换挡时的主油路油压。在正常情况下,换挡时的主油路油压会有瞬时的下降。如果换挡时主油路油压没有下降,则说明减振器活塞卡滞。对此,应拆检阀板和减振器。

4)电子控制自动变速器如果出现换挡冲击过大的故障,应检查油压电磁阀的线路以及油压电磁阀工作是否正常、电脑是否在换挡的瞬间向油压电磁阀发出控制信号,如图3-58所示。如果线路有故障,应予以修复;如果电磁阀损坏,应更换电磁阀;如果电脑在换挡的瞬间没有向油压电磁阀发出控制信号,说明电脑有故障。对此,应更换电脑。

**4. 升挡过迟**

1)故障现象:

(1)在汽车行驶中,升挡车速明显高于标准值,升挡前发动机转速偏高。

(2)必须采用松抬加速踏板提前升挡的操作方法才能使自动变速器升入高挡或超速挡。

2)故障原因:

(1)节气门拉索或节气门位置传感器调整不当。

(2)节气门位置传感器损坏。

(3)调速器卡滞。

(4)调速器弹簧预紧力过大。

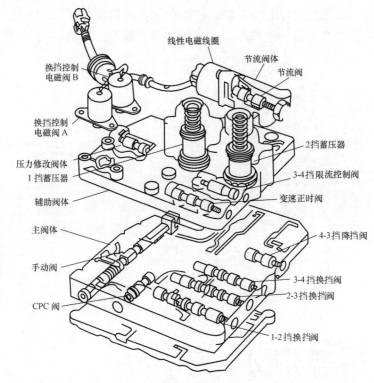

图 3-57 拆卸阀板

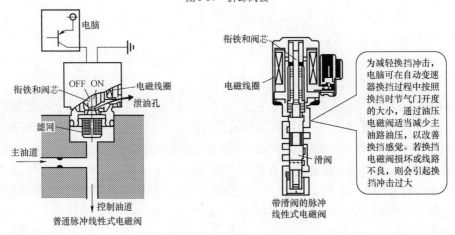

图 3-58 检查电磁阀

(5) 调速器壳体螺钉松动或输出轴上的调速器进出油孔处的密封环磨损,导致调速油路泄漏。

(6) 真空式节气门阀推杆调整不当。

(7) 真空式节气门阀的真空软管松脱、破裂或真空膜片室漏气。

(8) 主油路油压或节气门油压太高。

(9) 强制降挡开关短路。

(10) 电脑或传感器有故障。

3)故障诊断与排除：

(1)对于电子控制自动变速器,应先进行故障自诊断。如有故障代码,则按所显示的故障代码查找故障原因,并逐一加以排除。

(2)检查节气门拉索或节气门位置传感器的调整情况,如前图3-55所示。如不符合标准,应重新予以调整。

(3)测量节气门位置传感器的电阻,如图3-59所示。如不符合标准,应予以更换。

(4)对于采用真空式节气门阀的自动变速器,应拔下真空式节气门阀上的真空软管,检查在发动机运转中真空软管内有无吸力,如图3-60所示。如果没有吸力,说明真空软管破裂、松脱或堵塞。对此,应予以修复。

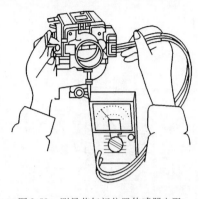

图3-59 测量节气门位置传感器电阻

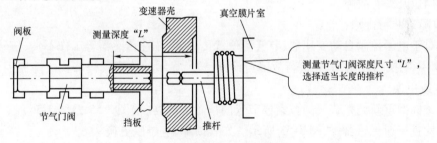

图3-60 检查节气门阀真空软管

(5)检查强制降挡开关。如有短路,应予以修复或更换。

(6)测量急速时的主油路油压,并与标准值进行比较。若油压太高,应先通过节气门拉索或节气门位置传感器予以调整。采用真空式节气门阀的自动变速器,应采用减少节气门阀推杆长度的方法予以调整,如图3-61所示。若调整无效,应拆检主油路调压阀或节气门阀,视情况给予修复或更换。

图3-61 调整节气门阀推杆长度

(7)用举升器将汽车升起,让驱动轮悬空,然后起动发动机,挂上前进挡,让自动变速器运转,同时测量调速器油压,如前图3-37所示。调速器油压应能随车速的升高而增大。将不同转速下测得的调速器油压与本车型自动变速器维修手册上的标准值进行比较。若油压值低于标准值,说明调速器有故障或调速器油路有泄漏。对此,应拆卸自动变速器,检查调速器固定螺栓有无松动、调速器油路上的各处密封圈或密封环有无磨损漏油、调速器阀芯有无卡滞或磨损过甚、调速弹簧是否太硬等,如图3-62所示,视情况给予修复或更换。

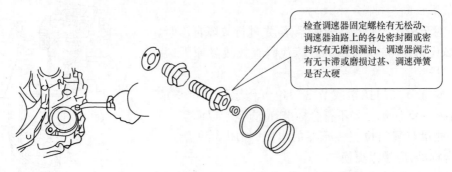

图 3-62　检查调速器

(8)若调速器油压正常,则升挡过迟的故障原因为换挡阀工作不良。对此,应拆检或更换阀板。

(9)若经上述诊断仍然升挡过迟,则更换一个新的控制电脑再试。

**5. 不能升挡**

1)故障现象:

(1)汽车行驶中自动变速器始终保持在 1 挡,不能升入 2 挡及高速挡。

(2)行驶中自动变速器可以升入 2 挡,但不能升入 3 挡和超速挡。

2)故障原因:

(1)节气门拉索或节气门位置传感器调整不当。

(2)调速器有故障。

(3)调速器油路严重泄漏。

(4)车速传感器有故障。

(5) 2 挡制动器或高挡离合器有故障。

(6)换挡阀卡滞。

(7)挡位开关有故障。

3)故障诊断与排除:

(1)对于电子控制自动变速器,节气门位置传感器、车速传感器等工作不良,信号不准或无信号,均影响换挡控制,应先进行故障自诊断,按所显示的故障代码查找故障原因,视情况给予修复或更换。

(2)按标准重新调整节气门拉索或节气门位置传感器(前图 3-55 及图 3-56)。

(3)检查车速传感器,如图 3-63 所示。如有损坏,应予以更换。

(4)检查挡位开关的信号,如图 3-64 所示。如有异常,应予以调整或更换。

(5)测量调速器油压。若车速升高后调速器油压仍为 0 或很低,说明调速器有故障或调速器油路严重泄漏,应拆检调速器。调速器阀芯如有卡滞,应分解清洗,并将阀芯和阀孔用金相砂纸抛光。若清洗抛光后仍有卡滞,应更换调速器。

(6)用压缩空气检查调速器油路有无泄漏。如有泄漏,应更换密封圈或密封环。

(7)若调速器油压正常,应拆卸阀板,检查各个换挡阀,如图 3-65 所示。换挡阀如有卡滞,可将阀芯取出,用金相砂纸抛光,清洗后再装入。如不能修复,应更换阀板。

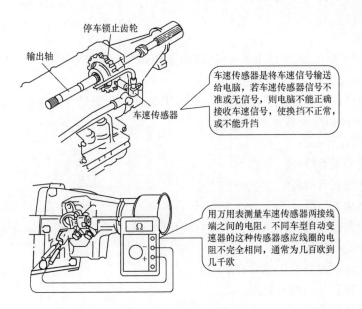

图 3-63　检查车速传感器

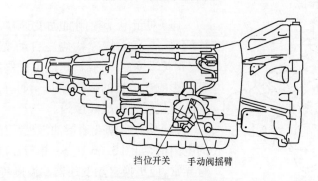

图 3-64　检查挡位开关信号

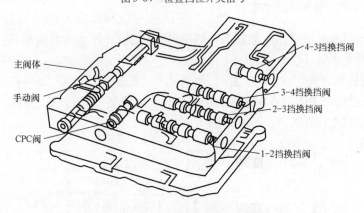

图 3-65　检查换挡阀

（8）若控制系统无故障，应分解自动变速器，检查各个换挡执行元件有无打滑，用压缩空气检查各个离合器、制动器油路或活塞有无泄漏。

### 6. 无超速挡

1）故障现象：

（1）在汽车行驶中，车速已升高至超速挡工作范围，但自动变速器仍不能从3挡换入超速挡。

（2）在车速已达到超速挡工作范围后，采用提前升挡（即松开加速踏板几秒后再踩下）的方法也不能使自动变速器升入超速挡。

2）故障原因：

（1）超速挡开关有故障。

（2）超速电磁阀有故障。

（3）超速制动器打滑。

（4）超速行星排上的直接挡离合器或直接单向超越离合器卡死。

（5）挡位开关有故障。

（6）自动变速器油温度传感器有故障。

（7）节气门位置传感器有故障。

（8）3-4换挡阀卡滞。

3）故障诊断与排除：

（1）对于电子控制自动变速器，应先进行故障自诊断，检查有无故障代码。自动变速器油温度传感器、节气门位置传感器、超速电磁阀等部件工作不良，都会影响超速挡的换挡控制。如有故障代码，按显示的故障代码查找故障原因。

图3-66 检查自动变速器油温度传感器

（2）检查自动变速器油温度传感器在不同温度下的电阻值，如图3-66所示，并与标准值进行比较。如有异常，应更换自动变速器油温度传感器。

（3）检查挡位开关和节气门位置传感器的信号。挡位开关的信号应和操纵手柄的位置相符。节气门位置传感器的电阻或输出电压应能随节气门的开大而上升，并与标准值相符。如有异常，应加以调整。若调整无效，应予以更换。

（4）检查超速挡开关。在ON位置时，超速挡开关的触点应断开，超速挡指示灯不亮；在OFF位置时，超速挡开关的触点应闭合，超速挡指示灯应亮，如图3-67所示。如有异常，应检查电路或更换超速挡开关。

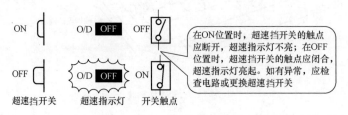

图3-67 检查超速挡开关

(5)检查超速电磁阀的工作情况,见图3-68所示。打开点火开关,但不要起动发动机,在按下超速挡开关时,检查超速电磁阀是否工作。如果超速电磁阀不工作,应检查控制线路有无断路或松脱,有则加以修复。若超速电磁阀损坏,应给予更换。

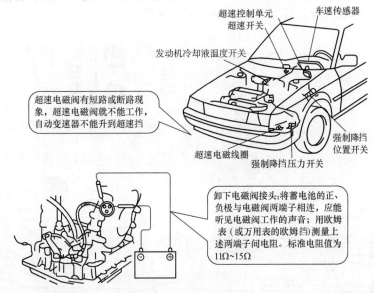

图3-68 检查超速电磁阀

(6)用举升器将汽车升起,让驱动轮悬空。起动发动机,让自动变速器以前进挡工作,检查在空载状态下自动变速器的升挡情况:

①如果在空载状态下自动变速器能升入超速挡,且升挡车速正常,说明控制系统工作正常,不能升挡的故障原因为超速制动器打滑,在有负荷的状态下不能升入超速挡,应拆检超速制动器,视情况给予修复或更换。

②如果能升入超速挡,但升挡后车速提不高,发动机转速下降,说明超速行星排中的直接离合器或直接单向超越离合器卡死,使超速行星排在超速挡状态下出现运动干涉,加大了发动机运转阻力。应拆检直接离合器和直接单向超越离合器,视情况给予修复或更换。

③如果在无负荷状态下仍不能升入超速挡,说明控制系统有故障。对此,应拆卸阀板,检查3-4挡换挡阀。如有卡滞,可将阀芯拆下,予以清洗并抛光。如不能修复,应更换阀板总成。

### 7. 无前进挡

1)故障现象:

(1)汽车倒挡行驶正常,在前进挡时不能行驶。

(2)操纵手柄在D位时不能起步,在S位、L位(或2位、1位)时可以起步。

2)故障原因:

(1)前进挡离合器严重打滑。

(2)前进单向超越离合器打滑或装反。

(3)前进挡离合器油路严重泄漏。

(4)操纵手柄调整不当。

3)故障诊断与排除:

(1)检查操纵手柄的调整情况,见图3-69所示。如有异常,应按规定程序重新调整。

(2)测量前进挡主油路油压,见图3-70所示。若油压过低,说明主油路严重泄漏,应拆检自动变速器,更换前进挡油路上各处的密封圈和密封环。

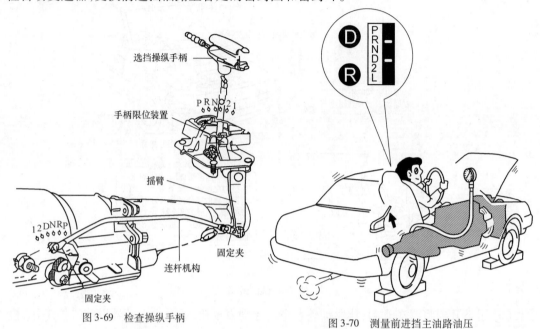

图3-69 检查操纵手柄

图3-70 测量前进挡主油路油压

(3)若前进挡的主油路油压正常,应拆检前进挡离合器,如图3-71所示。如摩擦片表面粉末冶金层有烧焦或磨损过甚,应更换摩擦片。

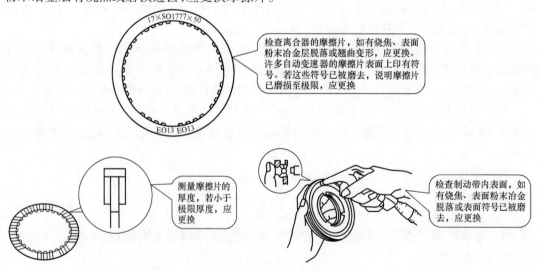

图3-71 拆检前进离合器

(4)若主油路油压和前进挡离合器均正常,则应拆检前进单向超越离合器,按照维修手册的规定,检查前进单向超越离合器的安装方向是否正确以及有无打滑。如有装反,应重新安装;如有打滑,应更换新件。

## 8. 无倒挡

1) 故障现象：

汽车在前进挡能正常行驶，但在倒挡时不能行驶。

2) 故障原因：

(1) 操作手柄调整不当。

(2) 倒挡油路泄漏。

(3) 倒挡及高挡离合器或低挡及倒挡制动器打滑。

3) 故障诊断与排除：

(1) 检查操作手柄的位置，若有异常，应按规定程序重新调整。

(2) 检查倒挡油路油压，若油压过低，则说明倒挡油路泄漏。对此，应拆检自动变速器，予以修复。

(3) 若倒挡油路油压正常，应拆检自动变速器，更换损坏的离合器或制动器片（制动带）。

## 9. 频繁跳挡

1) 故障现象：

汽车以前进挡行驶时，即使加速踏板保持不动，自动变速器仍会经常出现突然降挡现象；降挡后发动机转速异常升高，并产生换挡冲击。

2) 故障原因：

(1) 节气门位置传感器有故障。

(2) 车速传感器有故障。

(3) 控制系统电路搭铁不良。

(4) 换挡电磁阀接触不良。

(5) 电脑有故障。

3) 故障诊断与排除：

(1) 对于电子控制自动变速器，应先进行故障自诊断。如有故障代码出现，按所显示的故障代码查找故障原因。

(2) 测量节气门位置传感器，如前图 3-59 所示。如有异常，应更换。

(3) 测量车速传感器，如前图 3-63 所示。如有异常，应更换。

(4) 检查控制系统电路各条搭铁线的搭铁状态。如有搭铁不良现象，应予以修复。

(5) 拆下自动变速器油底壳，检查各个换挡电磁阀线束接头的连接情况，如图 3-72 所示。如有松动，应予以修复。

(6) 检查控制系统电脑各接线脚的工作电压，如图 3-73 所示。如有异常，应予以修复或更换。

(7) 若故障未能排除，换一个新的阀板或电脑试一下。如果故障消失，说明原阀板或电脑损坏，应更换。

(8) 若故障仍然存在，应更换控制系统所有线束。

## 10. 无发动机制动

1) 故障现象：

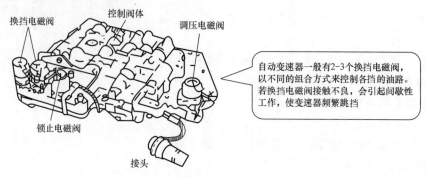

图 3-72 检查换挡电磁阀线束接头

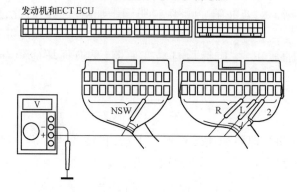

图 3-73 检查控制电脑接线脚的工作电压

(1)在行驶中,当操作手柄位于前进低挡(S、L或2、1)位置时,松开加速踏板,发动机转速降至怠速,但汽车没有明显减速。

(2)下坡时,操作手柄位于前进低挡,但不能产生发动机制动作用。

2)故障原因:

(1)挡位开关调整不当。

(2)操作手柄调整不当。

(3)2挡强制制动器打滑或低挡及倒挡制动器打滑。

(4)控制发动机制动的电磁阀有故障。

(5)阀板有故障。

(6)自动变速器打滑。

(7)电脑有故障。

3)故障诊断与排除:

(1)对于电子控制自动变速器,应先进行故障自诊断,按所显示的故障代码查找故障原因。

(2)做道路试验,检查加速时自动变速器有无打滑现象。若有打滑,应拆修自动变速器。

(3)如果操作手柄位于S位时没有发动机制动作用,但操作手柄位于L位时有发动机制动作用,则说明2挡强制制动器打滑,应拆修自动变速器。

(4)如果操作手柄位于L位时没有发动机制动作用,但操作手柄位于S位时有发动机制动作用,则说明低挡及倒挡制动器打滑,应拆修自动变速器。

(5)检查控制发动机制动的电磁阀线路有无短路或断路;电磁阀线圈电阻是否正常;通电时有无工作声音。如有异常,应修复或更换。

(6)拆卸阀板总成,清洗所有控制阀。阀芯如有卡滞可抛光后装复。若抛光后仍有卡滞,应更换阀板。

(7)检测电脑各接脚电压。要特别注意与节气门位置传感器、挡位开关连接的各接脚的电压。若有异常,应做进一步的检查。

(8)更换一个新的电脑试一下。如果故障消失,说明原电脑损坏,应更换。

**11. 锁止离合器无锁止**

1)故障现象:

(1)汽车行驶中,车速、挡位已满足锁止离合器起作用的条件,但锁止离合器仍没有产生锁止作用。

(2)汽车油耗较大。

2)故障原因:

(1)自动变速器油温度传感器有故障。

(2)节气门位置传感器有故障。

(3)锁止电磁阀有故障或其线路短路、断路。

(4)锁止控制阀有故障。

(5)变矩器中的锁止离合器损坏。

3)故障诊断与排除:

(1)对于电子控制自动变速器,应先做故障自诊断,检查有无故障代码。如有故障代码,按显示的故障代码查找相应的故障原因。与锁止控制有关的部件包括自动变速器油温度传感器、节气门位置传感器、锁止电磁阀等。

(2)检查节气门位置传感器,如图3-56所示。如果在一定节气门开度下的节气门位置传感器输出电压过高或电位计电阻过大,应予以调整。若调整无效,应更换节气门位置传感器。

(3)打开油底壳,拆下自动变速器油温度传感器,检测自动变速器油温度传感器的电阻值,如图3-66所示。如不符合标准,应更换自动变速器油温度传感器。

(4)检查锁止电磁阀及其电路,如图3-74所示。如有短路或断路,应检查电路并加以修复。若电路正常,则应进一步检查电磁阀。

(5)拆下锁止电磁阀,按规定的方法检查锁止电磁阀。如有异常,应予以更换。

(6)拆下阀板,分解并清洗锁止控制阀。如有卡滞,应抛光后装复。如不能修复,应更换阀板。

(7)若控制系统无故障,则应更换变矩器。

**12. 不能强制降挡**

1)故障现象:

当汽车以3挡或超速挡行驶时,突然将加

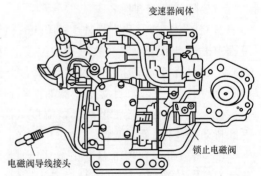

图3-74 测量锁止电磁阀

速踏板踩到底,松抬后自动变速器不能立即降低一个挡位,致使汽车加速无力。

2)故障原因:

(1)节气门拉索或节气门位置传感器调整不当。

(2)强制降挡开关损坏或安装不当。

(3)强制降挡电磁阀损坏或线路短路、断路。

(4)阀板中的强制降挡控制阀卡滞。

3)故障诊断与排除:

(1)检查节气门拉索或节气门位置传感器的安装情况。如有异常,应按标准重新调整。

(2)检查强制降挡开关。在加速踏板踩到底时,强制降挡开关的触点应闭合;松开加速踏板时,强制降挡开关的触点应断开。如果加速踏板踩到底时强制降挡开关触点没有闭合,可用手直接按动强制降挡开关。如果按下开关后触点能闭合,说明开关安装不当,应重新调整;如果按下开关后触点仍不闭合,说明开关损坏,应予以更换。

(3)对照电路图,在自动变速器线束插头处测量强制降挡电磁阀。如有异常,则故障原因可能是线路短路、断路或电磁阀损坏。对此,应检查线路或更换电磁阀。

(4)打开自动变速器油底壳,拆下强制降挡电磁阀,检查电磁阀的工作情况。如有异常,应予以更换。

(5)拆卸阀板总成,分解并清洗强制降挡控制阀。阀芯如有卡滞,可进行抛光。若无法修复,则应更换阀板总成。

**13. 自动变速器油易变质**

1)故障现象:

(1)更换后的新自动变速器油使用不久即变质。

(2)自动变速器温度太高,从加油口处向外冒烟。

2)故障原因:

(1)汽车使用不当,经常超负荷行驶,如经常用于拖车,或经常急加速、超速行驶等。

(2)自动变速器油散热器管路堵塞。

(3)通往自动变速器油散热器的限压阀卡滞。

(4)离合器或制动器自由间隙太小。

(5)主油路油压太低,离合器或制动器在工作中打滑。

3)故障诊断与排除:

(1)让汽车以中低速行驶 5~10min,待自动变速器达到正常工作温度后,在发动机运转过程中检查自动变速器油散热器的温度。在正常情况下,自动变速器油散热器的温度可达60℃左右。若自动变速器油散热器的温度过低,说明油管堵塞,或通往自动变速器油散热器的限压阀卡滞。这样,自动变速器油得不到及时的冷却,油温过高,导致变质。

(2)若自动变速器油散热器的温度太高,说明离合器或制动器自由间隙太小。对此,应拆卸自动变速器,予以调整。

(3)若自动变速器油温度正常,应测量主油路油压。若油压太低,应检查节气门拉索或节气门位置传感器的调整情况。若节气门拉索或节气门位置传感器安装正常,应拆卸自动变速器,检查油泵是否磨损过甚、阀板内的主油路调压阀和节气门阀有无卡滞、主油路有无漏油处。

(4)若上述检查均正常,则故障可能是汽车经常超负荷行驶,或未按规定使用合适牌号的自动变速器油所致。对此,可将自动变速器油全部放出,加入规定牌号和数量的自动变速器油。

**14. 异响**

1)故障现象:

(1)在汽车运行过程中,自动变速器内始终有一异常响声。

(2)汽车行驶中自动变速器有异响,但停车挂空挡后异响消失。

2)故障原因:

(1)油泵因磨损过甚或自动变速器油油面高度过低、过高而产生的异响。

(2)变矩器因锁止离合器、导轮单向超越离合器等损坏而产生异响。

(3)行星齿轮机构异响。

(4)换挡执行元件异响。

3)故障诊断与排除:

(1)检查自动变速器油面高度。若太高或太低,应调整至正确高度。

(2)用举升器将汽车升起,起动发动机,在空挡、前进挡、倒挡等状态下检查自动变速器产生异响的部位和时刻。

(3)若在任何挡位下自动变速器前部始终有一连续的异响,通常为油泵或变矩器异响。对此,应拆检自动变速器,检查油泵有无磨损、变矩器内有无大量磨损粉末。如有异常,应更换油泵或变矩器。

(4)若自动变速器只有在行驶中才有异响,空挡时无异响,则为行星齿轮机构异响。对此,应分解自动变速器,检查行星排各个零件有无磨损痕迹,齿轮有无断裂,单向超越离合器有无磨损、卡滞,轴承或止推垫片有无损坏。如有异常,应予以更换。

**(四)故障诊断与排除作业的注意事项**

(1)严格遵守操作程序,注意安全。

(2)正确使用工具和量具。有规定的部位,其解体和装配,要尽量使用专用工具。

(3)不能用手锤直接敲击自动变速器壳体及内部的零部件。

(4)拆检时,为防止错乱,应做好记号;装配时,对准记号按原位装置。

(5)解体过程中,各部位调整垫片数量及各离合器、制动器的片数均应做好记录,以免错乱。

(6)修复、装配完毕,应对自动变速器加注符合原车要求的、足量的自动变速器油。

## 四、万向传动装置故障

万向传动装置常见故障有传动轴发抖或前驱动轴振动,传动轴或前驱动轴异响等。

### (一)传动轴发抖或前驱动轴振动

**1. 故障现象**

若为传动轴振动,则当汽车行驶达到一定速度时,车身出现严重振动,车门、转向盘等强烈振响。

若为前驱动轴振动,当汽车加速行驶或高速行驶时会出现前驱动轴振动,严重时车身亦出现振响。

**2. 故障原因**

(1)传动轴装配错误,两端万向节叉不处在同一平面内。
(2)传动轴弯曲变形。
(3)传动轴轴管凹陷或平衡片脱落。
(4)中间支撑轴承或支架橡胶垫环隔套磨损松旷。
(5)十字轴滚针轴承磨损松旷或破裂。
(6)传动轴伸缩节的花键齿与花键槽磨损,配合松旷。
(7)前驱动轴内侧等速万向节磨损松旷。

**3. 故障诊断与排除**

(1)汽车行驶时产生周期性声响和振动,车速越快声响和振抖越大,应检查装配标记是否对正,以保证传动轴两端万向节叉处于同一平面内,如图3-75所示。如不对正,应重新装配。

(2)若装配标记正确,应检查平衡片是否脱落,传动轴轴管是否凹陷。如平衡片脱落或轴管凹陷,应予以修理。

(3)进一步诊断,应拉紧驻车制动器,用两手握住传动轴轴管来回转动。若有晃动感,应检查各连接螺栓是否松动。若松动,应予以紧固。再检查传动轴花键配合是否松旷,如图3-76所示。如松旷,应修理或更换。

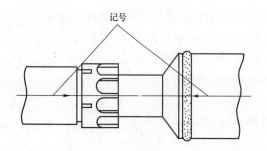

图3-75 传动轴装配记号

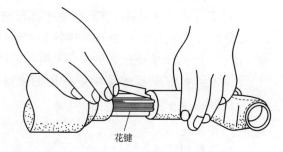

图3-76 检查传动轴花键配合间隙

(4)以上检查完好,应拆下传动轴,检查传动轴是否弯曲变形,如图3-77所示。如弯曲变形,应予以校正。

(5)检查十字轴轴颈和滚针轴承是否磨损松旷、滚针碎裂,如图3-78所示。不符合要求,应予以修理或更换。

(6)若汽车行驶时呈连续振响,应在发动机熄火后,用手握住中间传动轴,径向晃动,如图3-79所示,检查中间支撑支架固定螺栓是否松动,轴承是否磨损松旷,橡胶垫

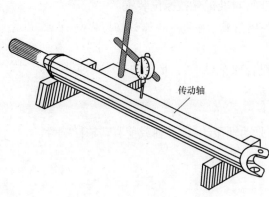

图3-77 检查传动轴变形量

环隔套是否径向间隙过大。如不符合要求,应予以修理或更换。

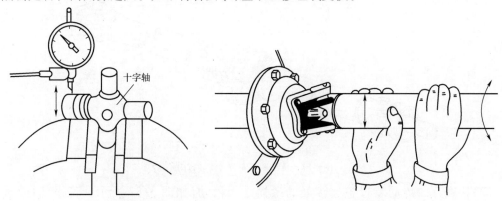

图 3-78　检查十字轴与轴孔配合间隙　　　图 3-79　检查中间支撑是否松旷

（7）经以上检查完好,应拆下中间传动轴检查,如有弯曲变形,应予校正。

（8）若为前桥驱动的,应拆检前驱动轴内侧等速万向节的滚道表面和钢球是否严重磨损、卡滞,见图 3-80 所示。如过度磨损或卡滞,应更换内侧等速万向节。

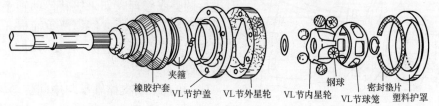

图 3-80　检查内侧等速万向节是否磨损

### （二）传动轴或前驱动轴异响

**1. 故障现象**

汽车起步或行驶过程中,有撞击声出现,且在车速变化时响声更加明显,即为传动轴异响。

汽车行驶时,在加速、减速和转弯时前驱动桥出现不正常的响声,则为前驱动轴异响。

**2. 故障原因**

（1）传动轴装配错误,两端的万向节叉不处在同一平面内。

（2）万向节十字轴装配过紧。

（3）万向传动装置各连接部位及中间支撑架固定螺栓松动。

（4）中间支撑轴承、十字轴滚针轴承润滑不良,磨损松旷或损坏。

（5）传动轴花键齿与滑动叉花键槽磨损松旷,或变速器第二轴花键齿与凸缘花键槽磨损松旷。

（6）中间支撑轴承与中间传动轴轴颈配合松旷。

（7）前桥驱动的前驱动轴外侧等速万向节或内侧等速万向节严重磨损或损坏。

**3. 故障诊断与排除**

（1）检查传动轴两端的万向节叉是否处在同一平面内,如图 3-81 所示。若安装错误,应重新装配。

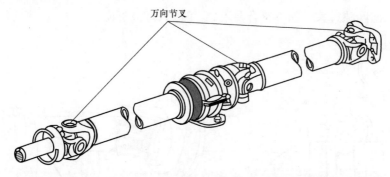

图 3-81 传动轴万向节叉安装方向

（2）检查万向传动装置各连接处的螺栓是否松动，如图 3-82 所示。若松动，应予以紧固。

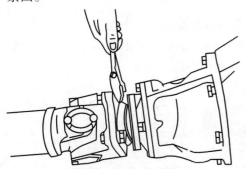

图 3-82 检查万向传动装置连接螺栓

（3）若连接状况良好，则拉紧驻车制动器，用两手握住传动轴轴管来回转动。如果感到阻力很大，应检查十字轴装配是否过紧或缺油，必要时进行调整或修理。如果扭转传动轴感到松旷，应检查轴承是否缺油或磨损严重而损坏，伸缩节花键齿与槽是否磨损过大，必要时对万向节进行润滑、修理或更换。

（4）检查中间支撑轴承与中间传动轴轴颈的配合，如图 3-83 所示。若松旷，应予以修理或更换轴承。检查中间支撑的安装是否欠妥，使中间支撑轴承位置偏斜，或轴承盖螺栓松紧度不当。若有，应加以调整。

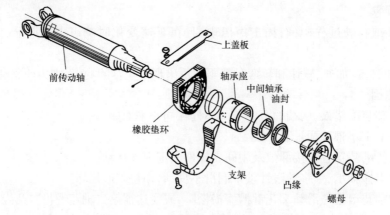

图 3-83 检查支撑轴承与传动轴轴颈配合

（5）经上述检查后，仍有异响，应拆下传动轴，检查传动轴是否弯曲变形，如前图 3-77 所示。如有变形，应予以修理。

（6）前桥驱动的汽车，如果转弯时前驱动轴出现异响或者在加速、减速和转弯时前驱动轴均出现金属撞击声，应分别拆检外侧等速万向节或内侧等速万向节是否磨损严重甚至损坏，如图 3-80 及图 3-84 所示。若磨损松旷或损坏，应予以更换。

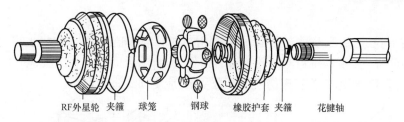

图 3-84 检查外侧等速万向节

（三）故障诊断与排除作业的注意事项

(1) 严格遵守操作程序，注意安全。
(2) 正确使用工具和量具。
(3) 不能用手锤直接敲击传动轴和轴承。
(4) 经修理的传动轴应进行动平衡试验。

## 五、后驱动桥故障

后驱动桥常见的故障有异响、过热和漏油等。

（一）后驱动桥异响

**1. 故障现象**

(1) 直线行驶时无异响，但转弯时后驱动桥有异响。
(2) 行驶时后驱动桥有异响，而空挡滑行时异响减弱或消失。
(3) 挂挡行驶和空挡滑行时后驱动桥均有异响。
(4) 在上、下坡时后驱动桥均有异响。
(5) 后车轮运转有噪声或沉重的异响。

**2. 故障原因**

(1) 后驱动桥主减速器的圆锥齿轮和圆柱齿轮、差速器的行星齿轮和半轴齿轮等磨损过大，齿面损伤或轮齿折断。
(2) 后驱动桥主减速器轴承、差速器轴承磨损松旷。
(3) 主减速器主、从动锥齿轮啮合调整不当。
(4) 后驱动桥半轴齿轮花键槽与半轴花键配合磨损松旷。
(5) 差速器行星齿轮与半轴齿轮不匹配，其啮合不良。
(6) 差速器行星齿轮轴轴颈磨损严重，行星齿轮支撑垫圈磨损过薄，行星齿轮与差速器行星齿轮轴卡滞或装配不当。
(7) 主减速器从动锥齿轮与差速器壳紧固螺栓松动，差速器轴承盖紧固螺钉松动。
(8) 后轮轮毂轴承损坏，轴承外圈松动。
(9) 车轮轮辋破裂，轮辋上轮胎螺栓孔磨损过大，使轮辋固定不牢。

**3. 故障诊断与排除**

(1) 若汽车直线行驶时无异响，而转弯时后驱动桥出现异响，应检查差速器两端轴承是否松旷，必要时加以调整。若不松旷，应将差速器拆下，分解检查行星齿轮、半轴齿轮、行星齿轮轴是否磨损松旷或行星齿轮啮合不良，如图 3-85 所示。若不符合要求，应予以修理或更换。

（2）挂挡行驶时后驱动桥有异响，而空挡滑行时异响减轻或消失，应将主减速器拆下，分解检查后驱动桥主、从动锥齿轮的轮齿有否损伤折断，啮合间隙是否过大，啮合痕迹是否符合要求，如图3-86所示。若有损伤或不符合要求，应更换或进行调整。

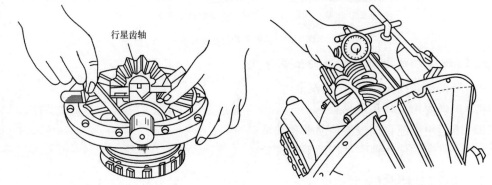

图3-85 检查差速器行星齿轮和半轴齿轮啮合情况　　图3-86 检查主、从动锥齿轮啮合间隙

（3）汽车无论挂挡行驶或空挡滑行，后驱动桥均有异响，应检查润滑油量是否充足，如图3-87所示，必要时按要求加足。若润滑油量充足，应将主减速器和差速器拆下，检查主、从动锥齿轮的啮合间隙和差速器轴承。若不符合要求，应调整齿轮啮合间隙和轴承松紧度，必要时更换轴承。

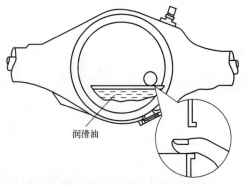

图3-87 检查驱动桥壳内润滑油油量

（4）汽车在上、下坡时后驱动桥均有异响，应将减速器拆下，检查主、从动锥齿轮的啮合间隙和啮合印痕是否恰当，如图3-88所示。若不符合要求，应予以调整。

注：汽车后轮出现异响，应检查轮毂轴承是否松旷，如图3-89所示，轮辋是否变形，轮辋轮胎螺栓孔是否磨损过大。若有损坏，应予以修理或更换。

### （二）后驱动桥过热

**1. 故障现象**

在汽车行驶一定路程后，用手触摸减速器壳，有无法忍受的烫手感觉，即为后驱动桥过热。

**2. 故障原因**

（1）主减速器主、从动锥齿轮啮合间隙调整过小。

（2）后驱动桥差速器轴承或主动锥齿轮轴承预紧度调整过大，使轴承装配过紧。

（3）后驱动桥缺油，油质变差或型号规格不符合要求。

**3. 故障诊断与排除**

（1）当车辆行驶一定路程后，用手触摸后驱动桥壳，若普遍过热，应检查桥壳内润滑油量是否符合规定，如图3-87所示。若不足，应予添加补足。

（2）如果油量足够，应观察润滑油品质。若润滑油有变色、变稀等情况，应更换型号规格合适的新油。

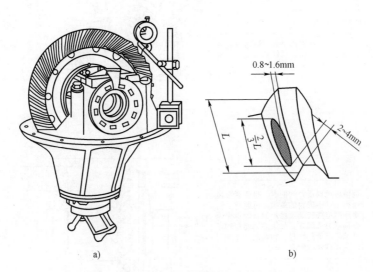

图 3-88 检查主、从动锥锥齿轮啮合间隙和啮合印痕
a) 检查啮合间隙; b) 检查啮合印痕

(3) 若油质良好,应将主减速器拆下,检查主、从动锥齿轮的啮合间隙是否正常,如图 3-89 所示。若啮合间隙过小,应予以调整。

(4) 用手触摸后驱动桥各轴承部位,若有烫手感觉,说明轴承装配太紧,应重新调整,如图 3-90 所示。

### (三) 后驱动桥漏油

**1. 故障现象**

(1) 润滑油从后驱动桥主减速器和半轴油封或其他衬垫处向外渗漏。

(2) 后驱动桥有漏油痕迹。

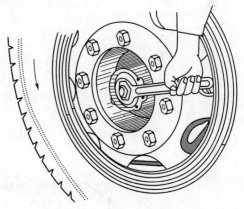

图 3-89 检查轮毂轴承预紧度

**2. 故障原因**

(1) 主减速器内润滑油加注过多,运转中大量润滑油被齿轮搅动,使壳体内压力增高,导致润滑油从主减速器各密封垫处渗出。

(2) 放油螺塞松动。

(3) 壳体有裂纹,润滑油从裂缝渗出。

(4) 油封老化、变质、磨损松旷或装配不当,导致油封封油不良而渗漏。

(5) 与油封配合的主动锥齿轮轴轴颈磨损或表面起沟槽。

(6) 衬垫损坏或紧固螺栓松动,导致接合面不严密而渗漏。

(7) 后驱动桥通气塞堵塞,壳体内外空气流通不畅造成内部油压升高,润滑油从密封垫处渗漏。

**3. 故障诊断与排除**

(1) 清洁后驱动桥与主减速器壳体外表,检查是否有裂纹。若有裂纹,应予以更换。

a)

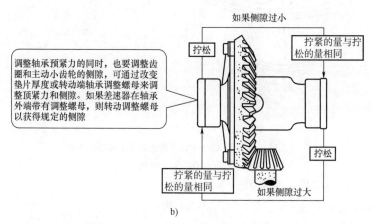

b)

图 3-90　调整后驱动桥各轴承预紧度

a) 主动锥齿轮轴承调整；b) 差速器轴承调整

（2）检查后驱动桥通气塞是否被堵塞，如图 3-91 所示。如有堵塞，应予清洗并疏通桥壳上的通气孔。

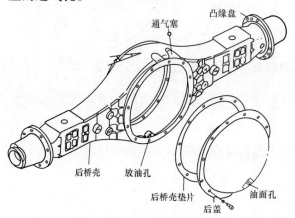

图 3-91　检查通气孔是否堵塞

（3）检查放油螺塞是否松动或滑扣。松动的加以紧固，滑扣的予以修复或更换。

（4）检查后驱动桥内的润滑油量，如图 3-87 所示。若油量过多，应按规定减少润滑油。

（5）检查主减速器主动锥齿轮轴或后驱动桥主动轴伸出部位是否漏油。若漏油，应拆检油封，如图 3-92 所示。若油封损坏，应予以更换。

（6）半轴油封处漏油，应检查油封是否安装歪斜或损坏。安装歪斜，应重新安装油封。若损坏，应予以更换。

（7）后驱动桥结合面漏油，应检查连接螺栓或螺母是否松动，衬垫是否损坏，结合面是否不平，如图 3-93 所示。若衬垫损坏，应予以更换。若接合面不平，应进行修理。

（四）故障诊断与排除作业的注意事项

（1）严格遵守操作程序，注意安全。

(2)正确使用工具和量具。

(3)拆检时,为了防止错乱,应做好记号;装配时,对准记号按原位置装配。

(4)在拆装过程中各部位调整垫片的数量、总厚度中都应做好记录,以免错乱。

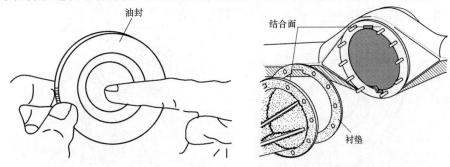

图3-92　检查主动锥齿轮轴油封　　　图3-93　检查驱动桥壳衬垫和接合面

## 课题二　转向系故障诊断与排除

转向系常见故障主要有:转向沉重、行驶跑偏、转向轮摆动和动力转向系故障等。

### 一、转向沉重

**1. 故障现象**

车辆在行驶中或在停车时,不论发动机是否运转,左、右转动转向盘时,感到沉重费力。

**2. 故障原因**

(1)转向器内缺油或油过脏。

(2)转向螺杆两端轴承过紧或轴承损坏。

(3)转向器啮合间隙过小。

(4)转向器、转向节主销、轴承衬套部位缺油或过紧。

(5)横、直拉杆球头销部位缺油或过紧。

(6)转向节止推轴承缺油、损坏或过紧。

(7)前稳定杆变形。

(8)转向轴弯曲。

(9)前轮轮毂轴承过紧。

(10)前轮定位失准,主销后倾角过大,主销内倾角过大,前轮前束调整不当。

(11)转向桥、车架弯曲变形。

(12)钢板弹簧挠度和尺寸不符合规定。

(13)轮胎气压不足。

**3. 故障诊断与排除**

(1)支起前桥,转动转向盘,如图3-94所示。若转向盘转向灵活。应检查轮胎气压是否过低,前轮定位是否符合要求,前轮轮毂轴承是否过紧,前钢板弹簧是否良好,前轴、车架是否变形。必要时应予以修理或更换。

（2）支起前桥后转动转向盘仍然沉重，则拆下转向垂臂，如图 3-95 所示，再转动转向盘。若感到转动灵活，表明故障在转向传动机构，应检查各球头销装配是否过紧，如图 3-96 所示。主销与衬套配合是否适当，润滑是否良好。转向节止推轴承是否缺油损坏，横直拉杆是否弯曲变形。若有损坏或不符合要求，应予以修理或更换。

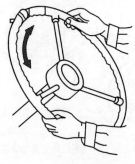

图 3-94　检查转向是否沉重

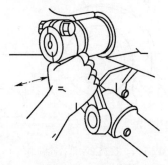

图 3-95　拆下转向垂臂

（3）若拆下转向垂臂后，转动转向盘仍然沉重，则故障在转向器。应检查转向器是否缺油或转向轴是否弯曲，如图 3-97 所示。若缺油，应按规定添加润滑油；若不缺油，应拆检转向器。

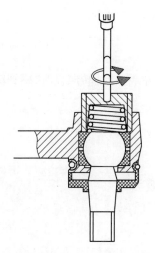

图 3-96　检查转向机构球头销的松紧情况

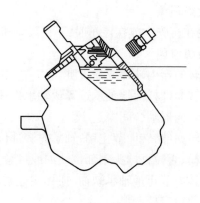

图 3-97　检查转向器润滑油量

## 二、行驶跑偏

**1. 故障现象**

汽车行驶中，转向轮自动偏向一边，必须紧握转向盘方能保持直线行驶；若稍微放松转向盘，汽车便自行跑向一边，有时其偏转力越来越大。

**2. 故障原因**

（1）两前轮气压不一致，或新换轮胎外径不一致，或两前轮新旧程度悬殊。

（2）前钢板弹簧左、右弹力不一致。

（3）一侧前轮制动器制动间隙过小，导致制动拖滞或轮毂轴承过紧。

(4)两侧主销后倾角或车轮外倾角不相等,前束不符合要求。

(5)一侧钢板弹簧错位或折断。

(6)转向节臂、转向臂、横拉杆、直拉杆变形。

(7)转向桥或车架变形,两侧轴距不等。

(8)转向轮某一侧的前稳定杆下摆臂变形。

**3. 故障诊断与排除**

(1)检查左、右轮胎新旧程度、外径尺寸及气压是否一致。保证两转向轮外径尺寸相同,并按规定加以充气。

(2)气压一致,可用手触摸跑偏一边的制动鼓和轮毂轴承是否过热。若过热,调整制动间隙或轮毂轴承。

(3)若不过热,应检查转向节臂、转向臂、横拉杆、直拉杆、前稳定杆和前摆臂是否变形,钢板弹簧是否折断或弹力不均,必要时应予以矫正或更换。

(4)检查前束是否符合要求,两前轮主销后倾角、前轮外倾角是否相同,如图 3-98 所示。若不符合要求,应予以修理。

(5)以上检查均正常,则应检查左、右轴距是否相等,转向桥和车架是否变形,如图 3-99 所示。如不符合要求,应予以修理。

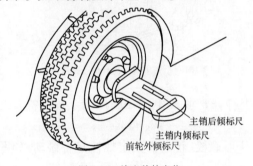

图 3-98 检查前轮定位

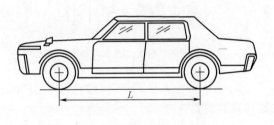

图 3-99 检查前后车轮的轴距

## 三、转向轮摆动

**1. 故障现象**

汽车在某转速范围内行驶时,转向轮摇摆或转向盘抖动。

**2. 故障原因**

(1)转向器螺杆(蜗杆)两端轴承严重磨损,间隙过大。

(2)横、直拉杆球头销及球头座磨损,使球关节松旷。

(3)转向摇臂与摇臂轴的紧固螺栓、螺母松动。

(4)前轮轮毂轴承磨损松旷、固定螺母松动。

(5)前轮前束过大,车轮外倾角、主销后倾角过小。

(6)前轴弯曲,车架、前轮轮辋变形。

(7)前轮外胎由于修补或装用翻新胎失去平衡。

(8)减振器失效,前钢板弹簧刚度不一致。

**3. 故障诊断与排除**

（1）一人转动转向盘，另一人在车下观察转向器和传动机构。若转向盘转动了一定角度，而转向摇臂并不转动，则故障在转向器；若转向摇臂转动了一定角度而前轮并不偏转，则故障在转向传动机构。

（2）若故障在转向器，应拆下转向器，检查螺杆与指销（螺母齿条与齿扇）啮合间隙是否过大。若过大，应予调整，如图3-100所示。

（3）如果故障在转向传动机构，应将横、直拉杆拆下，检查横、直拉杆球头销和球头碗是否磨损严重，弹簧是否折断，螺塞是否调整过松。必要时应重新调整或换件。

（4）若转向盘自由转动量符合要求，再用千斤顶将前轮架起，用橇棒往上撬轮胎，如图3-101所示。若有旷松量，则为前轮轮毂轴承松旷或转向节主销与衬套间隙过大，应进行调整或修理，轴承损坏应更换。

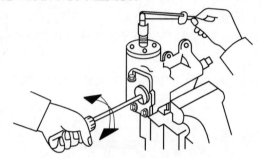
图3-100 检查、调整转向器啮合间隙

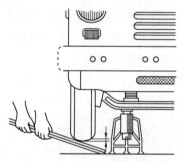
图3-101 检查主销与衬套配合是否过松

（5）确认前轮无松旷量，应检查前轮前束是否符合要求，如图3-102所示。若不符合要求，应重新调整。

（6）若前轮前束符合规定，应检查钢板弹簧U形螺栓、转向器固定螺栓是否松动，如图3-103所示。若松动，应按规定力矩拧紧。

图3-102 检查前轮前束

图3-103 检查转向器固定螺栓是否松动

（7）上述检查无松动，应检查前钢板弹簧刚度和减振器是否失效。若刚度不符合要求或减振器已失效，应予以更换。

（8）若仍存在摆振现象，则应对转向轮进行平衡检测和校正。

(9)经上述检查调整仍无效时,应卸下前轴和车架,检查是否弯曲变形,如图3-104所示。若变形,应予以校正或更换。

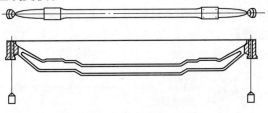

图3-104　检查前轴变形量

## 四、动力转向系工作不良

动力转向系除传统转向系由机械机构所产生的常见故障以外,常见的故障形式有转向盘沉重、漏油及异响等。故障部位如图3-105所示。

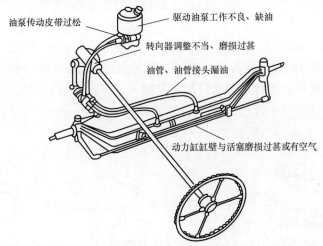

图3-105　动力转向系常见故障部位示意图

**1. 故障现象**

(1)车辆行驶中,发动机在各种转速下均无转向助力作用,转动转向盘感到费力。
(2)转向突然沉重。
(3)左、右转向力不等。
(4)转向时有噪音。

**2. 故障原因**

(1)油泵传动皮带松弛,传动皮带打滑。
(2)储油罐内液面过低或油液脏污。
(3)液压系统内混入空气。
(4)油泵有故障。
(5)滤清器堵阻、供油管路接头松动。
(6)安全阀漏油、弹簧过软或调整不当。
(7)液压泵内部机件磨损。

### 3. 故障诊断与排除

在液力式动力转向系的故障诊断过程中，在排除了机械机构的故障原因后，应主要对液力系统进行检查，查明动力转向系工作不良的原因，主要步骤为：

（1）检查油泵传动皮带是否松弛，如图 3-106 所示。若过松，应予以调整。

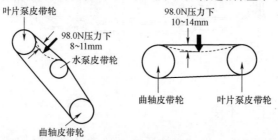

图 3-106　检查动力转向油泵皮带的张紧度

（2）工作油温检查：发动机怠速运转，左、右转动转向盘数次，检查液力系统工作油温能否达到标准值。

（3）检查储油罐内液面是否过低。若过低，应按要求添加油液，如图 3-107 所示。

（4）检查储油罐内的油液是否混浊、脏污，有无泡沫，如图 3-108 所示。若发现有泡沫，检查各接头和集流管紧固螺钉是否松动使空气渗入。在排除漏油漏气部位故障后，再排除油液中的空气。若油液过于脏污混浊，应更换油液和油封。

图 3-107　添加油液　　　　　　图 3-108　检查油液

（5）转向齿轮的油压检查：如图 3-109 所示。测得油压过低时，转向器有内泄漏现象，应对转向器检修。

（6）液压泵输出油压检查：如图 3-110 所示。若测得油压低于规定数值，应检查限压阀和溢流阀。若已损坏，应更换。

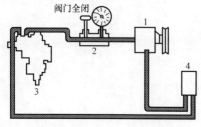 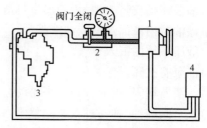

图 3-109　转向齿轮的油压检查　　　　图 3-110　液压泵输出油压检查

## 五、注意事项

(1) 严格遵守操作程序,注意安全。
(2) 正确使用工具和量具。
(3) 螺栓、螺母紧固要可靠,开口销齐全、完整、锁紧可靠。
(4) 加油时,必须按厂家规定的油液牌号经过滤后加入。
(5) 对于密封件(如橡胶密封件、活塞环等)应注意保护,必要时用专用工具拆卸和装配。

# 课题三　行驶系故障诊断与排除

汽车行驶系常见故障主要有:悬架发生刚性碰撞或异响、减振器失效、轮胎异常磨损、巡航与电控悬架故障等。

## 一、悬架发生刚性碰撞或异响

### (一) 故障现象

汽车行驶中悬架发出撞击的异响、振动增大。

### (二) 故障原因

(1) 钢板弹簧销或螺旋弹簧产生塑性变形或损坏。
(2) 减振垫、限位挡块损坏。
(3) 减振器失效。
(4) 悬架杆连接处松动或减振器上支座松动。
(5) 润滑不良。
(6) 弹性元件支座损坏、变形。
(7) 悬架杆变形。

### (三) 故障诊断与排除

(1) 对采用钢板弹簧悬架的汽车,先检查钢板弹簧是否折断或疲劳变形,再将汽车支起,使钢板弹簧处于自由状态,在钢板弹簧吊环支架端用撬棒上下撬动钢板弹簧。若松动,应检查钢板弹簧销、吊环支架是否间隙过大。若间隙过大,应更换钢板弹簧销或衬套。
(2) 对采用螺旋弹簧的汽车,应检查螺旋弹簧是否疲劳变形或折断、支座是否松动损伤、悬架杆系列是否变形或松动。
(3) 检查减振垫的润滑情况,必要时加注润滑脂。
(4) 检查减振器。

## 二、减振器失效

### (一) 故障现象

汽车在不平路面上行驶时车身强烈振动并连续跳动。有时在一定车速范围内发生"摆头"现象。

图3-111 检查连接销、橡胶衬套

（二）故障原因

（1）减振器连接销脱落或橡胶衬套磨损破裂。

（2）减振器油量不足或混入空气。

（3）减振器阀门密封不良，阀瓣与阀座贴合不良。

（4）减振器活塞与缸筒磨损过量，配合松旷。

（三）故障诊断与排除

（1）检查减振器连接销、连接杆、橡胶衬套连接孔是否有损坏、脱焊、脱落和破裂之处，如图3-111所示。若有，应视情况进行维修或更换。

（2）察看减振器外部有无渗漏油迹。若有漏油，应予以检修。

（3）用一根圆钢穿在减振器下连接孔中，脚踩住圆钢两端，用手拉住减振器上的连接孔进行垂直拉伸和推压，若无阻力或者感到发卡，应对减振器进行维修或更换。

### 三、轮胎异常磨损

（一）故障现象

轮胎表面出现两肩磨损、胎冠中部磨损、内侧或外侧磨损、呈锯齿形磨损或呈波浪状磨损等现象即为轮胎异常磨损。

（二）故障原因

（1）前轮外倾角、前轮前束不符合要求。

（2）前轴、车架或转向节变形、松动。

（3）横直拉杆 球头销、球头销座磨损松旷。

（4）钢板弹簧U形螺栓松动。

（5）车轮轮毂轴承磨损松旷或预紧度过小。

（6）车轮不平衡量过大。

（7）轮胎气压不正常。

（8）左、右轮胎尺寸规格不一。

（9）减振器失效。

（10）轮辋拱曲变形。

（三）故障诊断与排除

（1）检查轮胎气压是否正常，按要求对轮胎进行放气或充气。

（2）检查左、右轮胎尺寸规格是否一致。若不一致，应更换规格统一的轮胎。

（3）检查钢板弹簧U形螺栓是否松动。若有松动，应按规定扭矩紧固。

（4）检查悬架与车体连接是否牢固，减振器工作是否正常。若有松动，应紧固。若前减振器工作异常,予以检修或更换。

(5)检查转向传动机构球头销与销座是否磨损严重而松旷。若有,应加以调整或更换。

(6)检查前轮外倾角、前轮前束是否符合要求,见图3-98和图3-102。若不符合,应进行调整或修理。

(7)若上述检查均正常,则再检查转向节主销与衬套配合间隙和轮毂轴承间隙是否过大。若过大,应进行调整或更换磨损零件。并对轮胎进行平衡检查。

## 四、汽车电控悬架故障诊断

电子控制悬架能根据行驶和需要对车高、悬架刚度和阻尼系数适时地调节,提高车辆的行驶平顺性和操纵稳定性。下面以凌志LS400型电子控制空气悬架为例作介绍。图3-112为凌志LS400轿车电控空气悬架电路图及其连接器。连接器(26针、16针和12针)的端子名称可参见表3-8、表3-9和表3-10。

**A38端子(26针)各插脚的含义**　　　　　　　　　　　　表3-8

| 插脚 | 代号 | 连接的零部件 | 插脚 | 代号 | 连接的零部件 |
| --- | --- | --- | --- | --- | --- |
| 1 | +B | 悬架控制器电源 | 14 | GND | ECU搭铁 |
| 2 | IG | 点火开关 | 15 | — | — |
| 3 | L3 | 发动机兼传动系ECU | 16 | L2 | 发动机兼传动系ECU |
| 4 | L1 | 发动机兼传动系ECU | 17 | HSW | 高度开关 |
| 5 | NSW | 空气悬架开关 | 18 | SPD | 车速传感器 |
| 6 | $SS_2$ | 转向传感器 | 19 | $SS_1$ | 转向传感器 |
| 7 | MOD1 | 开路 | 20 | MOD2 | 搭铁 |
| 8 | MRLY | No.2控制继电器 | 21 | | |
| 9 | VH | "增高指示灯" | 22 | VS | LRC指示灯 |
| 10 | — | | 23 | TEM | 发动机检验插接器 |
| 11 | FS+ | 前悬架控制器 | 24 | RS+ | 后悬架控制器 |
| 12 | FS- | 前悬架控制器 | 25 | RS- | 后悬架控制器 |
| 13 | FCH | 前悬架控制器 | 26 | RCH+ | 后悬架控制器 |

**A37端子(16针)各插脚的含义**　　　　　　　　　　　　表3-9

| 插脚 | 代号 | 连接的零部件 | 插脚 | 代号 | 连接的零部件 |
| --- | --- | --- | --- | --- | --- |
| 1 | SCLK | 高度传感器 | 9 | SHLD | 高度传感器 |
| 2 | SHFR | 右前高度传感器 | 10 | SHFL | 左前高度传感器 |
| 3 | SHRR | 右后高度传感器 | 11 | SHRL | 左后高度传感器 |
| 4 | RM+ | 压缩机电机 | 12 | SHG | 高度传感器 |
| 5 | RM- | 压缩机电机 | 13 | $T_C$ | TDCL和发动机检验插接器 |
| 6 | CLR | 检测控制插头 | 14 | $T_S$ | 发动机检验插接器 |
| 7 | DOOR | 门控开关 | 15 | TD | TDCL |
| 8 | REG | IC调节器 | 16 | TSW | LRC开关 |

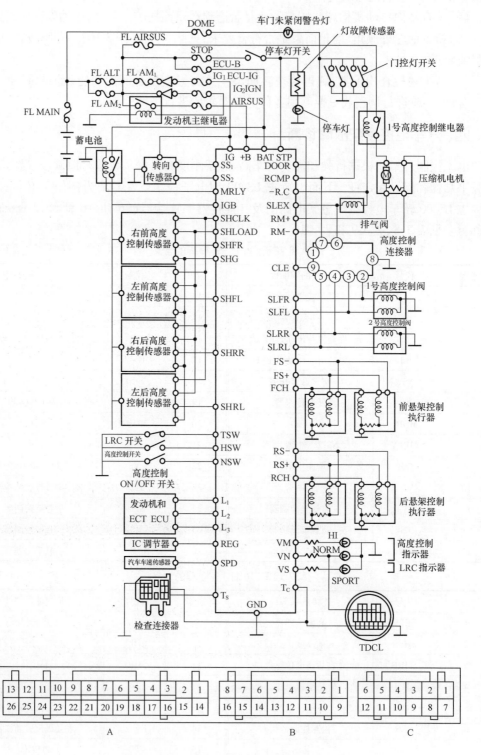

图 3-112 凌志 LS400 轿车电控空气悬架电路和连接器

**A36 端子(12 针)各插脚的含义**　　　　　　　　　　　　　表 3-10

| 插　脚 | 代　号 | 连接的零部件 | 插　脚 | 代　号 | 连接的零部件 |
|---|---|---|---|---|---|
| 1 | SLFR | 右侧 NO.1 控制阀 | 7 | SLFL | 左侧 NO.1 控制阀 |
| 2 | SLRR | 右侧 NO.2 控制阀 | 8 | SLRL | 左侧 NO.2 控制阀 |
| 3 | RCMP | NO.1 控制继电器 | 9 | SLEX | 排气阀 |
| 4 | IGB | 高度控制电源 | 10 | — | — |
| 5 | BAT | 备用电源 | 11 | — | — |
| 6 | STP | 制动灯开关 | 12 | RC | NO.1 控制继电器 |

电子控制悬架系统一般都设有故障自诊断系统,以监测系统的工作情况及记录和储存所出现的故障。当系统出现故障,电控悬架 ECU 根据故障信息把故障以代码的形式存入存储器,并通过仪表板上的"悬架系统故障指示灯"提示驾驶人。读出存储器中的故障码,可快速准确地诊断出故障类型、部位及故障原因。

读取故障码时,首先要进入故障自诊断状态,诊断并排除故障后应清除故障码。不同种类的汽车,其进入故障自诊断和清除故障码的方法也不相同,因此应按汽车使用说明书的要求进行操作。

**(一)故障码**

**1. 读取故障码**

(1)接通点火开关。

(2)用跨接线将故障诊断插座"TDCL"的端子 $T_C$ 与 $E_1$ 短接。

(3)根据仪表的高度控制"NORM"指示灯闪烁情况读故障码。

① 正常:指示灯以亮灭均匀间隔方式闪烁,每秒闪 2 次。

② 指示故障。读取方法为:指示灯首先闪烁故障码的十位数,指示灯通、断电间隔 0.5s;显示完十位数后,断电 1.5s,再显示故障码个位数,显示时通、断电时间与十位数相同。如系统有多个故障码,则按故障码由小到大的顺序显示,相邻故障码之间的时间间隔为 2.5s。

凌志 LS400 型汽车电子控制空气悬架系统的故障码见表 3-11。

**凌志 LS400 电控控制空气悬架系统的故障代码**　　　　　　表 3-11

| 代　码 | 故　障　部　位 | 故　障　原　因 |
|---|---|---|
| 11 | 右前高度传感器电路 | |
| 12 | 左前高度传感器电路 | 高度传感器电路断路或短路 |
| 13 | 右后高度传感器电路 | |
| 14 | 左后高度传感器电路 | |
| 21 | 前悬架控制执行器电路 | 悬架控制执行器电路断路或短路 |
| 22 | 后悬架控制执行器电路 | |
| 31 | NO.1 高度控制阀电路 | |
| 33 | NO.2 高度控制阀电路(右悬架) | 高度控制阀电路断路或短路 |
| 34 | NO.2 高度控制阀电路(左悬架) | |
| 35 | 排气阀电路 | 排气阀电路断路或短路 |

续上表

| 代码 | 故障部位 | 故障原因 |
|---|---|---|
| 41 | NO.1 高度控制继电器电路 | 1 号高度控制继电器电路断路或短路 |
| 42 | 压缩机电动机电路 | 压缩机电动机电路或电动机被锁住 |
| 51 | 至 NO.1 高度控制继电器的持续电路 | 供至 1 号高度控制继电器的电流约通电 8.5min 以上 |
| 52 | 至排气阀的持续电流 | 供至排气阀的电流约通电 6min 以上 |
| 61 | 悬架控制信号 | ECU 失灵 |
| 71 | 高度控制 ON/OFF 开关电路 | 高度控制 ON/OFF 开关在 OFF 位置<br>高度控制 ON/OFF 开关电路断路 |
| 72 | 悬架控制 ECU 电源电路 | 悬架控制 ECU 电源电路断路或短路；AIR SUS 熔断丝烧断 |

**2. 故障码清除**

可以用以下两种方法之一清除故障码：

(1) 关闭点火开关，拆下 1 号接线盒中 ECU-B 熔断丝 10s 以上。

(2) 关闭点火开关，用跨接线把高度控制连接器的端子 9 与端子 8 连接，同时连接故障诊断插座的端子 $T_C$ 与 $E_1$，保持该状态 10s 以上，然后接通点火开关并脱开以上各端子。

**(二) 常见故障诊断**

汽车电控悬架系统常见故障主要有高度控制功能不起作用、悬架刚度和阻尼系数控制失效、汽车有高度调节，但是车高不均匀等。

**1. 高度控制功能不起作用**

1) 故障现象：

汽车在行驶、驻车或汽车总质量发生变化时，车高变化不大或没有变化甚至产生相反的变化。

2) 故障原因：

(1) 悬架控制 ECU 与高度传感器之间电线束和插接头开路或短路。

(2) 高度传感器损坏。

(3) 悬架控制 ECU 与 NO.1 控制继电器之间电线束和插接头开路或短路。

(4) NO.1 控制继电器损坏。

(5) 悬架控制 ECU 有故障。

3) 故障诊断与排除：

(1) 进行故障自诊断，如果故障码为 11、12、13 或 14，可按以下步骤进行检测：

① 接通点火开关，检测高度传感器的插接头的插脚 1 与车身搭铁之间的电压，测得结果应为电源电压。否则，应检查或修理 NO.2 控制继电器与高度传感器之间的线束或插接头。电路如图 3-113。

② 检查线束的导通性。检查悬架控制 ECU 与高度传感器之间的电线束和插接头。若不良，应修理或更换线束或插接头。

③ 换件比较。装用一个好的高度传感器，如果故障消失，则是传感器不良，应予更换。如果故障仍然存在，可以更换悬架控制 ECU 再试。

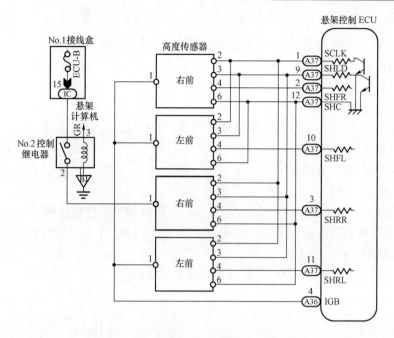

图 3-113　高度传感器与悬架控制 ECU 连接电路

（2）如果故障码为 41，可按以下步骤进行检测：

①测量悬架控制 ECU 插接头的插脚 RCMP 与 -RC 之间的电阻，标准值为 50～100Ω。若不良，则更换 NO.1 控制继电器。电路如图 3-114。

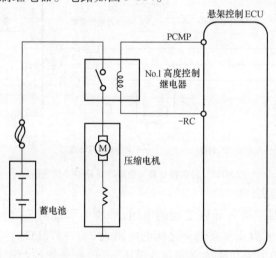

图 3-114　NO.1 控制继电器与悬架控制 ECU 连接电路

②检查和修理悬架控制 ECU 与 NO.1 控制继电器之间的电线束和插接头。
③如果故障仍然存在，可以检查或更换悬架控制 ECU 再试。

**2. 悬架刚度和阻尼系数控制失效**

1）故障现象：

汽车在行驶时，悬架刚度和阻尼系数不随着行驶状况、路况、汽车姿态变化而调节。

2)故障原因:

(1)悬架控制 ECU 与悬架控制器之间电线束和插接头开路或短路。

(2)悬架控制器损坏。

(3)空气悬架熔断丝烧毁。

(4)加热熔断丝烧毁。

(5)悬架控制 ECU 与发动机主继电器之间线束和插接头开路或短路。

(6)发动机主继电器损坏。

(7)悬架控制 ECU 有故障。

3)故障诊断与排除:

(1)进行故障自诊断。如果故障码为 21、22,可按以下步骤进行检测:

①检查悬架控制器的操作情况。接通点火开关,将 LRC 开关分别按到"运动"侧和"正常"侧,检查悬架控制器的操作。

②如果悬架控制器操作不良,检测悬架控制器的电阻值。电路如图 3-115。

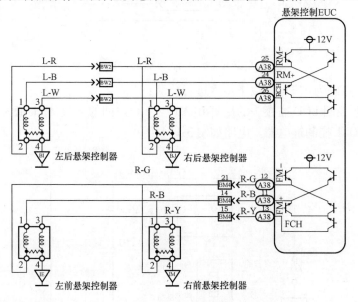

图 3-115　悬架控制器与悬架控制 ECU 连接电路

a. 拆开控制器插接头。

b. 测量悬架控制器插接头插脚之间的电阻,插脚 1 和插脚 2 之间以及插脚 3 与插脚 4 之间的电阻为 3~6Ω;插脚 2 与插脚 4 之间的电阻为 2.3~4.3kΩ。

c. 在悬架控制器插接头和插脚之间接入蓄电池,检查悬架控制器的操作,这种检查应在短时间内(1s 之内)完成。如果不良,则更换控制器。见表 3-12。

控制器与蓄电池的对应关系　　　　　　　　　　　　　　表 3-12

| 控制器位置 | 蓄电池正极 | 蓄电池负极 |
| --- | --- | --- |
| 硬 | 插脚 1 | 插脚 2 |
| 中等 | 插脚 3 | 插脚 4 |
| 软 | 插脚 2 | 插脚 1 |

③检查线束的导通性。检查悬架控制 ECU 与控制器、控制器于车身搭铁之间的电线束和插接头。如果不良,则应修理或更换电线束或插接头。

(2)如果故障码为 72,可按以下步骤进行检测:

①检查悬架控制 ECU 插接头的插脚 +B 与车身搭铁之间的电压。测量结果应为蓄电池电压,电路如图 3-116。若电压过低,应检查搭铁情况,并加以必要的修理。

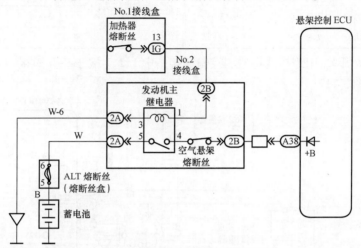

图 3-116 悬架控制 ECU 电源电路

②检查加热熔断丝的导通情况,正常应为导通。若不导通,应检查与加热器熔断丝连接的所有电线束和零部件是否有短路处。若有,应加以排除。

③检查空气悬架熔断丝的导通情况,正常应为导通。若不导通,应检查与空气悬架熔断丝连接的所有电线束和零部件是否有短路处。若有,应加以排除。

④检查发动机主继电器每对插脚之间的导通情况。插脚 4 与插脚 5 之间应开路;插脚 1 与插脚 3 之间应导通。在插脚 1 与插脚 3 之间施加蓄电池电压,再检查导通情况:插脚 4 与插脚 5 应导通。若正常,应检查和修理继电器与车身搭铁、继电器与蓄电池之间的线束和插接头。若不正常,则更换发动机主继电器。

⑤如果故障仍然存在,可以检查或更换悬架控制 ECU 再试。

### 3.汽车高度调节不均匀

1)故障现象:

汽车在行驶、驻车、乘员和行李质量发生变化时,车辆高度控制虽有变化,但是前后左右高低变化不均匀。

2)故障原因:

(1)悬架控制 ECU 与控制阀之间电线束和插接头开路或短路。

(2)控制阀损坏。

(3)悬架控制 ECU 有故障。

3)故障诊断与排除:

进行故障自诊断。如果故障码为 31、33、34 或 35,可按以下步骤进行检测:

(1)检查车高变化情况:

①拆下行李舱右侧盖。
②用欧姆表测量控制插接头各端子间的电阻值,其标准见表3-13。

表3-13 控制插接头各端子的电阻值

| | 端子 | 电阻(Ω) | | 端子 | 电阻(Ω) |
|---|---|---|---|---|---|
| 检测控制插接头 | 2-8 | 9-15 | 检测控制插接头 | 5-8 | 9-15 |
| | 3-8 | 9-15 | | 6-8 | 9-15 |
| | 4-8 | 9-15 | | | |

③接通点火开关,用跨接线将检测控制插接头中1、2、7端子相互短接,右前汽车高度应上升。电路如图3-117。

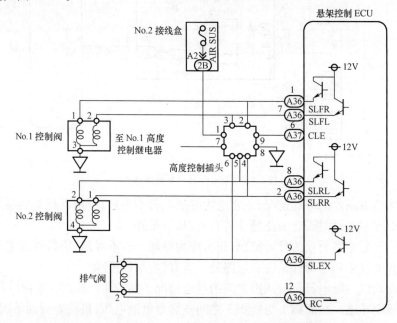

图3-117 控制阀、排气阀与悬架控制ECU的连接电路

④用跨接线将检测控制插接头中1、3、7端子相互短接,左前汽车高度应上升。
⑤用跨接线将检测控制插接头中1、4、7端子相互短接,右后汽车高度应上升。
⑥用跨接线将检测控制插接头中1、5、7端子相互短接,左后汽车高度应上升。
⑦用跨接线将检测控制插接头中1、2、6端子相互短接,右前汽车高度应降低。
⑧用跨接线将检测控制插接头中1、3、6端子相互短接,左前汽车高度应降低。
⑨用跨接线将检测控制插接头中1、4、6端子相互短接,右后汽车高度应降低。
⑩用跨接线将检测控制插接头中1、5、6端子相互短接,左后汽车高度应降低。

(2)如果上述检查正常,则检查悬架控制ECU与控制插接头之间的电线束和插接头是否有开路处。若有开路处,应修理或更换。

(3)如果正常,则检查控制阀和排气阀。
①用万用表的欧姆挡测量No.1控制阀插脚1与插脚3,插脚2与插脚3之间的电阻应为9~15Ω。
②用欧姆挡位测量No.2控制阀插脚1与插脚4,插脚2与插脚4之间的电阻应为

9~15Ω。

③测量排气阀插脚 1 与插脚 2 之间的电阻应为 9~15Ω。

④直接给各控制阀、排气阀加上 12V 蓄电池电压，各电磁阀应有"咔哒"的工作声。蓄电池电压与控制阀、排气阀各端子之间的正确连接方法见表 3-14 所示。

阀各端子与蓄电池之间的对应关系　　　　　　　　　　　表 3-14

| 阀 | 蓄电池 + | 蓄电池 − |
|---|---|---|
| 1 号高度控制器 | 1 | 3 |
|  | 2 | 3 |
| 2 号高度控制器 | 1 | 4 |
|  | 2 | 4 |
| 排气阀 | 1 | 5 |

若检查结果不正常，应更换高度控制阀及排气阀；若正常，应检查高度控制器或排气阀至检测插接头之间的配线和连接线。

## 五、汽车巡航控制系统故障诊断

汽车巡航控制系统是利用电子技术对汽车行驶速度进行调节，实现以预先设定速度行驶的电子控制装置。

现以日本丰田凌志 LS400 型轿车为例进行巡航控制系统的故障诊断与排除。图 3-118 所示即为凌志 LS400 型轿车巡航控制系统电路及其连接器，连接器（10 针和 12 针）的端子名称可参见表 3-15。

凌志 LS400 型轿车连接器端子名称　　　　　　　　　　　表 3-15

| 编号 | 代码 | 端子名称 | 编号 | 代码 | 端子名称 |
|---|---|---|---|---|---|
| 1/10 | ECT | 发动机和 ECT ECU | 2/12 | STP + | 停车灯开关 |
| 2/10 | OD | 发动机和 ECT ECU | 3/12 | STP − | 停车灯开关 |
| 3/10 | L | 安全电磁离合器 | 4/12 | N&C | 空挡启动开关 |
| 4/10 | MO | 执行器电机 | 5/12 | PKB | 驻车制动开关 |
| 5/10 | E/G | 发动机和 ECT ECU | 6/12 | BATT | 备用电源 |
| 6/10 | Pi | CRUISE MAN 指示灯 | 7/12 | SPD | 车速传感器 |
| 7/10 | Tc | TDCL | 8/12 | CMS | 主开关 |
| 8/10 | CCS | 控制开关 | 9/12 | GND | 搭铁 |
| 9/10 | IDL | 节气门位置传感器 | 10/12 | VR3 | 位置传感器 |
| 10/10 | MC | 执行器电机 | 11/12 | VR2 | 位置传感器 |
| 1/12 | B | 电源 | 12/12 | VR1 | 位置传感器 |

### （一）故障码

巡航控制系统出现故障时，电子控制器除中断巡航工作外，指示灯会闪烁 5 次，控制器会自动储存故障码。

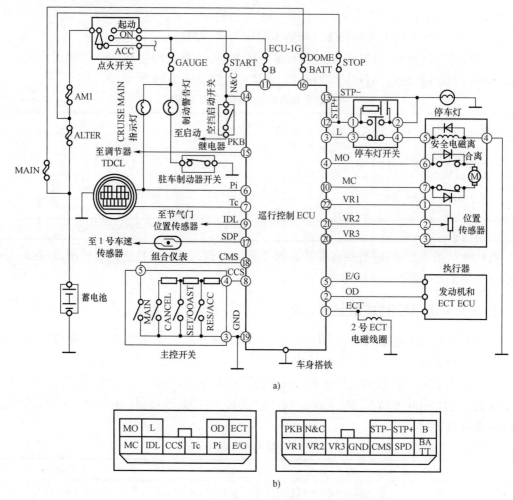

图 3-118 凌志 LS400 型轿车巡航控制系统电路及其连接器
a) 电路图；b) 连接器

## 1. 读取故障码

短接故障码检测连接器（TDCL）的端子 $T_C$ 和 $E_1$，根据仪表上的"CRUISE MAIN"指示灯的闪烁情况即可读取故障码（读取方法同电控悬架自诊断）。表 3-16 所列为凌志轿车巡航控制系统故障码。

凌志巡航控制系统故障码　　　　　　　　　表 3-16

| 故障代码 | 故 障 部 位 | 故障代码 | 故 障 部 位 |
|---|---|---|---|
| 11 | 电机电路或安全电磁离合器电路不正常 | 23 | 实际车速低于设定车速 16km/h |
| 12 | 安全电磁离合器电路不正常 | 31 | 控制开关电路不正常 |
| 13 | 电机电路或位置传感器不正常 | 32 | 控制开关电路不正常 |
| 21 | 车速传感器不正常 | 34 | 控制开关电路不正常 |

## 2. 清除故障码

关闭点火开关或拆下 DOME 熔断丝 10s 以上。

## （二）常见故障诊断

汽车巡航控制系统常见故障主要有巡航控制操作不能调整、系统间歇性工作、巡航控制系统不工作等。

**1. 巡航控制操作不能调整**

1) 故障现象：

巡航控制速度超出设置要求，或系统工作不稳定，设定的车速有较大的波动，或时升时降。

2) 故障原因：

(1) 安全电磁离合器故障。

(2) 伺服电动机故障。

(3) 位置传感器故障。

(4) 车速传感器失效。

(5) 巡航控制 ECU 工作不正常。

3) 故障诊断与排除：

(1) 进行故障自诊断，当读出故障码为 11、12 时：

①检查安全电磁离合器电路。

a. 检查巡航控制 ECU 配线侧连接器端子 3 与车身搭铁之间的导通情况。电路如图 3-119，测量值应约为 38Ω，不正常则检查电磁离合器。

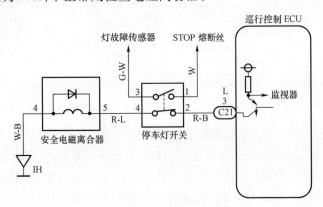

图 3-119 安全电磁离合器与巡航控制 ECU 的连接

b. 检查电磁离合器，如图 3-120a) 所示，用万用表欧姆挡检测电磁离合器端子 4 和 5 之间的电阻，正常值应约为 38Ω。或者进行动态检查，如图 3-120b) 所示，其正常情况是：没有通电前，扳动离合器杆应能转动；当端子 5 接电源正极，端子 4 接电源负极（搭铁），离合器杆应能锁住，不能任意扳动。若正常则检查停车灯开关，否则更换电磁离合器。

c. 检查停车灯开关。踩下制动踏板时，连接器端子 1 和 3 之间应能导通（阻值小），而抬起制动踏板时，端子 2 和 4 之间应导通。若正常，则检查和修理巡航控制 ECU 与停车灯开关、停车灯开关与电磁离合器、电磁离合器与车身搭铁之间的配线和连接器。否则，更换停车灯开关。

②检查伺服电动机电路。在离合器杆在两极限位置 A 与 B 范围内运动时，如图

3-120b),保持安全电磁离合器处于通电状态,伺服电动机按图 3-121 所示进行通电,电路如图 3-122 所示。若正常,则检查巡航控制 ECU 与伺服电动机之间的配线和连接器。若不正常,则更换伺服电动机。

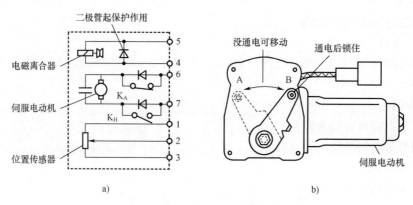

图 3-120 安全电磁离合器的检查
a)执行器内部电路;b)工作状态的检查

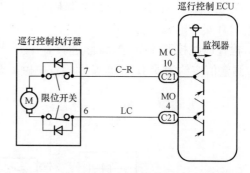

图 3-121 伺服电动机的通电检查　　图 3-122 伺服电动机与巡航控制 ECU 的连接电路

(2)进行故障自诊断,当读出故障码为 13 时,检查位置传感器电路:

①脱开电子控制器,接通点火开关,慢慢转动节气门控制臂,并用万用表测量节气门位置传感器的中间滑动端(VR2)与电子控制器搭铁间(VR3)的电压,电路如图 3-123,控制臂使节气门开度最大时,电压应为 4.2V;控制臂使节气门开度最小时,电压约 1.1V;控制臂转动时,电压变化应连续平稳。若不正常,应检查节气门位置传感器。

②检查执行器位置传感器。用万用表欧姆挡测量电阻,端子 1 与端子 3 之间的电阻值应为 2kΩ;当用手慢移离合器杆从 B 到 A(如图 3-120 所示)时,端子 2 与 3 之间的电阻应平缓地由 0.5kΩ 到 1.8kΩ。若不正常,则更换位置传感器。

③检查巡航控制 ECU 与执行器之间的配线和连接器是否开路或短路。若不正常,修理或更换配线或连接器。

(3)如果故障码为 21,应通过对车速信号的检查来判断车速信号电路是否存在故障。打开巡航控制系统,当车速高于 40km/h 时,巡航控制指示灯闪烁,而当车速低于 40km/h 时,指示灯保持常亮,说明车速信号正常,应检查配线和仪表板等连接是否可靠。否则,说明出现故障,应更换车速传感器。

(4)如果故障仍然存在,检查或更换巡航控制 ECU 再试。

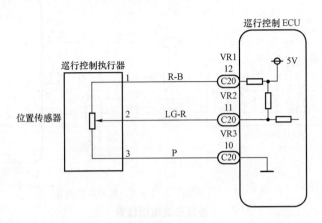

图 3-123　节气门位置传感器与巡航控制 ECU 连接电路

**2. 系统间歇性工作**

1)故障现象:

巡航控制在某些时候无法设置。

2)故障原因:

(1)巡航控制开关故障。

(2)巡航执行器故障。

(3)车速传感器故障。

3)故障诊断与排除:

(1)进行故障自诊断。如果故障码为 31、32 或 34 时,可按以下步骤进行检测:

①对各控制开关的信号进行检查时,分别接通"SET/COAST"、"RES/ACC"和"CANCEL"开关,同时观察仪表板上巡航控制指示灯的闪烁,其正常闪烁形式如表 3-17 所示。

指示灯的正常闪烁形式　　　　　　　　　　表 3-17

| 开关接通状态 | 指示灯的闪烁形式 | 备　注 |
| --- | --- | --- |
| CANCEL(取消)开关 | 亮/灭 | 当每一开关接通时,指示灯应如表内方式闪烁,表开关与电控单元联系正常 |
| SET/COAST(设定)开关 | 亮/灭 | |
| RES/ACC(恢复)开关 | 亮/灭 | |

②通过测试控制开关电阻检测其技术状况。控制开关内有三个不同阻值的电阻。检测时,拆下转向盘中心衬垫,脱开控制开关连接器,在控制开关接通时,用万用表测量连接器端子 3 和 4 之间的电阻值,电路如图 3-124。开关正常时,各个电阻值见表 3-18。若不正常,更换控制开关。

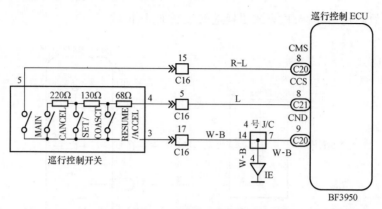

图 3-124 巡航控制开关与巡航控制 ECU 的连接

**控制开关电阻检查** 表 3-18

| 开关位置 | 电阻值 | 备注 |
| --- | --- | --- |
| 各开关均断开 | ∞ | |
| RES/ACC(恢复)通 | 约 70Ω | 各个开关分别接通时,测量端子 3 和 4 电阻值,阻值如表内数据时,开关为良好,否则开关电路有故障 |
| SET/COAST(设定)通 | 约 200Ω | |
| CANCEL(取消)通 | 约 420Ω | |

③检查巡航控制 ECU 与控制开关之间的配线和连接器是否开路或短路。若有短路或开路,应修理或更换配线或连接器。

(2)如果故障码为 11、12、13 时,分别对巡航控制执行器电磁离合器、伺服电动机和位置传感器进行检测(详细检测方法见常见故障 1.巡航控制操作不能调整)。

(3)如果故障码为 21 时,对车速传感器及电路进行检查(详细检测方法见常见故障 1.巡航控制操作不能调整)。

**3. 巡航控制系统不工作**

1)故障现象:

无论怎么操作开关,巡航系统失去工作能力。

2)故障原因:

(1)巡航控制开关电路故障。

(2)节气门位置传感器没有信号。

(3)车速传感器没有信号。

(4)执行机构不工作。

(5)自由拉杆和节气门拉线卡死。

(6)巡航控制 ECU 工作不正常。

3)故障诊断与排除:

(1)进行故障自诊断。如果故障码为 31、32 或 34 时,可对巡航控制开关进行检查(详细检查方法见常见故障 2.系统间歇性工作)。

(2)如果故障码为 11、12、13 时,分别对巡航控制执行器电磁离合器、伺服电动机和位置传感器进行检测(详细检测方法见常见故障 1.巡航控制操作不能调整)。

(3)如果故障码为21,可对车速传感器进行检查(详细检测方法见常见故障1.巡航控制操作不能调整)。

(4)如果故障码为23,可按以下步骤进行检测:

①检查执行器控制拉索。控制拉索与节气门的接头安装应正确,拉索与节气门的动作应平衡,其松紧度应适中,过松会使汽车上坡的车速过大,过紧则会使发动机的怠速增高。若松紧度不合要求,应加以调整。

②伺服电动机电路的检查详见故障1.巡航控制操作不能调整。

(5)如果故障仍然存在,检查或更换巡航控制ECU再试。

## 六、注意事项

(1)严格遵守操作程序,注意安全。

(2)正确使用工具和量具。

(3)左右钢板弹簧总成的片数应相等。

(4)减振器活塞和密封圈应保持清洁。

(5)电控悬架与巡航控制系统的维修,首先要弄清故障本身是否属机械故障。如果没有机械故障,方能对电子控制系统进行检查。

(6)检查电子控制系统时,首先应该进行故障自诊断,然后根据故障码判断可能发生的部位及性质。

(7)对某电子系统进行检查之前,应先拆开蓄电池搭铁线。但拆去蓄电池搭铁线后,ECU记忆的故障码会自动清除,因此在拆线前应先进行自诊断。

(8)具体拆检时,要尽量使用专用工具和专用设备。

(9)电子控制单元ECU一般故障很少,如必须检查时,要用专用仪器设备。

# 课题四 制动系故障诊断与排除

## 一、液压制动装置故障

汽车的行车制动装置技术状况不良时,严重影响汽车的行驶安全,应及时排除。液压制动装置常见故障有制动失效、制动不良、制动跑偏和制动拖滞等。其常见故障部位见图3-125。

### (一)制动失效

**1. 故障现象**

汽车行驶中当迅速踏下制动踏板时,感觉制动器不起作用;连续多次踩下制动踏板时,仍无制动效果,汽车不能减速或停车。

**2. 故障原因**

(1)制动液严重不足。

(2)制动主缸皮碗或制动轮缸皮碗损坏,或紧急制动时将制动皮碗踏翻。

(3)主缸活塞与缸壁或轮缸活塞与缸壁磨损过量,松旷漏油,活塞复位弹簧过软或折断。

（4）制动管路内混入空气有气阻。

（5）制动管路堵塞或制动管路渗漏。

（6）车轮制动器磨损严重，制动间隙过大或摩擦片有油污，铆钉外露。

（7）制动踏板自由行程过大。

（8）某机械连接部位脱开，踏制动踏板时，主缸活塞不移动。

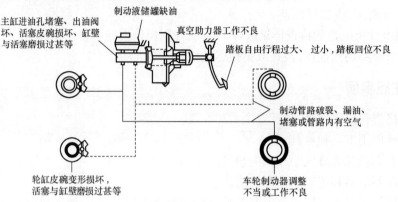

图 3-125　液压制动系常见故障部位

### 3. 故障诊断与排除

（1）踏几次制动踏板，若制动踏板能踏到底且无反力，如图 3-126 所示，则检查制动主缸是否缺少制动液。若缺少，应按规定添加，要求制动液距液罐口 15～20mm，通气孔畅通。

（2）若不缺，检查管路和接头有无破漏或堵塞，如图 3-127 所示。若有，应进行修理或更换。

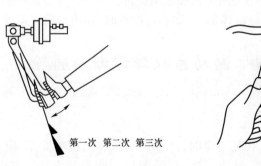

图 3-126　连续踏抬制动踏板，踏板能踏到底无反力　　图 3-127　检查油管接头

（3）检查制动系统内是否有空气，若踩制动踏板有弹性感，表示液压制动系统有空气或制动液气化。应将混入的空气排除，排气方法如图 3-128 所示。当使用了质量不高的制动液时，易产生气化，应更换符合要求、质量好的制动液。

（4）检查各机械连接部位有无脱开。若有，应修复。

（5）若连接部位无松脱，应调整主缸推杆的自由行程或对主缸进行检修，如图 3-129 所示。

（6）若上述检查情况良好，应检查制动间隙是否过大，必要时拆检车轮制动器。检查制动蹄片磨损情况，摩擦片是否沾有油污或铆钉外露，制动轮缸是否磨损严重、皮碗踏翻，制动蹄与支撑销是否严重锈蚀卡滞等,如图 3-130 所示。

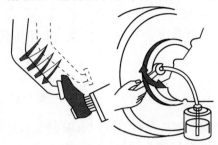

图 3-128　排除制动系统中的空气

图 3-129　调整主缸推杆自由行程

（二）制动不良

**1. 故障现象**

（1）制动时,汽车不能立即减速或停车,制动减速度小,制动距离长。

（2）踏下第一脚制动踏板时,制动不灵,连续踏下踏板,制动力逐渐增高,但仍感不足,制动效果不佳。

**2. 故障原因**

（1）制动踏板自由行程过大。

（2）制动管路和制动轮缸内有空气或产生气阻。

（3）制动管路有渗漏或堵阻。

（4）制动主缸、制动轮缸皮碗变形损坏,活塞与缸壁磨损严重。

（5）制动主缸出油阀损坏,补偿孔、通气孔被堵塞。

（6）车轮制动器磨损严重,制动间隙过大,制动时摩擦片与制动鼓之间接触不良。

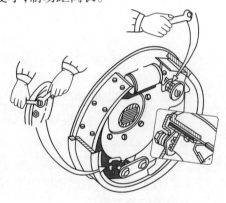

图 3-130　检查调整车轮制动器

（7）车轮制动器摩擦片表面硬化、油污或铆钉外露。

（8）制动鼓失圆、起沟槽、鼓壁过薄或制动盘变形、摩擦面起沟槽。

**3. 故障诊断与排除**

（1）连续踏下制动踏板,制动踏板位置能逐渐升高,再往下踏感到有弹性,可能是制动系内混有空气或有气阻。若混有空气,应对制动系统进行排气,如图 3-128 所示。若产生气阻,应更换质量高、符合要求的制动液。

（2）一脚制动不灵,连续踏下制动踏板时,踏板位置逐渐升高且制动效果良好,表明自由行程过大或摩擦片与制动鼓间隙过大,应予以调整,如图 3-129、图 3-130 所示。

（3）连续踏下制动踏板,踏板位置能逐渐升高,升高后继续用脚踏紧,此时若感到踏板有下沉的感觉,如图 3-131 所示,表明制动系中有漏油之处或制动主缸出油阀

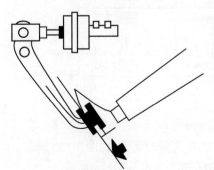

图 3-131　在保持压力下踏制动踏板时感到有下沉感

关闭不严。应检查油管、油管接头和主缸。

(4) 若踩下制动踏板时需用力大,而且感觉很硬,应检查真空助力器。

(5) 当踏下踏板时,制动踏板高度符合要求,也不软弱不下沉,但制动效果不好,应检修车轮制动器,如图 3-130 所示。

### (三) 制动跑偏

**1. 故障现象**

汽车制动时,车辆向一边偏斜,不能保持正直方向,偏斜的方向有时向左,有时向右,重脚踩下制动踏板后,车辆甚至产生横滑,制动时车轮拖印长短不一。

**2. 故障原因**

(1) 个别制动轮缸内有空气。

(2) 个别轮缸皮碗发胀,致使活塞运动不灵活。

(3) 个别车轮摩擦片表面有油污、硬化或铆钉外露。

(4) 左、右车轮摩擦片与制动鼓间隙大小不一致。

(5) 左、右车轮摩擦片材料不一致或新旧摩擦片搭配不均。

(6) 个别制动鼓或制动盘磨偏、变形、磨损、起沟槽。

(7) 左右轮胎气压、规格、花纹不一致。

(8) 左右轮制动蹄复位弹簧拉力不一致。

(9) 制动钳或制动底板安装松动。

(10) 左右悬架或车轴变形。

(11) 左右钢板弹簧刚度不一致。

(12) 左右轮毂轴承预紧度调整不一致。

**3. 故障诊断与排除**

(1) 制动时车辆向左跑偏,即为右侧车轮制动不灵;反之,向右跑偏即为左侧车轮制动不灵,如图 3-132 所示。

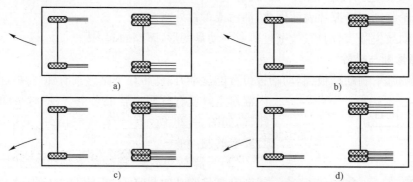

图 3-132 车轮制动印痕与跑偏的一般规律
a) 向右偏 b) 向右偏 c) 向左偏 d) 向左偏

(2) 当确定某车轮制动不良后,应先调整制动鼓与制动蹄片之间的间隙,如图 3-130 所示。

(3) 若制动间隙符合要求,必要时应对该轮制动轮缸进行排气,如图 3-128 所示。

(4) 经上述检查调整后,仍不能排除,应拆检该车轮制动器及制动轮缸。

(5)若各车轮的制动效能均良好,应检查两前轮的轮胎气压是否一致,钢板弹簧力及车架的变形情况等。

### (四)制动拖滞

**1. 故障现象**

(1)踏下制动踏板感到高而硬,踏不下去。汽车起步困难,行驶费力。当松抬加速踏板踏下离合器踏板时,车速明显降低。

(2)汽车行驶一定里程后,用手触摸制动鼓感觉发热。

**2. 故障原因**

(1)制动踏板自由行程过小或无自由行程。

(2)制动主缸皮碗发胀,复位弹簧过软,致使皮碗堵住旁通孔不能回油。

(3)制动轮缸皮碗发胀、老化、变形,影响活塞运动。

(4)制动蹄摩擦片与制动鼓间隙过小。

(5)制动蹄与制动蹄轴锈蚀,回位弹簧疲劳过软或折断,使制动蹄转动复位困难。

(6)制动管凹瘪、老化或油管内有污物堵塞,回油不畅。

(7)制动鼓或制动盘变形。

**3. 故障诊断与排除**

(1)汽车行驶一定里程后,用手触摸各制动鼓均感觉发热,表明故障在制动主缸、增压器或制动踏板。若个别制动鼓发热,则故障在车轮制动器。

(2)若故障在制动主缸,应先检查踏板自由行程是否过小,如图3-133所示。若过小,应予以调整。

(3)若自由行程符合规定,放松制动踏板不能迅速复位,应检查制动踏板复位弹簧弹力、踏板轴及连接机构的润滑情况。必要时进行修理或更换。

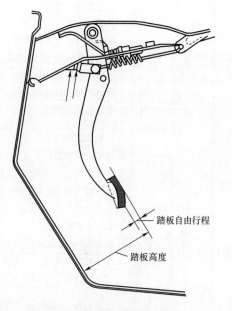

图3-133 检查制动踏板自由行程

(4)若制动踏板复位良好,可将制动主缸储液罐盖打开,连续踏、抬踏板,观察回油情况。若不回油,表明主缸回油孔堵塞,应予以疏通。若回油缓慢,则应拆检制动主缸,检查皮碗和复位弹簧,如图3-134所示。

(5)若故障在车轮制动器,应先拧松放气螺钉,排出轮缸的制动液如图3-135所示。若制动解除,则为油管堵塞,应予以疏通。若仍不能解除制动,则应调整制动鼓与制动蹄片之间的间隙。

(6)经上述检查后制动仍然拖滞,则进一步拆检车轮制动器。

### (五)典型车辆常见故障与排除

以桑塔纳2000GSi轿车为典型车辆,分析其液压制动系统的常见故障如表3-19所示。

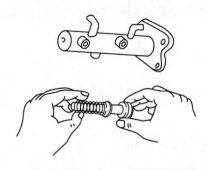

图 3-134 检查主缸活塞、皮碗和复位弹簧是否完好

图 3-135 排出轮缸的制动液

**桑塔纳 2000GSi 轿车常规制动系统的常见故障及排除** 表 3-19

| 故障现象 | 故障原因 | 排除方法 |
| --- | --- | --- |
| 制动不灵 | ①主缸进油孔堵塞<br>②主缸出油阀损坏<br>③制动管路内有空气<br>④制动踏板自由行程过大<br>⑤制动鼓和摩擦片间隙过大<br>⑥制动盘或制动鼓变形，表面不平，接触不良<br>⑦摩擦片表面硬化、有油，铆钉外露<br>⑧轮缸活塞滑动不良 | ①进行清洗疏通<br>②更换出油阀<br>③进行放气<br>④调整至规定值<br>⑤调整或更换摩擦片<br>⑥修理或更换<br>⑦修理或更换<br>⑧修理或更换 |
| 制动拖滞 | ①制动踏板无自由行程<br>②制动踏板复位不良<br>③主缸活塞皮碗发胀<br>④轮缸皮碗发胀、活塞发卡<br>⑤制动蹄片与制动鼓(盘)的间隙过小，回位弹簧弹力不足<br>⑥制动间隙自动调整装置不良<br>⑦驻车制动装置回位不良<br>⑧制动鼓和盘变形过大 | ①调整制动踏板自由行程<br>②应及时修整<br>③更换皮碗<br>④更换<br>⑤调整或更换<br>⑥拆开检修<br>⑦及时修整<br>⑧进行修理或更换 |
| 制动跑偏 | ①左右蹄片与鼓(盘)的间隙不等<br>②单边蹄片有油、烧结失效<br>③制动蹄复位弹簧衰损或装配不良<br>④左右摩擦片型号、厂家不同<br>⑤轮缸内有空气、油管堵塞或活塞卡住<br>⑥左右轮胎气压不一致、磨损不同<br>⑦前轮定位不良<br>⑧悬架弹簧衰损或减振器不良 | ①进行调整，使其一致<br>②修理或更换蹄片<br>③进行修理或更换<br>④更换同一厂家、型号的产品<br>⑤及时进行修理<br>⑥调整或更换轮胎<br>⑦进行前轮定位的检查和调整<br>⑧更换有问题的零件 |
| 制动失效 | ①制动主缸内缺油<br>②主缸皮碗损坏<br>③制动管路破裂或接头漏油<br>④制动踏板、推杆等连接机构脱落 | ①添加规定质量的制动液后放气<br>②更换损坏的皮碗<br>③更换或紧固<br>④进行修理 |

## (六) 注意事项

(1) 严格操作程序,注意安全。
(2) 正确使用工具和量具。
(3) 添加制动液时,必须添加同样牌号的制动液。
(4) 操作过程中,油污不能沾到制动鼓与摩擦片的工作表面。
(5) 各阀门、活塞、皮碗、衬垫等密封件必须保持清洁完好。

## 二、气压制动装置故障

气压制动装置常见故障有制动失效、制动不良、制动跑偏和制动拖滞等。

### (一) 制动失效

**1. 故障现象**

汽车行驶中制动时,汽车不能减速或停车,制动装置不起制动作用。

**2. 故障原因**

(1) 贮气筒内无压缩空气或压缩空气压力不足。
(2) 空气压缩机失效。
(3) 制动踏板与制动阀拉臂脱落或自由行程过大。
(4) 制动阀进、排气间隙调整不当,导致进气阀打不开或排气阀关闭不严。
(5) 制动阀或制动气室膜片破裂、老化或平衡弹簧弹性不足。
(6) 制动气管漏气或堵塞。
(7) 车轮制动器失效。

**3. 故障诊断与排除**

(1) 发动机运转一定时间后,查看气压表。如果气压表指示为"0"或上升很慢,应检查空气压缩机皮带是否过松,如图 3-136 所示。压缩机到贮气筒之间是否有漏气处。若有,应予以修复。

(2) 若以上检查良好,应拆下空气压缩机进行检修。

(3) 若发动机运转一定时间后,贮气筒内有压力较足的压缩空气,且打开贮气筒放水开关时,有压缩空气喷出,如图 3-137 所示。则应拆检贮气筒至制动阀进气阀之间的气管是否阻塞或制动阀的进气阀是否不能打开。若是,给予疏通或修理。

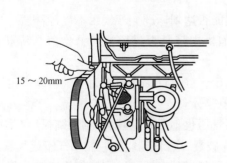
图 3-136　检查空气压缩机皮带松紧度

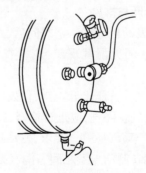
图 3-137　检查贮气筒是否有压缩空气

(4) 当踏下制动踏板时听到有漏气声音,经检查是气管或制动气室漏气的,应进行检修,如图 3-138 所示。若为制动阀漏气,应调整排气间隙或检修制动阀。

(5) 当踏下制动踏板,制动气室推杆移动正常良好,如图 3-139 所示,且无漏气声,但仍然无制动效果,应检修车轮制动器。

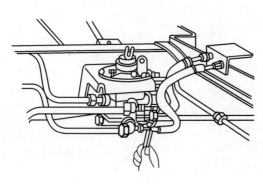

图 3-138 检查气管是否漏气

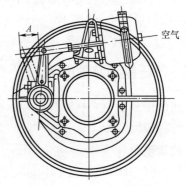

图 3-139 检查制动气室推杆移动是否良好

### (二) 制动不良

**1. 故障现象**

行车时踏下制动踏板后,制动减速度小或反应缓慢,车辆不能随即减速、停车。紧急制动时各轮均无轮胎拖印。

**2. 故障原因**

(1) 贮气筒内压缩空气压力不足或空气压缩机工作不良。

(2) 制动踏板自由行程过大。

(3) 制动阀调整不当。

(4) 制动阀、制动气室膜片破裂、老化引起漏气。

(5) 制动气管漏气、堵阻或凹瘪,或制动软管老化发胀通气不畅。

(6) 车轮制动器摩擦片与制动鼓之间间隙过大。

(7) 车轮制动器摩擦片表面有油污、硬化或磨损严重,铆钉外露。

(8) 制动鼓磨损失圆、起沟槽或鼓壁过薄。

(9) 制动凸轮轴或制动蹄轴润滑不良、锈蚀、卡滞。

**3. 故障诊断与排除**

(1) 起动发动机运转一定时间后,查气压表能否达到标准。若气压不足,停机后,气压也不明显下降,表明无漏气现象,应检查空气压缩机皮带是否过松或检修空气压缩机,如图 3-136。

(2) 若储气筒气压上升正常,但发动机熄火后,气压自动下降,则为空气压缩机至制动阀进气阀之间的气管漏气,应进行检修,如图 3-140 所示。

(3) 若储气筒气压符合要求,发动机熄火后气压也不下降,但踏下制动踏板后有漏气声,则为制动阀到各制动气室之间有漏气处,或膜片破裂,应检修制动阀、制动气室或气管。

(4) 若储气筒气压正常,以上各项检查亦无漏气,但制动不良,则应先检查制动踏板自由行程和制动阀最大输出气压。若不符合规定,应进行调整;若符合规定,再对车轮制动器进行检查和调整,如图 3-141 所示,必要时给予修理。

图 3-140　检查空气压缩机气管接头是否漏气

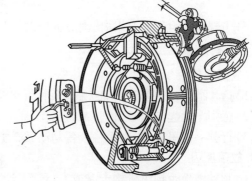

图 3-141　检查调整车轮制动器

### (三) 制动跑偏

**1. 故障现象**

制动时汽车向一边跑偏,不能保持直线方向;紧急制动时,车辆甚至产生横滑。制动时车轮拖印长短不一。

**2. 故障原因**

(1) 左右车轮制动鼓与摩擦片间隙不一致,或摩擦片材料不同。

(2) 个别车轮的摩擦片有油污、表面硬化或铆钉外露。

(3) 个别制动鼓磨损失圆、鼓壁起槽或变薄。

(4) 左、右车轮制动器的制动蹄复位弹簧拉力相差较大。

(5) 个别制动气室推杆弯曲变形,膜片破裂,气管接头漏气。

(6) 个别车轮的制动凸轮轴由于锈蚀被卡滞或制动蹄与支撑销锈蚀卡滞,不能自由转动。

(7) 左右轮胎气压、花纹、规格不一致。

(8) 制动底板松动。

(9) 左右悬架或车轴变形。

(10) 左右钢板弹簧刚度不一致。

(11) 左右轮毂轴承预紧度调整不一致。

**3. 故障诊断与排除**

(1) 首先进行路试,察看两侧制动轮胎拖印是否一致。若一致,应检查轮胎气压、花纹和规格是否一致,前钢板弹簧、弹力是否相差太多,前轴和车架有否变形等。若有,应加以排除。

(2) 若制动拖印不一致,可一人踏住制动踏板,另一人注意检查车轮制动气管接头或制动气室膜片有无漏气。若有漏气,应进行修复。

(3) 若以上检查无漏气,则检查制动推杆伸缩情况,如图 3-139 所示;推杆是否弯曲变形或被卡住,如图 3-142 所示。必要时应进行修理。

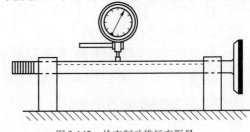

图 3-142　检查制动推杆变形量

(4)如果上述检查良好,再进一步应调整制动鼓与制动蹄片之间的间隙,如图 3-141 所示。

(5)当制动间隙符合要求时,则应拆检车轮制动器。

### (四)制动拖滞

**1. 故障现象**

(1)抬起制动踏板解除制动时,制动阀排气缓慢或不排气,使制动蹄不能立即复位解除制动。

(2)感到车辆起步困难,行驶费力。

(3)行驶一定里程后,用手触摸各制动鼓感觉发热。

**2. 故障原因**

(1)制动踏板及操纵机构卡滞或有运动干涉,复位弹簧疲劳、过软或折断。

(2)制动踏板没有自由行程。

(3)制动阀拉臂与排气阀的行程调整不当,排气间隙过小。

(4)制动气室推杆伸出过长或因弯曲变形而被卡住。

(5)车轮制动器凸轮轴或制动蹄轴因锈蚀或配合过紧,转动不灵,致使制动蹄复位缓慢或不复位。

(6)制动蹄复位弹簧过软或折断。

(7)摩擦片与制动鼓之间间隙过小。

(8)制动软管老化不畅通。

**3. 故障诊断与排除**

(1)汽车行驶一定里程后,用手触摸各制动鼓,若全都发热,表明故障在制动阀。若个别制动鼓发热,则故障很可能在车轮制动器。

(2)若故障在制动阀,应先检查制动踏板自由行程是否过小。若过小,应调整制动阀排气间隙。

(3)如果制动踏板自由行程符合规定,但松抬制动踏板后不能迅速复位,应检查制动踏板复位弹簧弹力及连接机构的润滑情况。必要时进行修理或更换。

(4)若制动踏板复位良好,应检修制动阀。

(5)若制动阀良好,制动拖滞的故障在车轮制动器,则应先检查、调整制动鼓与制动蹄片之间的间隙,如图 3-141。并检查制动气室推杆有否过长或弯曲变形发卡,制动软管是否老化不畅通。有则加以排除。

(6)经调整后仍然拖滞,则应拆检车轮制动器。

### (五)注意事项

(1)严格遵守操作程序,注意安全。

(2)正确使用工具和量具。

(3)制动阀的橡胶密封圈必须清洁完好。

(4)摩擦片与制动鼓的工作表面不得沾有油污。

## 三、驻车制动装置故障

驻车制动装置常见故障有制动不灵和制动拖滞两种。

## (一) 制动不灵

**1. 故障现象**

在坡路上停车,拉紧驻车制动操纵杆,车辆仍能前后溜动。

**2. 故障原因**

(1) 自由行程过大。

(2) 制动鼓或制动盘与制动蹄摩擦片之间的间隙过大。

(3) 制动鼓或制动盘与制动蹄摩擦片之间沾有油污。

(4) 制动蹄摩擦片磨损过甚或表面硬化,铆钉外露。

(5) 制动鼓或制动盘变形、磨损失圆、起沟槽或有裂纹。

**3. 故障诊断与排除**

(1) 检查驻车制动器自由行程是否过大。若过大,应予以调整。

(2) 检查制动鼓(盘)与制动蹄摩擦片之间的间隙是否过大。若过大,应予以调整,如图 3-143 所示。

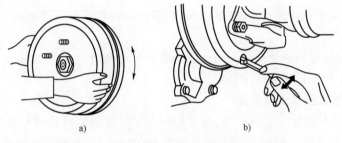

图 3-143 检查调整制动鼓与制动蹄摩擦片的间隙
a) 检查制动间隙;b) 调整制动间隙

(3) 上述检查均良好,应拆检驻车制动器。

## (二) 制动拖滞

**1. 故障现象**

(1) 放松驻车制动器操纵杆,汽车起步仍困难,行驶费力。

(2) 汽车行驶一定里程后,用手触摸驻车制动鼓,感觉发热。

**2. 故障原因**

(1) 制动蹄摩擦片与制动鼓盘之间间隙过小。

(2) 制动鼓复位弹簧过软或折断。

(3) 制动蹄与制动蹄轴卡滞,凸轮轴与套管锈蚀卡滞,转动困难,不能自如复位。

**3. 故障诊断与排除**

(1) 检查制动鼓(盘)与制动蹄摩擦片之间的间隙是否过小。若过小,应予以调整,如图 3-143。

(2) 若制动间隙符合要求,则应拆检驻车制动器,检查复位弹簧是否过软,摩擦片是否破碎,制动蹄片与制动蹄轴是否锈蚀,制动凸轮轴转动是否灵活。必要时进行修理或更换。

## (三) 注意事项

(1) 严格遵守操作程序,注意安全。

(2)正确使用工具和量具。

(3)摩擦片和制动鼓工作表面不得沾有油污。

## 四、电子防抱死制动(ABS)系统故障

### (一)故障诊断和检查的一般方法和步骤

汽车行驶过程中,当ABS发生的故障时,通常可采用以下的基本方法和步骤:

**1. 直观检查**

直观检查是在ABS出现故障或感觉到系统工作不正常时采用的初步目视检查方法。检查内容如下:

(1)制动液面是否在规定的范围之内。

(2)检查所有继电器、熔断丝是否完好,插接是否牢固。

(3)检查电子控制装置导线的插头、插座是否连接良好,有无损坏,搭铁是否良好。

(4)检查蓄电池电压是否符合规定。

(5)控制单元、车轮转速传感器、电磁阀体、制动液面指示灯开关导线插头、插座和导线的连接是否良好。

(6)检查车轮转速传感器传感头与齿圈间隙是否符合规定,传感器头有无脏污。

(7)检查驻车制动杆是否完全释放。

**2. 利用随车自诊断系统诊断法**

ABS一般都具有故障自诊断功能,电子控制单元工作时能对自身和系统中的有关电器元件进行测试。如果电子控制单元发现系统中存在故障,一方面使ABS警示灯点亮,中断ABS工作,恢复常规制动系统;另一方面会将故障信息以代码的形式存入存储器中,然后在检修时由修理人员将故障代码调出(读出),以便了解故障情况。

**3. 快速检查**

快速检查一般是在自诊断基础上进行的。它是利用示波器或万用表等,对系统的电路和元器件进行连续测试,以查找故障的方法。

### (二)有故障码的诊断与排除

以桑塔纳2000GSi型轿车ABS为例,图3-144所示为桑塔纳2000GSi型轿车ABS系统电路图。

**1. ABS液压泵工作不良**

(1)故障现象:

①ABS指示灯亮。

②制动时ABS工作不起作用。

③故障码显示01276

(2)故障原因:

①电源线路短路或搭铁。

②电动机线束松脱。

③电机损坏。

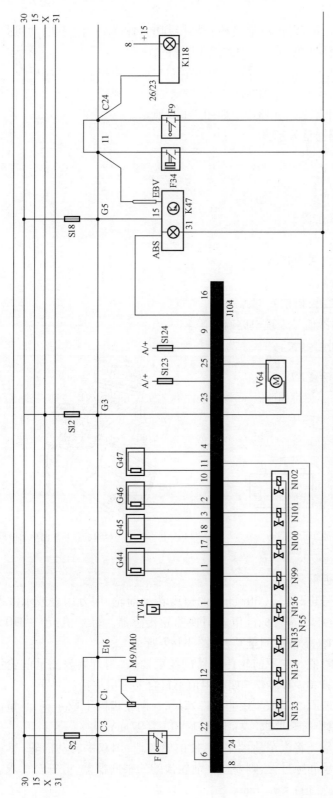

图3-144 桑塔纳2000GSi轿车MK20-I型ABS系统电路图

A-蓄电池;B-在仪表内+15;F-制动灯开关;F9-驻车制动指示灯开关;F34-制动液位报警信号开关;G44-左前轮速度传感器;G45-右前轮速度传感器;G46-左后轮速度传感器;G47-右后轮速度传感器;J104-ABS及EBV的电子控制单元;K47-ABS警告灯;K118-驻车制动、制动液位警告灯;M9-左制动灯;M10-右制动灯;N55-ABS及EBV的液压单元;N99-ABS左后出油阀;N100-ABS右前进油阀;N101-ABS右前出油阀;N102-ABS左前进油阀;N133-ABS左前出油阀;N134-ABS右后进油阀;N135-ABS左后进油阀;N136-ABS左后出油阀;S2-熔断丝(10A);S12-熔断线(15A);S18-熔断丝(10A);S123-液压泵熔断丝(30A);S124-电磁阀熔断丝(30A);TV14-诊断插口;V64-ABS液压泵

(3)故障诊断与排除:

①将电动机线束插头拔下,将蓄电池电源直接接到电动机插头上,看电动机是否工作。若电动机不工作,则更换液压控制单元。如图3-145所示。

②检查熔断丝和 ABS ECU 接头,若熔断丝烧断需更换,线束接触不良应更换。

③连接电动机线束,点火开关打到"ON"挡,清除故障码,利用 V.A.G1552 作液压控制单元诊断。若故障重现,则需要更换 ECU。如图3-146所示。

### 2. 左前轮、右前轮传感器信号不良

(1)故障现象:

①ABS 指示灯亮。

②制动时 ABS 工作不良。

③故障码显示 00283、00285。

(2)故障原因:

①前轮传感器插接器或线圈开路。

②前轮传感器线圈短路。

③前轮传感器插头或线束搭铁或电源短路。

④ABS ECU 前轮传感器信号处理电路有故障。

⑤前轮传感器漏装,间隙过大。

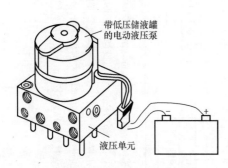

图3-145 检查电动机是否正常工作

图3-146 利用 V.A.G1552 作液压控制单元诊断

(3)故障诊断与排除:

①检查前轮传感器是否漏装。

②检查前轮传感器信号电压。以 30r/min 的速度转动前轮,用万用表或示波器测量前轮传感器的输出电压,若电压不符合标准值应更换前轮传感器。标准值:70~310mV(万用表测量);3.4~14.8 mV/Hz(示波器测量)。如图3-147所示。

③测量前轮传感器电阻值。拔下前轮传感器的线束插头,用万用表测量前轮传感器电阻值,如图3-148。标准值:1.0~1.3kΩ。如电阻值不符合要求应更换。

④检查前轮传感器与齿圈的气隙。用非磁性塞尺,在前轮齿圈上取4点,测量齿圈与前轮传感器之间的间隙,间隙应符合要求。标准值:1.10~1.97mm。

⑤检查前轮轴承摆动量。将汽车前端举起,使前轮离地,用双手转动前轮,感觉前轮的摆动是否异常。若前轮轴承间隙过大,则要检查前轮齿圈的轴向摆差,应符合要求。若摆差过大,需更换前轮轴承。标准值:<0.3mm。

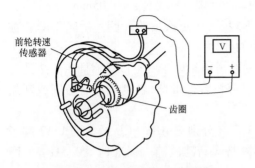

图3-147 检查前轮传感器信号电压　　　　图3-148 测量前轮传感器电阻值

⑥检查前轮齿圈。前轮齿圈若有变形、断齿等现象,应更换前轮齿圈,前轮齿圈若被泥、脏物、铁石等异物堵塞,应清除前轮齿圈空隙中的异物。

⑦检查左右前轮传感器线束的导通性。用万用表的欧姆挡测量左前轮传感器插头的1、2孔分别与ABS ECU插头的11、4端子之间的阻值。标准值<0.5Ω。用万用表的欧姆挡测量右前轮传感器插头的1、2孔分别与ABS ECU插头的3、18端子之间的阻值。标准值<0.5Ω。如图3-149所示。

### 3. 右后轮、左后轮传感器信号不良

(1) 故障现象:

①ABS指示灯亮。

②制动时ABS工作不良。

③故障码显示00287、00290。

(2) 故障原因:

①后轮传感器插接器或线圈开路。

②后轮传感器线圈短路。

③后轮传感器插头或线束搭铁或电源短路。

④ABS ECU后轮传感器信号处理电路有故障。

⑤后轮传感器漏装,间隙过大。

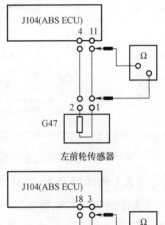
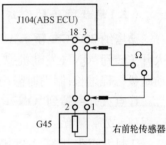

图3-149 检查左右前轮传感器线束的导通性

(3) 故障诊断与排除:

①检查后轮传感器是否漏装。

②检查后轮传感器信号电压。以30r/min的速度转动后轮,用万用表或示波器测量后轮传感器的信号输出电压,若电压值不符合标准值应更换后轮传感器。标准值:>260mV(万用表测量);>12.2mV/Hz(示波测量)。

③测量后轮传感器电阻值。拔下后轮传感器的线束插头,用万用表测量后轮传感器电阻值,电阻值不符合要求应更换。标准值:1.0~1.3kΩ。

④检查后轮传感器与齿圈的间隙。用非磁性塞尺,在后轮齿圈上取4点,测量齿圈与后轮传感器之间的间隙,间隙应符合要求。标准值:0.42~0.80mm。

⑤检查后轮轴承径向跳动量,举升起后轮,使之离地,用双手转动后轮,感觉后轮的径向跳动量是否异常。若后轮轴承径向间隙过大,则要检查后轮轴承的径向圆跳量是否符合要

求。若跳动量过大,需更换后轮轴承或调整后轮轴承的间隙。标准值:<0.05mm。

⑥检查后轮齿圈。后轮齿圈若有变形、断齿等现象,应更换后轮齿圈。后轮齿圈若被泥、脏物、铁石等异物堵塞,应清除后轮齿圈空隙中的异物。

⑦检查后轮传感器线束的导通性。用万用表的欧姆挡测量左后轮传感器插头1、2孔分别与ABS ECU插头2、10端子之间的电阻值。其值应符合标准值,否则线束有短路或断路故障。标准值≤0.5Ω。如图3-150所示。

用万用表的欧姆挡测量右后轮传感器插头的1、2孔分别与ABS ECU插头的1、17端子之间的电阻值。其值应符合标准值,否则线束有短路或断路故障。标准值≤0.5Ω。如图3-151所示。

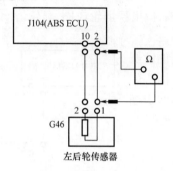 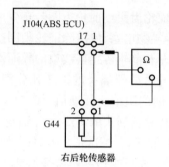

图3-150 检查左后轮传感器线束的导通性　　图3-151 检查右后轮传感器线束导通性

对有短路或断路故障的线束,应加以修理或更换。

### (三)无故障码的诊断与排除

桑塔纳2000GSi轿车ABS有时没有故障显示,但ABS有故障,常表现的故障现象有:点火开关转到"ON"(发动机熄火状态),ABS警告灯不亮;发动机起动后,ABS警告灯常亮;制动踏板行程过长;制动时需用很大的力踩制动踏板且ABS工作异常。

**1. 点火开关转到"ON"(发动机熄火状态),而ABS警告灯不亮**

(1)故障现象:

①打开点火开关,ABS警告灯不亮。

②无故障码显示。

(2)故障原因:

①熔断丝烧毁。

②ABS警告灯灯泡烧毁。

③电源线路断路。

④ABS警告灯控制器损坏。

(3)故障诊断与排除:

①检查中央电器盒内的ABS警告灯熔断丝是否正常。若不正常则更换。若正常则检查中央电器盒熔断丝插座,若不正常则修理或更换。

②若中央电器盒熔断丝插座正常,拆下ABS接头点火开关:"ON"警告灯是否亮,若亮,则检查ABS线束中央连接ABS警告灯控制器和ECU的电线是否短路搭铁,若短路搭铁则更换线束。

③拆开 ABS ECU 插头点火开关:ON 警告灯不亮则检查 ABS 警告灯灯泡是否烧毁,若烧毁则更换灯泡。

④若灯泡良好,则检查 ABS 线束中警告灯电源回路和搭铁回路是否开路。若开路更换线束。

⑤若线束正常则检查警告电源回路及搭铁回路插接器,若不正常更换插接器。

⑥若正常,看故障是否再现,若再现更换警告灯控制器。

**2. 发动机起动后,ABS 警告灯常亮**

(1) 故障现象:

①ABS 警告灯常亮。

②无故障码显示。

(2) 故障原因:

①警告灯控制器损坏。

②ABS 警告灯控制器回路开路。

③ABS ECU 损坏。

(3) 故障诊断与排除:

①检查 ECU 和 ABS 警告灯控制器之间的电线是否开路,若开路更换线束。

②检查 ABS 警告灯控制器,若不正常则更换。

③若 ABS 警告灯控制器正常,则更换 ABS ECU。

**3. 制动踏板工作行程过长**

(1) 故障现象:

①制动踏板有下垂现象。

②无故障码显示。

(2) 故障原因:

①漏制动液。

②常闭阀(出油阀)泄漏。

③制动盘严重磨损。

④系统中有空气。

⑤驻车制动调整不当。

(3) 故障诊断与排除:

①目视检查液压管接头是否泄漏,若泄漏,应予以排除。

②检查制动盘磨损情况,若磨损过甚则更换制动盘。

③检查驻车制动调节装置是否正常,若不正常则更换。

④以上检查正常则进行排气检查。

⑤以上检查后若故障仍存在,则用 V. A. G1552 液压控制单元诊断检查常闭阀密封性能。若不正常更换 HCU。

**4. 需用很大的力踩制动踏板**

(1) 故障现象:

①制动时感觉制动踏板有较大阻力。

②无故障码显示。

(2) 故障原因：

①真空助力器工作不正常。

②常开阀(进油阀)工作不正常。

(3) 故障诊断与排除：

①用传统方法检查助力器和制动踏板行程是否正常。否则，应加以调整或修理。

②用 V.A.G1552 液压控制单元诊断检查常开阀。若不正常更换 HCU。

③若常开阀正常，按非 ABS 车的传统方法检查助力器与踏板行程。

### 5. ABS 工作异常

(1) 故障现象：

①无故障码显示。

②制动力不足。

③制动力不均匀。

④ABS 工作异常。

(2) 故障原因：

①传感器安装不当。

②传感器线束有问题。

③传感器损坏。

④齿圈损坏。

⑤传感器黏附异物。

⑥车轮轴承损坏。

⑦ABS HCU(液压控制单元)损坏。

⑧ABS ECU(电子控制单元)损坏。

(3) 故障诊断与排除：

①检查传感器安装是否正确。

②检查传感器输出电压。若电压不正常，则检查各个传感器，若传感器不正常予以更换。

③用 V.A.G1552 作液压控制单元诊断。若不正常更换 ABS HCU。

④检查各个传感器齿圈，若不正常予以更换。

⑤若各个传感器齿圈正常，则检查车轮轴承间隙。若不正常予以修理或更换。

⑥检查 ABS ECU 插座及中间插接器，若不正常予以修理或更换。

⑦若以上检查正常故障仍出现，检查 ABS 电线束各接线柱间的电阻值是否符合标准值。否则更换 ABS ECU。

### (四) 注意事项

(1) 系统发生故障由 ABS 警告灯和制动装置警告灯指示。某些故障只能在车速超过 20km/h 后才能被检测到。

(2) 如果 ABS 警告灯和制动装置警告灯不亮，但尽管如此，制动效果仍不理想，则可能是系统放气不干净或在常规的制动系中存在故障。

(3)对 ABS 修理前,为了检查故障所在,应先用 V.A.G1552 故障诊断仪查询故障存储码。

(4)插拔 ABS 电气插头之前,必须关闭点火开关。

(5)开始修理前,应关闭点火开关,从蓄电池上拆下搭铁线。

(6)防抱死制动系统工作必须绝对清洁,决不要使用含矿物油的物质,例如,机油或油脂。

(7)拆卸前必须彻底清洁连接点和支撑面,决不要使用汽油、稀释剂等类似的清洁剂。

(8)拆下的零件必须放在干净的地方,并且覆盖好。

(9)把 ABS ECU 和液压控制单元分开后,必须把液压控制单元放在专用支架上以免在搬运中碰坏阀体。

(10)拆下的元件如果不能立刻完成修理工作,必须小心地盖好或者用塞子封闭。

(11)不要使用起毛的抹布擦洗。

(12)配件要在安装前才从包装内取出。

(13)必须使用原装配件。

(14)系统打开后不要使用压缩空气,也不要移动车辆。

(15)注意不要让制动液流到线束插头内。

(16)打开制动系统完成作业后,用专用工具 VW1238A 制动液充放机与 V.A.G1552 故障诊断仪配合使用,对系统进行放气。

(17)在试车中,至少进行一次紧急制动。当 ABS 正常工作时,会在制动踏板上感到有反弹,并可感觉到车速迅速降低而且平稳。

# 单元四
# 汽车一般电气设备的故障诊断与排除

汽车电气设备通常分为充电系、起动系、照明与信号装置和仪表等。

## 一、充电系的故障诊断与排除

汽车充电系由交流发电机、蓄电池、调节器及电流表(或充放电指示装置)等组成。

现代汽车普遍使用交流发电机(硅整流发电机)、晶体管调节器、充电指示灯(无电流表)等电气设备。

充电系常见故障有：不充电、充电电流过小、充电电流过大、充电电流不稳和发电机异响等。

### (一) 不充电

**1. 故障现象**

(1) 发动机高于怠速运转时，电流表指示放电或充电指示灯不熄灭。

(2) 蓄电池很快亏电，如图 4-1 所示。

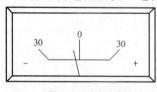

图 4-1　亏电现象

**2. 故障原因**

(1) 发电机"电枢"或"磁场"接线柱松动或脱落、绝缘损坏或导线接触不良。

(2) 驱动皮带松动或沾有油污打滑。

(3) 滑环绝缘破裂击穿。

(4) 发电机电刷在其架内卡滞或磨损过大，弹簧弹力不足或折断，使电刷与滑环接触不良。

(5) 发电机定子与转子线圈断路或短路。

(6) 发电机硅二极管损坏。

(7) 调节器的调节电压过低。

(8) 调节器第一级触点烧蚀。

(9) 调节器第二级触点烧蚀。

(10) 充电指示灯接线搭铁或电流表损坏。

(11) 充电系线路断路。

**3. 故障诊断与排除**

(1) 检查发电机皮带松紧度，如图 4-2 所示。同时检查是否沾有油污而打滑。有则予以排除。

(2) 如图 4-3 所示用试灯法检查有关导线的连接情

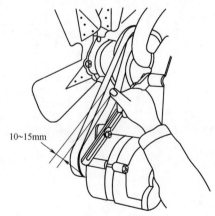

图 4-2　皮带的松紧度检查

况以及有无断路。灯亮,表明该接线柱之前线路良好。灯不亮,表明该接线柱之前有断路故障。

(3)检查电源系统:先断开分电器断电触点,如图4-4所示。接通点火开关,观察电流表动态。

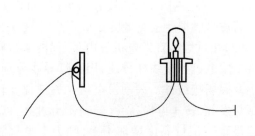

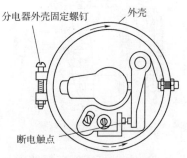

图4-3 断路的检查　　　　　图4-4 分电器断电触点位置图

①电流表指示零,则磁场电路有故障。用试灯一端接发电机磁场接线柱,另一端搭铁,如图4-5所示。

灯亮,表明外磁场电路良好,故障在发电机内部磁场电路,应拆检排除。灯不亮,表明外磁场电路断路或高速触点烧结。此时将调节器的"火线"与"磁场"接线柱短接,如图4-6所示。灯亮,表明调节器损坏,应予更换。灯不亮,表明线路有故障,查出断路点予以排除。

②若电流表指针指在-2A左右,表明充电电路有故障。

先拆下发电机电枢线,用试灯一端接发电机电枢,另一端搭铁,如图4-7所示。灯亮,表明发电机外部的充电电路有故障,应检查排除。灯不亮,表明发电机内部有故障,应拆检排除。

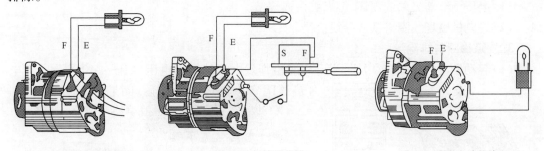

图4-5 磁场电路的检查　　　图4-6 短接调节器　　　图4-7 充电电路的检查

### (二)充电电流过小

**1. 故障现象**

(1)发动机中速以上运转,充电指示灯才能熄灭或电流表指示5A以下。

(2)蓄电池经常存电不足。

(3)前照灯灯光暗淡;电喇叭声音小。

**2. 故障原因**

(1)发电机皮带过松或沾有油污打滑。

(2)充电线路接触不良。

(3) 发电机电刷与滑环接触不良，滑环脏污、烧蚀；定子线圈某相接触不良、短路或断路；转子线圈局部短路；个别二极管损坏等。

(4) 电压调节器触点脏污或电压调节过低。

**3. 故障诊断与排除**

(1) 检查、调整发电机皮带松紧度，如图 4-2 所示。若皮带磨损严重应更换。

(2) 用试灯检查发电机发电量，如图 4-8 所示。先拆下发电机各接线柱导线，用试灯导线分别触及电枢及磁场接线柱。起动发电机并逐渐提高转速，若试灯发红，转速再提高后（转速不可过高，以免损坏二极管），试灯亮度增加不多，则为发电机故障，应拆检发电机。若试灯亮度随转速增加而增加，则表明发电机良好。

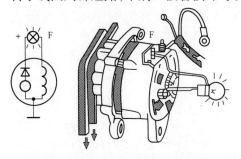

图 4-8　用试灯检查发电机发电量

(3) 检查并视情况更换电压调节器。

**（三）充电电流过大**

**1. 故障现象**

(1) 在蓄电池不亏电情况下，发动机中速以上运转时，电流表（装电流表的汽车）指示充电 10A 以上。如图 4-9 所示。

(2) 蓄电池电解液消耗过快。

(3) 点火线圈和发电机过热。

(4) 分电器断电触点经常烧蚀，各种灯泡经常烧毁。

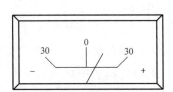

图 4-9　电流表动态

**2. 故障原因**

(1) 电压调节器失调或损坏、触点脏污或烧结。

(2) 发电机磁场线圈搭铁或导线接错。

**3. 故障诊断与排除**

(1) 起动发动机，加速至中速，用万用表检查发电机的输出电压，如图 4-10 所示。若电压高于调节电压，应检查磁场线圈是否搭铁。

(2) 线圈若良好，应检查或更换调节器。

**（四）充电电流不稳**

**1. 故障现象**

发动机在中速以上运转，电流表指示充电但指针左右摆动（或充电指示灯时亮时灭）。

**2. 故障原因**

(1) 发电机皮带打滑。

(2) 充电系连接导线接触不良或插接件松动。

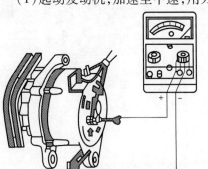

图 4-10　检查发电机的输出电压

(3) 发电机内部定子或转子线圈某处有短路或断路；滑环脏污、电刷接触不良或电刷弹簧过软、折断。

(4) 电压调节器有关线路板松动或搭铁不良。

**3. 故障诊断与排除**

(1)检查发电机皮带松紧度,必要时调整。

(2)检查紧固各导线连接处或插接件。

(3)拆除调节器"＋"与"F"接线柱的连接线并悬空,用试灯连通发电机的该两接线柱,如图4-11所示,使发电机转速不断升高,观察电流表。若电流表反应稳定,灯亮而不闪,表明发电机外磁场接触不良,或调节器的低速触点烧蚀。

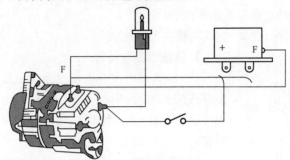

图4-11 充电电流不稳的检查

若电流表指针左右摆动:灯亮而闪光,表明发电机外充电电路接触不良。若灯闪而不亮,则为发电机内部接触不良。均应检查并排除。

**(五)发电机异响**

**1. 故障现象**

发电机运转中发出连续或断续(不正常)的响声。

**2. 故障原因**

(1)皮带松紧度调整不当。

(2)发电机轴承润滑不良,损坏。

(3)转子与定子之间碰擦。

(4)发电机风扇或皮带盘与壳体碰撞。

**3. 故障排除**

(1)检调风扇皮带松紧度。若过松或过紧,应重新调整。

(2)观察发电机外部运转动态。若有碰擦,应检修或调整。

(3)触摸发电机,若温度过高,表明转子与定子碰擦,应检修。

## 二、起动系的故障诊断与排除

发动机起动时,起动电流很大,起动机在大负荷下工作,易产生故障。常见的故障有:起动机不转、起动机运转无力、起动机空转、起动机异响等。

**(一)起动机不转**

**1. 故障现象**

将点火开关拨到起动位置时,起动机不转动。

**2. 故障原因**

(1)蓄电池存电不足,或连接线头松动、脏污而接触不良。

(2)起动开关接触点烧蚀或不能接触。

(3)起动机与继电器之间导线断路或接线松脱。

(4)继电器电磁线圈短路、断路或继电器触点烧蚀。

(5)电磁开关线圈短路、断路,或接触盘接触不良。

(6)电枢轴弯曲变形,轴承过紧或烧蚀。

(7)起动机内部换向器表面脏污或烧蚀。

(8)起动机磁场绕组、电枢绕组短路、断路。

(9)起动机电刷磨损,弹簧过软,与换向器不相接触。

### 3. 故障诊断与排除

(1)检查蓄电池存电情况及连接线路有无故障时,开前照灯或按喇叭,若喇叭不响、灯不亮,表明蓄电池存电不足或接触不良,应予以修理或充电。若喇叭响或灯亮,表明电源良好。

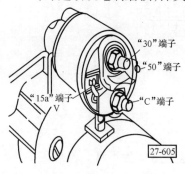

图4-12 起动机不转的故障诊断

(2)判断故障在起动机还是在控制装置时,短接电磁开关上两个主接线柱"30"与"C"端子,如图4-12所示。若起动机不转,则故障在起动机,应予以修理。若起动机转动,则起动机正常,故障在电磁开关或起动机继电器。

(3)判断故障在电磁开关还是在起动继电器时,短接电磁开关的"30"与"50"接线柱,如图4-12所示。若起动机运转正常,则电磁开关良好,故障在起动机继电器及其连接线路,再短接起动继电器的点火锁和电源接线柱,如图4-13所示。若起动机运转正常,则继电器良好,故障在点火开关上。

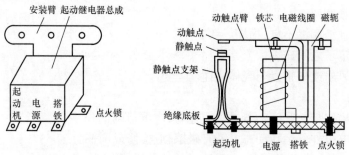

图4-13 起动继电器示意图

### (二)起动机运转无力

#### 1. 故障现象

接通起动开关,起动机能转动,但转动无力,不能起动发动机。

#### 2. 故障原因

(1)蓄电池亏电太多,起动电路接头松动、脏污而接触不良或发动机搭铁不良。

(2)起动机装配过紧,或内部旋转件碰擦,阻力矩过大。

(3)起动机换向器与电刷间脏污、烧蚀或电刷磨损过量、弹簧过软。

(4)起动机电枢绕组或磁场绕组短路。

(5)起动机电磁开关触点烧蚀或电磁开关吸拉线圈、保持线圈断路、短路。

**3. 故障诊断与排除**

(1)开前照灯、按喇叭,判断蓄电池是否亏电较多。必要时加以充电或更换。

(2)检查起动电路各连接导线是否松动或搭铁,若有加以排除。

(3)短接起动机两个主接线柱,如图4-12所示。若电流很大、运转正常表明蓄电池到起动机电路良好,故障在电磁开关,应修复或更换。若仍无力,则故障可能在起动机内部绕组有短路、搭铁处或换向器故障。

### (三)起动机空转

**1. 故障现象**

接通点火开关后,起动机能转动但只空转或有"咔啦咔啦"的齿轮撞击声音,而发动机曲轴并不转动。

**2. 故障原因**

(1)飞轮齿圈缺齿。

(2)单向离合器打滑。

(3)拨叉连接处脱开。

**3. 故障诊断与排除**

(1)关闭点火开关,挂挡推行一小段距离,再使用起动机起动发动机。若起动正常,说明飞轮齿圈有缺齿损坏,应更换齿圈。

(2)若起动机仍空转,说明起动机驱动器有故障,拆下驱动器检查单向离合器和拨叉的连接。

### (四)起动机异响

**1. 故障现象**

起动发动机时,起动机发出"嘎、嘎"的轮齿撞击异常声响,发动机曲轴不能随之转动。

**2. 故障原因**

(1)起动机驱动齿轮或飞轮齿圈内端磨损严重。

(2)起动机驱动齿轮端面止推垫圈之间间隙过大。

**3. 故障诊断与排除**

(1)检查驱动齿轮和飞轮齿圈的磨损情况,磨损过量应更换飞轮齿圈或起动机驱动齿轮。

(2)将拨叉压到极限位置,起动机驱动齿轮端面与止推垫圈间的间隙应在 2±0.5mm 范围内。若间隙不当,可调整行程限位螺钉。如图4-14所示。

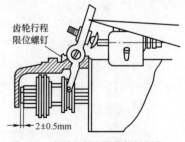

图4-14 起动机行程限位螺钉调节

## 三、汽车照明与信号装置的故障诊断与排除

### (一)照明灯具的故障诊断与排除

汽车灯具常见的故障有:导线连接松动、接触不良、线路断路、短路,电源电压过高、过低,灯泡烧坏等。

## 1. 前照灯不工作

（1）故障现象：

①所有前照灯都不亮。

②其中某个灯不亮。

（2）故障原因：

①前照灯烧坏。

②熔断丝烧断。

③变光开关损坏。

④线束损坏或搭铁不良。

⑤灯泡烧坏或灯座接触不良。

（3）故障诊断与排除：

①检查熔断丝。若熔断丝烧毁，则更换。

②若熔断丝完好，则检查前照灯灯座接触是否不良，灯丝是否烧毁，并视情况加以修理或更换。

③检修前照灯变光开关。用万用表欧姆挡测量变光开关的导通性，若变光开关置于近光或远光位置，其电阻均为无穷大，表明变光开关损坏，应更换。如图4-15。

④逐段检修电路，排除开路。电路见图4-16。

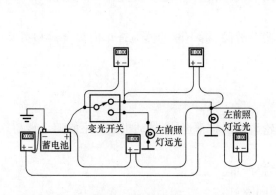

图4-15　检查变光开关　　　　　　　　图4-16　汽车前照灯电路

## 2. 前照灯灯光暗淡

（1）故障现象：

前照灯发光强度不够，灯光暗淡。

（2）故障原因：

①前照灯灯丝烧断（或远光或近光）。

②灯泡规格不对。

③灯泡插销或座接触不良。

（3）故障诊断与排除：

①检查灯泡，如果灯泡规格不对功率较小则更换原车相同规格的灯泡。

②有的前照灯采用双丝灯泡，检查是否有一组灯丝烧断，若有则更换灯泡。

③前照灯均采用灯座搭铁，检查灯座是否有铁锈或脏物，若有则修复或更换。

## 3. 转向灯信号灯不工作

（1）故障现象：

接通转向开关时，汽车左右两侧转向灯不亮。

（2）故障原因：

①熔断丝烧断。

②转向闪光继电器损坏。

③转向灯开关损坏。

④连接线路接触不良或断路。

⑤转向信号灯灯泡损坏。

（3）故障诊断与排除：

①检查熔断丝是否熔断，灯泡是否烧坏或灯座是否接触不良，若有则更换或修复。

②在转向闪光继电器"电源"接线柱上用试灯测试。若试灯不亮，则为继电器线路断路。应加以修复或更换。若灯亮，表明电源良好。

③短接闪光继电器"开关"与"电源"接线柱。若转向灯亮，则故障在转向闪光继电器。若转向灯仍不亮，再短接转向灯开关左、右两接线柱。若转向灯亮，则故障在转向灯开关，应加以修复。

## 4. 制动灯不亮

（1）故障现象：

踏下制动踏板时，制动灯不亮。

（2）故障原因：

①熔断丝烧断。

②制动灯开关损坏。

③连接线路接触不良或断路。

④制动灯座接触不良，搭铁不良或灯丝烧断。

（3）故障诊断与排除：

①检视熔断丝是否烧断。若已烧坏，给予更换。电路见图4-17。

②检查导线连接是否可靠，否则加以修复。

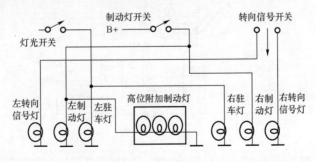

图4-17 汽车制动灯电路

③检查灯丝是否烧断，若烧断，更换灯泡。检查灯泡与灯座接触是否良好，若接触不良，应加以修复。

④在制动灯开关"电源"接线柱试火。若无火,故障在制动灯开关至蓄电池间断路。若有火,短接制动灯开关两接线柱,此时若制动灯亮,故障在制动灯开关内部,应更换。

### 5. 制动灯常亮

(1)故障现象:

松开制动踏板后,制动灯不熄灭。

(2)故障原因:

①制动灯开关触点烧结。

②制动灯开关复位弹簧过软、折断。

(3)故障诊断与排除:

换用新制动灯开关对比试验。若能熄灭,为制动灯开关有故障,应以更换。

## (二)电喇叭的故障诊断与排除

### 1. 电喇叭不响

(1)故障现象:

按下喇叭按钮,喇叭不响。

(2)故障原因:

①蓄电池亏电。

②喇叭熔断丝烧断。

③线路连接松脱、断路。

④喇叭损坏。

⑤喇叭开关或喇叭继电器损坏。

(3)故障诊断与排除:

①检查蓄电池存电是否充足。否则,给蓄电池充电或更换蓄电池。

②检查熔断丝是否烧断,线路连接是否松脱或断路。有则给予修复或更换。

③从蓄电池正极桩到喇叭端子跨接一根粗导线,如果喇叭不响,表明喇叭损坏,则更换。见图4-18。若喇叭响,表明故障在控制线路。

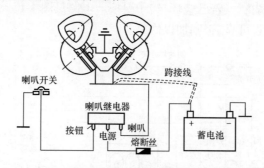

图4-18 汽车喇叭电路

④用导线将喇叭开关短接以检查控制线路。若喇叭响,表明喇叭开关损坏,应更换。若仍不响,表明喇叭继电器损坏,应更换。

### 2. 电喇叭常鸣不止

(1)故障现象:

喇叭长鸣不止。
(2) 故障原因：
①按钮卡死或按钮线搭铁。
②继电器触点烧结。
③喇叭或继电器搭铁。
(3) 故障诊断与排除：
①拔下喇叭熔断丝，中止长鸣现象。
②将继电器"按钮"接线柱上的导线头拆除，插上熔断丝，此时若喇叭不再响，则为按钮至继电器接柱间电路有搭铁故障，应予以排除。
③若喇叭仍长鸣，则为喇叭继电器触点烧结，应该更换继电器。

**3. 电喇叭声音异常**
(1) 故障现象：
①双音喇叭只有一只响。
②喇叭声音沙哑发闷或刺耳。
③音量过小。
(2) 故障原因：
①单只喇叭损坏。
②振动膜片破裂或变形、振动部件连接松旷。
③共鸣板松动。
④喇叭安装松动或减振器固定支架(弹簧片)局部断裂。
⑤喇叭触点或喇叭继电器触点烧蚀或脏污。
⑥喇叭铁芯间隙调整不当。
⑦触点预压力调整不当。
(3) 故障诊断与排除：
①检查喇叭安装是否牢固，减振固定支架有无断裂现象。若有则加以紧固或更换。
②检查喇叭。检查喇叭铁心间隙，若间隙不在 0.5~1.0mm 范围内，应加以修理或调整。检查膜片，若膜片破裂，应更换，并注意厚度及匹配。检查喇叭触点是否烧蚀或脏污，若有则打磨喇叭触点。
③若以上正常，则检查喇叭继电器触点是否烧蚀或脏污，若有则打磨继电器触点或更换。

**(三) 仪表故障的诊断与排除**

汽车常用的仪表有电流表、冷却液温度表、机油压力表、燃油表等。仪表电路由点火开关控制，各仪表的火线均并联连接，而传感器及其仪表各自成串联电路。

**1. 电流表指针不动、指示不准。**
(1) 故障现象：
接通点火开关，电流表指针指示不准或指针不动。
(2) 故障原因：
①接线柱导线松动、脱落。

②永久磁铁的磁场过弱或消磁。
③转子轴或轴承磨损。
④指针平衡块或配重不当。
⑤指针歪斜或指针卡住。

(3) 故障诊断与排除：
①拆下车上被检测的电流表。

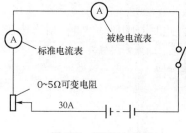

图 4-19 用对比法诊断

②用对比法诊断：把被测电流表与标准直流电表（-30~30A）及可变电阻（0~5Ω，电流为30A）串联在一起，接通12V蓄电池，并逐渐减小可变电阻值，若两电流表读数值误差在20%内，则受检电流表正常，应检查连接线路，察看线路是否断路或线路接头是否松动；反之，则为损坏，应更换。如图 4-19 所示。

**2. 冷却液温度表指针指示不正常**

(1) 故障现象：

接通点火开关，无论发动机温度如何变化，冷却液温度表一直指在100℃或40℃处不动。

(2) 故障原因：
①冷却液温度传感器损坏。
②冷却液温度表损坏。
③点火线路有断路或冷却液温度表至传感器断路。

(3) 故障诊断与排除：
①如图 4-20 所示，将冷却液温度传感器接线柱搭铁，若表针偏转正常，表明传感器已坏，需更换。
②若仍不偏转，可将冷却液温度传感器引线接线柱用短接搭铁，若表针动，表明连接线断路，需检修该段电路；若表针不动，表明冷却液温度表内断路，可更换。

**3. 机油压力表指针指示不正常**

(1) 故障现象：

发动机在各种转速下运转，机油压力表指针均不移动；或接通点火开关后，发动机未发动，机油压力表就开始摆动。

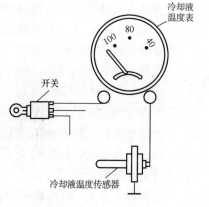

图 4-20 冷却液温度表电路

(2) 故障原因：
①润滑油路堵塞。
②机油压力传感器损坏。
③机油表连接线路断路。
④机油压力表损坏。

(3) 故障诊断与排除：
①拆下机油压力传感器，用一根平头小铁棍插进传感器孔内顶压膜片，并打开起动开

关。若机油压力表指针移动正常,说明润滑油路堵塞,传感器处无油压。见图4-21。

②起动发动机,用螺丝刀将机油压力传感器接线柱搭铁,若机油压力表指示正常,则故障在机油压力传感器,可更换。

③用金属导线,将机油压力表的电源接线柱与缸体划碰。若无火花,说明电源线路有断路,需检修;若有火花,说明故障在机油压力表或表以后的导线断路。见图4-22。

④再用螺丝刀将机油压力表上与机油压力传感器连接的接线柱与机体搭铁,若指针移动正常,说明机油压力表至传感器的连接线路断路,需检修;若指针仍不转动,说明机油压力表损坏,可更换。

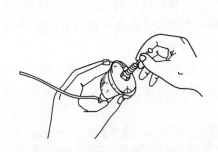
图4-21 清洗机油压力传感器油道

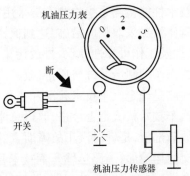
图4-22 机油压力传感器火线测试

**4. 燃油表指针指示不正常**

(1)故障现象:

接通点火开关,不管油箱存油多少,燃油表指针均指向"0"(无油)或"1"(满油)的位置。见图4-23。

(2)故障原因:

①燃油传感器内部断路或搭铁。

②燃油表至传感器间导线断路

(3)故障诊断与排除:

①接通点火开关,将燃油传感器上的接线柱搭

图4-23 燃油表电路

铁,若指针摆动,说明传感器内部断路,应更换。或拆下传感器接线柱上的导线,若指针能摆动,说明传感器内部有搭铁或浮筒损坏,应更换。

②接通点火开关,用螺丝刀将燃油表上与燃油传感器连接的接线柱搭铁,若指针能回到"0"位置,说明燃油表至传感器线路断路,需检修。

# 单元五
# 汽车主要技术性能检测

汽车技术性能检测是指检测人员采用仪器设备和技术,对汽车技术性能进行客观检验,以便根据具体情况采取相应措施,达到保持或恢复其良好使用性能的目的,以确保汽车的动力性、经济性及工作可靠性,减少排放污染,消除事故隐患,提高车辆行驶的安全性,有效地促进和监督汽车的制造及维修质量,改善汽车的结构和性能。

汽车检测是确定汽车技术状况和工作能力的检查,是针对汽车使用性能而言的。检测只能判断汽车技术状况是否合格,取得总体状况信息。诊断则是确定汽车技术状况,查明故障原因和故障部位,是针对汽车故障而言的。

根据交通运输部《道路运输车辆技术管理规定》的要求,汽车检测诊断的主要内容包括汽车的安全性(制动、侧滑、转向、前照灯等)、可靠性(异损、磨损、变形、裂纹等)、动力性(车速、加速能力、底盘输出功率、发动机功率、转矩和供油系、点火系状况等)、经济性(燃油消耗)及噪声和废气排放状况等。

本单元重点介绍发动机综合性能检测、汽车尾气排放检测、汽车噪声检测、汽车转向轮定位检测、汽车车速表检测、汽车制动性能检测、汽车前照灯检测等。

## 一、汽车性能检测站

汽车性能检测站,是根据国家有关规定,按照法定标准,对道路上行驶的汽车进行性能检测的工作站。按检测性质可分为:汽车安全环保检测站与汽车综合性能检测站。

### (一)汽车安全环保与综合性能检测站的区别

汽车安全环保检测站主要是检测汽车安全和环保的有关项目,包括制动、侧滑、前照灯、废气或烟度、噪声等。

安全环保检测站以国家标准《机动车运行安全技术条件》(GB 7258—2012)为依据对车辆进行检测,对检测结果仅判断为"合格"与"不合格"二种,一般不作故障诊断分析和质量的优劣比较,因而其检测速度快,通常年检量可达数万辆次。安全环保项目的检测适用于车辆的挂牌检验、年度审验、车辆户籍的转入或转出等。

汽车综合性能检测是对汽车进行动力性、经济性、可靠性和安全环保等方面的检测,同时对汽车故障进行诊断,判断故障部位和原因,以便及时排除故障和隐患,保证车辆技术状况良好,提高运输效率,降低运行消耗,保证安全运行,提高运输服务质量和汽车维修质量。综合性能检测站按职能可分为 A、B、C 三级。

**1. A 级站**

能承担《汽车运输业车辆综合性能检测站管理办法》中规定的全部检测任务,即能检测车辆的制动、侧滑、灯光、转向、前轮定位、车速、车轮动平衡、底盘输出功率、燃料消耗、发动机功率、点火系状况及异响、磨损、变形、裂纹、噪声、废气排放等项目。

**2. B级站**

能承担在用车辆技术状况和车辆维修质量的检测,即能检测车辆的制动、侧滑、灯光、转向、车轮动平衡、燃料消耗、发动机功率、点火系状况及异响、变形、噪声、废气排放等项目。

**3. C级站**

能承担在用车辆技术状况的检测,即能检测车辆的制动、侧滑、灯光、转向、车轮动平衡、燃料消耗、发动机功率及异响、噪声、废气排放等项目。

**(二)汽车安全环保检测站的组成及设备**

汽车安全环保检测站一般只有一条检测线,检测线通常包括以下工位:

(1)资料输入及安全装置外部检查工位;

(2)侧滑、制动、车速表工位;

(3)灯光、尾气工位;

(4)车底检查工位;

(5)综合判断及主控室工位。

图5-1为五工位安全环保检测线平面布置图。汽车安全环保检测线主要配备的设备如表5-1所示。

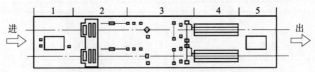

图5-1 五工位安全环保检测线平面布置图

1-资料输入及安全装置外部检查工位;2-侧滑、制动、车速表工位;3-灯光尾气工位;4-车底检查工位;5-综合判断及主控室工位

汽车安全环保检测线主要设备　　　　　　表5-1

| 设备名称 | 设备用途 | 设备名称 | 设备用途 |
|---|---|---|---|
| 轴重仪 | 检测轴重 | 前照灯检验仪 | 检测前照灯发光强度和光束照射方向 |
| 制动试验台 | 检测制动性能 | 废气分析仪 | 检测汽油车废气排放中的CO和HC浓度 |
| 侧滑试验台 | 检测转向轮侧滑量 | 烟度计 | 检测柴油车废气烟度 |
| 车速表试验台 | 检测车速表误差 | 地沟系统 | 检测车辆底部技术状况 |
| 声级计 | 检测喇叭声级和车内外噪音 | | |

**(三)汽车综合性能检测站的组成及设备**

汽车综合性能检测站一般具有两条互相平行的汽车检测线,其中一条与安全环保检测线基本相同,另一条可检测汽车的动力性、经济性、可靠性等项目。图5-2为一双线综合性能检测站布置图。

汽车综合性能检测站配备的主要设备(安全环保部分除外)如表5-2所示。

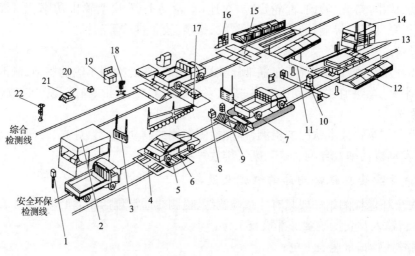

图 5-2 双线综合性能检测站布置图

1-进车指示灯；2-进车控制室；3-安全装置检查工位检验程序指示器；4-侧滑试验台；5-制动试验台；6-车速表试验台；7-工位检验程序指示器；8-烟度计；9-废气分析仪；10-前照灯检验仪；11-工位检验程序指示器；12-地沟系统；13-主控制室；14-车底工位检查程序指示器；15-侧滑试验台；16-前轮定位检验仪、转弯半径测量仪和前束尺；17-底盘测功试验台；18、19-发动机测试仪；20-机油清净性分析仪；21-车轮平衡检验仪；22-轮胎自动冲气机

汽车综合性能检测站配备的主要设备（安全环保部分除外）　　　　表5-2

| 设 备 名 称 | 设 备 用 途 | 设 备 名 称 | 设 备 用 途 |
| --- | --- | --- | --- |
| 轮胎充气机 | 轮胎充气 | 电器综合测试仪 | 检测各种电器设备 |
| 车轮平衡检测仪 | 检验车轮的平衡状况 | 汽缸漏气检测仪 | 检测汽缸漏气量或漏气率 |
| 磁力探伤仪 | 对转向节轴等进行探伤 | 汽缸压力表或压力计 | 检测汽缸压缩压力 |
| 前轮定位检验台或检验仪 | 检测前轮定位参数值 | 真空表或真空测漏仪 | 检测进气管真空度 |
| 底盘测功机 | 检测驱动车轮输出功率，做各种性能试验 | 油耗计 | 检测燃油消耗率 |
| 汽油发动机检测仪 | 对汽油机点火系、配气相位等进行检测、分析、诊断 | 机油清净性分析仪 | 分析机油的清洁性程度 |
| | | 火花塞测试仪 | 检测火花塞跳火状况 |
| 柴油发动机检测仪 | 对柴油发动机供油正时、配气相位等进行检测、分析、诊断 | 喷油器测试仪 | 检测喷油器喷油状况 |
| | | 传动系游动角度检测仪 | 检测传动系的游动角度 |
| 发动机无负荷测功仪 | 对发动机进行无负荷加速测功 | 传动系异响分析仪 | 检测、分析传动系产生的异响 |
| | | 转向力矩检测仪 | 检测转向操纵力矩 |

## 二、汽车发动机综合性能检测

发动机是汽车的主要总成之一，是汽车的动力来源。发动机综合性能检测是汽车检测的重要内容。

## （一）发动机综合性能检测的目的

发动机结构复杂，工作条件不稳定，转速与负荷随时变化，某些机件还处于高温、高压等恶劣条件下工作。因此，随着汽车使用时间和运行里程的增加，发动机的机件磨损，点火、供油、冷却、润滑、起动等系统工作性能变差，都将引起发动机技术状况变坏，影响发动机的动力性、经济性和工作可靠性。

发动机技术状况变坏的原因是由多方面的因素造成的。为恢复发动机良好的使用性能，必须对发动机进行有针对性的维修作业。为此，首先要对发动机技术状况作出确切诊断，为维修提供正确依据。

发动机综合性能检测的目的是：

（1）掌握被检发动机的技术状况；

（2）为维修作业提供依据；

（3）发现故障，及时排除；

（4）保证发动机技术状况良好，确保汽车的正常运行。

## （二）发动机综合性能检测设备

目前，在运输、维修和交通监理部门，应用的发动机综合性能检测设备很多，主要有用于发动机功率检测的无负荷测功仪，用于汽缸密封性检测的汽缸压力表、汽缸漏气量检验仪、真空表等，用于点火系工作质量检测的发动机点火示波器，用于燃料消耗量检测的车用油耗计，用于柴油机燃料系检测的高压泵试验台，用于机油品质变化检测的机油分析仪，能对发动机各种参数进行检测的发动机综合检测仪等。

发动机综合检测仪检测项目多，准确度高，并可进行故障诊断，目前得到广泛应用，它能在不解体发动机的情况下，对各种型号的汽、柴油发动机性能进行全面的自动检测和故障诊断，并将检测结果按需要存储、重显、打印或输出数据，还能根据标准数据自动显示合格或不合格项目检修部位，具有完备的查询、统计报表功能，还可调出标准异响波型与实际波型进行比较、分析，并且能实现自动单缸断火。

发动机综合检测仪的外形见图 5-3，其基本原理如图 5-4 所示。

下面以安车检测设备有限公司 DLFJ—2000 型"汽车发动机检测仪"为例，介绍其主要功能和操作方法。

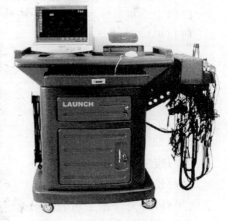

图 5-3　发动机综合检测仪外形

**1. 主要功能**

（1）汽油机闭合角、重叠角与初级点火波形测试。

（2）点火高压、点火电压、火花电压、火花持续时间与初级点火波形测试。

（3）各缸工作均匀性测试及汽缸效率分析。

（4）无外载测功与加速时间测试。

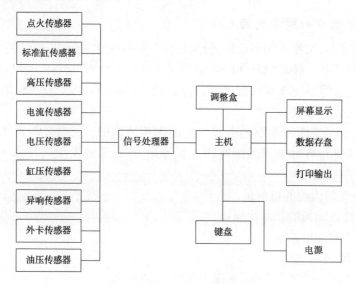

图 5-4 发动机综合检测仪基本原理

(5) 4s 测试启动电流、启动电压、电瓶内阻及波形。

(6) 各缸压缩压力与真空压力测试及波形。

(7) 进气歧管真空度测试及波形。

(8) 充电电流、充电电压与机油压力测试及波形。

(9) 点火与喷油提前角测试(闪光法/缸压法)。

(10) 发动机配气相位测试(闪光法/缸压法)。

(11) 发动机异响振动检测分析。

(12) 温度测试。

(13) 电喷车发动机传感器测定。

(14) 汽车故障解码系统(欧洲、日本、美国、韩国等国家)。

(15) 电喷车发动机数据流显示。

(16) 示波器功能。

(17) 烟度分析仪联网功能。

(18) 废气分析仪联网功能。

(19) 检测线联网功能。

(20) LED 灯牌指示功能(醒目大字提示功能)。

**2. 所用的传感器及作用**

(1) 初级传感器:由红、黑两个鱼夹组成的,红的接点火线圈的初级低压线,黑的搭铁。其主要作用:提取转速信号,控制发动机断火。

(2) 标准缸传感器:又称一缸传感器。夹在分缸线上,利用电磁感应原理,提取该缸点火信号,为检测仪提供该缸的点火时间。

(3) 次级传感器:夹在主高压线上,利用感应原理,为检测仪提供点火高压信号、点火电压信号等。

(4) 外卡传感器:是柴油发动机基本转速信号传感器,夹在高压油管上(尽可能的靠近喷油嘴),利用压变原理提取高压油管中喷油时脉动信号。外卡信号因发动机的不同,其信号大小也不一样,故而需要调整检测仪面板的"外卡1调幅"来调整其大小。

(5)油压传感器:串接在柴油发动机高压油和喷油嘴之间,用于测试喷油压力。

(6)电流电压传感器:由电压传感器和电流传感器组合而成。大钳形夹为电流传感器,用于测量工作电流;黑红两个小鳄鱼夹为电压传感器,用于测量电压。

电流传感器夹在电瓶线上(注意有方向性:电流传感器的"↑"与电流方向一致)。电压传感器的红鱼夹在电瓶的"＋"极,黑夹子接"－"极或搭铁(这两个鳄鱼夹千万不能接反,否则烧坏传感器)。

(7)缸压传感器:将发动机的火花塞拧下,将该传感器代替火花塞拧紧,利用压变原理测试发动机的汽缸压力。

(8)示波器探头:夹在要测的信号线上,黑夹子搭铁,用于检测相关信号波形。

(9)正时枪传感器:利用闪光频率为检测仪提供正时信号。其基本组成:

①扳机开关:按下时,正时枪持续闪光。松开,正时枪关闭。

②红色打印按钮:按一下,打印出该转速下的提前角度。

③黑色旋钮:调节正时枪的闪光频率。

测试时,首先找到发动机飞轮上的正时标志,用白粉笔涂白或粘上一小块白纸,使其能明显被看到。起动发动机,并稳定在某一转速下,按下正时枪的扳机开关,对准发动机飞轮上的正时标志,调整频率旋钮,使正时枪闪光频率与飞轮转动频率一致(即时刻都能看到正时标志),按下打印开关,记录下该转速下的提前角度。同样方法测试其他转速下的提前角度。

(10)真空传感器:通过橡胶软管接到进气歧管上,利用负压变原理为检测仪提供真空压力信号,用于检测发动机的进排气状况。

(11)机油压力传感器:用于测量机油压力。检测时将该传感器装于发动机机油油道。

(12)温度传感器:利用温变感应原理检测温度信号。检测时将该传感器插到要检测的部位即可。

(13)异响传感器:利用振动原理检测发动机的异响振动信号。检测时将该传感器放在发动机的相应部位。

**3. 操作方法及测试结果应用**

1)起动系测试

先将电流电压传感器夹在电瓶线上,使夹子上的"↑"符号与电瓶电流流向保持一致,再将传感器上的红鱼夹夹在电瓶正极,黑鱼夹夹在电瓶负极上或搭铁。将初级传感器上红鱼夹夹在点火线圈的初级低压线上,黑鱼夹夹在搭铁。

将缸压传感器代替火花塞拧在任一缸上(最好是第一缸),作为标准缸。将真空传感器通过橡胶软管接到进气歧管上,检测发动机进排气状况。

将发动机油门开到最大(保证最大进气量),启动起动机约4s,直到屏幕出现数据或听到发动机即将着车,松开点火开关,发动机正常着车。

测试结果:4s测试出启动电流、电瓶电压、启动电压、电瓶压降、电瓶内阻、汽缸压缩压力与进气歧管真空值。测试结果能反应发动机的电瓶状态、汽缸压缩压力、进气歧管真空值和配气机构状态,可定性分析各种有关故障。

2) 功率测试与加速时间测试

先使发动机稳定在怠速状况,然后瞬间急加速(最短时间内将加速踏板踩到底),当转速达到设定的测功转速下门限(加速下限)时,检测仪自动开始计时。当转速达到设定的测功转速上门限(加速上限)时,停止计时。这个时间段可以真实反映出发动机的加速性能。时间越短,功率越大。通过向测试仪输入的转动惯量常数($K$ 系数),可以换算出发动机的功率。该检测仪采用双时测功,即:通过转速下降时间来计算摩擦系数,修正新旧车的差别,使其值更接近真实功率。检测过程中,可以动态显示转速曲线和功率曲线,根据曲线显示,可以分析各转速下的即时功率。

3) 充电系测试

接初级传感器(柴油车接外卡传感器),接电流、电压传感器。将发动机转速由怠速缓慢提高到高转速后,松开加速踏板,使转速自由回到怠速状态。

测试结果:通过充电电压、充电电流、机油压力随转速变化而变化的全程波形的曲线,可观察出是电压调节器和供油系的故障。还可根据充电电压、充电电流随转速每一转变化而变化的波形曲线,观察出是充电整流二极管的故障。

4) 真空压力

通过分析真空压力曲线,可判断发动机进、排气情况,从而分析配气机构及进排气系统的故障。

5) 温度

可以对冷却液温度、油温、气温进行测量。

6) 异响测试

曲轴轴承响:将异响传感器触在油底壳上,用抖油门的方法使发动机在 1200～1600r/min 或更高的转速范围内作变速运转,观察抖动油门时各缸波形的尾部,有无明显的频率较低的正弦波出现。必要时,可进行逐缸断火试验。断火时,曲轴轴承响异响波形可能消失。

连杆轴承响:将异响传感器垂直顶在发动机壳体侧壁正对各缸小瓦处。从怠速开始逐步提高转速直到 2000r/min 左右,观察各缸波形的中后部,有无故障波形随着转速的提高,异响波形幅度明显增加。必要时,可用抖油门的方法观测,并可进行逐缸断火测得不同转速时的波形。

活塞敲缸响:将异响传感器放置在垂直于发动机壳体左侧(面对汽车发动机看)上部正对各缸处,将发动机转速从怠速逐渐提高到 1000r/min 左右。观察各缸波形的中前部有无异响波形出现。必要时,可在低、中速范围内用抖油门的方法观测,并进行断火实验.断火时波形消失。

注意:敲缸响一般在冷车时才有。

活塞销响:将异响传感器放置在垂直于缸盖正对各缸活塞处,将汽车发动机由 800r/min,逐渐提高到 2400r/min 左右,观察各缸上止点附近有无异响波形。必要时,可在中、高速范围内用抖油门的方法观察和断火实验。

以上四种异响波形均出现在"做功冲程"上,即波形出现在并列波的哪一缸上,就是该缸有异响,而且断火时波形均有变化(减小、消失或变形)。

7）废气分析

通过232通信口与废气分析仪连接，从而可以检测废气排放情况。

8）点火初级电路检测

将初级传感器黑夹子搭铁，红夹子接点火线圈初级，将标准缸传感器夹在某一缸（最好是第一缸）高压分线上，将发动机转速固定在中速，开始测量。测试结果分析如下。

闭合角：是指初级电路接通的分电器凸轮转角度数，可以反映出白金间隙的大小。白金间隙大，闭合角就小，给点火线圈充磁的时间减少，造成点火能量不够。四缸发动机的闭合角一般为40°～45°，六缸发动机一般为38°～42°，八缸发动机一般为29°～32°。

重叠角：是指发动机各缸点火时间差异的分电器凸轮转角度数。主要用于检查分电器的好坏。如果凸轮磨损大，会造成点火不均匀。

白金烧蚀：如果在闭合角下跳沿出现杂波，则说明白金触点表面有烧蚀现象（白金触点关闭时尖端放电造成杂波）。

电容漏电：会造成并联等效电阻变小，使火花持续时间后的振幅减少。

喷油器工作不正常：由于喷油器工作不正常，火花持续时间随着混合气雾化的变化而波动。

9）点火次级电路检测

连接初级传感器、标准缸传感器，将次级传感器夹在高压线上。将发动机转速稳定在中速，开始测量。测试结果分析如下。

点火高压：各缸火花塞的击穿电压与火花塞间隙、电极的温度、积炭、电容等因素有关，正常应在10～20kV之间。

高压断火：当某一缸点火高压过高时，说明高压电路断路，例如：火花塞间隙过大、高压线与火花塞接触不良等。

火花持续时间：火花持续时间与点火线圈的点火能量、火花塞放电情况等有关。某缸火花持续时间短，则说明该缸火花塞电极间隙过小或存在漏电现象等。

火花塞加速特性：将发动机从怠速状态下通过抖动油门的方法加速，观察各缸点火高压，是否在加速时出现大于20kV的状态，并多观察几次，如始终出现在某缸上，则说明该缸在加速时出现高压断火现象。

10）喷油提前角测试（闪光/缸压法）

闪光法：可调整正时灯的旋钮，使飞轮上止点标记对齐，取得数据。

缸压法：通过缸压传感器找出该缸的上止点，得到数据。

11）配气相位测试（闪光/缸压法）

闪光法与缸压法测试均同提前角，但是增加了异响传感器（顶在缸盖上），用鼠标双击测出进、排气门关处波形，可自动计算所得的相位值。如偏差过大，说明气门调整不良。如角度相差6°～8°，说明配合齿轮错一个齿。

12）各缸工作均匀性测试

接初级传感器、标准缸传感器。将发动机转速固定在中速开始测量。将发动机调到中速后，设备自动对每缸进行单缸断火，并将断火前后的转速变化分成下降转速值和下降转数占下降前的百分比值显示出来。下降得越少，说明该缸工作越差。

13)汽缸效率

主要分析不同转速下各缸对输出功率的贡献。

**4. 部分参数的含义**

1)相对缸压

表示各缸压力相对比较值的大小,用百分比表示。某缸相对压力小,说明该缸密封性差。

$$相对缸压 = (单缸压力值/平均压力值) \times 100\%$$

2)重叠角

发动机各缸点火时间差异的分电器凸轮转角度数。

3)单缸动力性

单缸功率是衡量发动机各缸工作好坏的重要指标,用转速下降百分比来表示各缸断火对发动机的影响。百分比越大,说明该缸做功越多。

$$转速下降百分比 = (断火前转速/断火后转速) \times 100\%$$

4)下降转速

表示某缸断火时,发动机转速比正常转速下降的程度。下降转速越多,该缸工作越好。

5)高压点火:表示各缸点火高压的最大值。

**(三)发动机综合检测仪的使用要求**

**1. 首次使用要求**

(1)打开主机箱,检查各功能卡是否插在槽内,有无上翘现象。

(2)查看电源部分,有无运输过程中挤压造成的器件碰连现象。

(3)正确接好各控制电缆线,如图5-5所示。特别注意信号线与打印电缆的接口不要接错。避免烧损主机多功能卡。

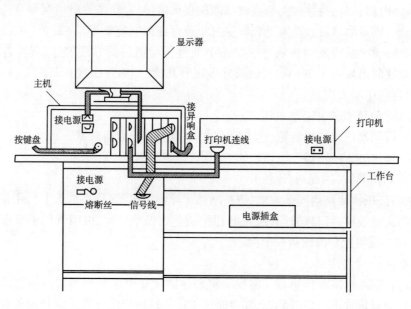

图5-5 控制电缆线接法示意图

**2. 检测要求**

（1）传感器连接必须正确。注意导线不要与发动机转动部位相碰，电压传感器、电流传感器不可接反。

（2）每测完一项，下项测试用不上的传感器应及时拆除，恢复原工作状态，尤其是缸压传感器。

（3）注意保持传感器的清洁、干燥，避免水或其他液体进入传感器内部。

（4）检测中遇到无该车车型时，应先输入该车型的技术参数。

（5）检测过程中，不可随意按动键盘，以免出现错误。

**3. 保管及放置要求**

（1）检测完毕，应将传感器按固定位置放好，避免传感器因碰、摔而损坏。

（2）保持仪器的清洁，不要放置在阳光直射和潮湿的地方。

（3）维修后应及时进行鉴定。

## 三、汽车尾气排放检测

### （一）汽车尾气排放检测的目的

随着汽车工业的迅速发展，汽车保有量急剧增加，汽车排出的废气对大气已构成危害，它恶化了人类的生存环境，影响了人们的身体健康，已发展成为严重的社会问题。监督并检测汽车排放污染物的浓度。已成为汽车性能检测中重要的检测项目。

汽车发动机工作时排出的废气，含有大量的有害成分，主要是一氧化碳（CO）、碳氢化合物（HC）、氮氧化合物（$NO_x$）、铅化合物、二氧化硫（$SO_2$）、炭烟及其他一些有害物质。这些有害物质在大气中达到一定浓度后，将对人体和生物造成极大的危害，即排气公害。

为能有效地控制汽车尾气排放中有害物质的浓度，减少汽车尾气对环境的污染，必须定期对汽车尾气进行检测，使有害气体的排放符合国家标准的要求。

另外，汽车尾气成分与燃烧质量有关，通过对汽车尾气的检测控制，可有效地提高燃油利用率，节约能源。

汽车尾气排放检测，分汽油机尾气检测和柴油机尾气检测。在相同的工况下，汽油机的CO、HC、和$NO_x$排放量比柴油机大。因此，国家标准主要限制汽油机的CO、HC和$NO_x$排放量。柴油机对大气的污染主要是碳烟污染。因此，国家标准主要限制柴油机排气的烟度。

### （二）汽车尾气排放检测设备

目前，国内外生产的汽车尾气排放检测设备种类很多。国家标准规定汽油机采用不分光红外线CO和HC气体分析仪，柴油机采用滤纸式烟度计。

**1. 不分光红外线CO和HC气体分析仪**

汽车尾气中的CO和HC等气体，都分别具有能吸收一定波长范围红外线的性质，而且红外线被吸收的程度与废气中CO和HC的浓度有一定的关系。浓度越高，红外线被吸收的也越多，该仪器就是根据这一原理来检测废气中CO和HC浓度的。在各种气体混合在一起的情况下，测量值不会受到影响。

利用这种原理制成的分析仪，可制成CO和HC两种气体浓度的综合分析仪，也可制成

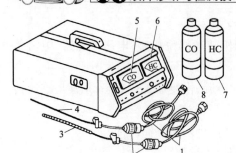

图 5-6 不分光红外线 CO 和 HC 气体分析仪
1-导管；2-滤清器；3-低浓度取样探头；4-高浓度取样探头；5-CO 指示仪表；6-HC 指示仪表；7-标准 HC 气样瓶；8-标准 CO 气样瓶

单独测量某一气体的单项分析仪。

不分光红外线 CO 和 HC 气体分析仪，是一种能从汽车排气管中采集气样，并对其中所含的 CO 和 HC 气体的浓度进行连续测量的仪器。如图 5-6 所示，它由废气取样装置、废气分析装置、废气浓度指示装置和标准装置等组成。

1）废气取样装置

由图 5-7 可以看出，废气取样装置由取样头、滤清器、导管、水分离器和泵组成。先由取样头、导管和泵从汽车的排气管里采集废气，经滤清器和水分离器把废气中的炭渣、灰尘和水分除掉，再将废气送入分析装置。

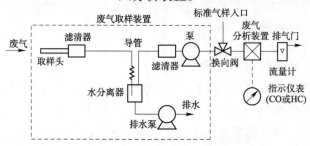

图 5-7 废气在分析仪内的流动路线

2）废气分析装置

废气分析装置由红外线光源、气样室、旋转扇轮和传感器等组成，该装置按不分光红外线分析法，从来自取样装置的多种成分的废气中，测量出 CO 和 HC 的浓度，并以电信号的形式输送给浓度指示装置。图 5-8 为废气分析装置的结构原理简图。

3）废气浓度指示装置

综合式分析仪的浓度指示装置主要由 CO 指示装置和 HC 指示装置组成，如图 5-9 所示。从废气分析仪送来的信号，在 CO 指示仪表上，CO 浓度以体积百分比为单位，在 HC 指示仪表上，HC 浓度以正己烷当量体积百万分比为单位直接指示出来，仪表的指示可利用零点调整旋钮、标准调整旋钮和读数挡位转换开关等进行控制。

4）标准装置

标准装置是为了保持分析仪指示精度，使之能经常显示正确指示值的一种装置。在分析仪上通常设有加入标准气样进行校准的标准装置和机械的简易标准装置。

**2. 滤纸式烟度计**

滤纸式烟度计是用抽气泵从柴油机排气管中抽取一定容积

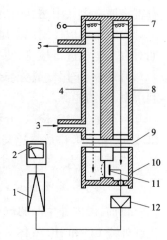

图 5-8 不分光红外线气体分析仪结构原理图
1-主放大器；2-指示仪表；3-废气入口；4-测量气样室；5-排气口；6、7-红外线光源；8-标准气样室；9-旋转扇轮；10-测量室；11-电容微音器；12-前置放大器

的废气,通过一张一定面积的白色滤纸,废气中的炭烟存留在滤纸上,使其染黑,然后通过检测装置中的光源发光照射被染黑的滤纸。滤纸的染黑度不同,其反射光线强度也不同,光电元件产生的电流强度也不同,从而指示出滤纸的染黑度,即代表柴油机的排放烟度。

滤纸式烟度计有手动、半自动和全自动三种类型。结构上都是由废气取样装置、染黑度检测与指示装置和控制装置等组成。图 5-10 为常见滤纸式烟度计的结构示意图。

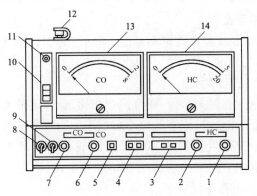
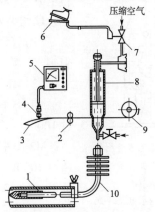

图 5-9 不分光红外线 CO 和 HC 气体分析仪面板图
1-HC 标准调整旋钮;2-HC 零点调整旋钮;3-HC 读数转换开关;4-CO 读数转换开关;5-简易标准开关;6-CO 标准调整旋钮;7-CO 零点调整旋钮;8-电源开关;9-泵开关;10-流量计;11-电源指示灯;12-标准气样注入口;13-CO 指示仪表;14-HC 指示仪表

图 5-10 滤纸式烟度计结构示意图
1-排气管;2-进给机构;3-滤纸;4-光电传感器;5-指示电表;6-脚踏开关;7-电磁阀;8-抽气泵;9-滤纸卷;10-取样探头

1)废气取样装置

废气取样装置由取样探头、抽气泵和取样软管等组成。取样探头有台架用和整车试验用两种形式。整车试验用取样探头带有散热片,并有安装夹具以便固定在排气管上,取样探头在抽气泵的作用下抽取废气。

滤纸夹持机构在取样时,实现对滤纸的夹紧和密封。当抽气泵抽气时,废气经滤纸进入泵筒内,炭烟留在滤纸上并将其染黑。取样完成后,夹持机构松开,滤纸由进给机构送至染黑度检测装置。

取样软管把取样探头与抽气泵连接在一起。我国规定取样软管的内径为 4mm,长度为 5m。

2)染黑度检测与指示装置

染黑度检测与指示装置如图 5-11 所示,它由光源(白炽灯泡)、光电元件(环形硒电池)和指示电表等组成。该装置是根据光学反射作用,由光源的光线射向已被炭烟染黑的滤纸,光线一部分被黑色炭烟吸收,一部分被滤纸反射至光电元件,从而产生相应的光电流。

检测装置都备有供标定或校准用的标准烟样。

3)控制装置

控制装置包括用脚操纵的抽气泵开关、滤纸进给机构和压缩空气清洗机构等。压缩空气清洗机构能在取样前,用压缩空气清洗取样头和取样软管内的残留废气炭粒。

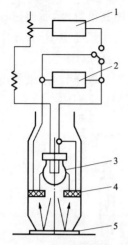

图 5-11 染黑度检测与指示装置结构示意图

1-电源;2-指示电表;3-光源;4-光电元件;5-滤纸

### (三)汽油机尾气检测

汽油机尾气检测常见的方法有:急速法、双急速法、稳态工况法、瞬态工况法、简易瞬态工况法等,以下仅说明双急速法尾气检测的操作方法[GB 18285—2005《点燃式发动机汽车排气污染物排放限值及测量方法(双急速法及简易工况法)》]。

**1. 相关术语和定义**

(1)轻型汽车:指最大总质量不超过 3500kg 的 M1 类、M2 类和 N1 类车辆。

(2)M1、M2、N1 类车辆。

M1 类车:指至少有四个车轮,或有三个车轮,且厂定最大质量超过 1000kg,除驾驶员座位外,乘客座位不超过 8 个的载客车辆。

M2 类车:指至少有四个车轮,或有三个车轮且厂定最大总质量超过 1000kg,除驾驶员座位外,乘客座位超过 8 个,且厂定最大质量不超过 5000kg 的载客车辆。

N1 类车:指至少有四个车轮,或有三个车轮且厂定最大总质量超过 1000kg,厂定最大总质量不超过 3500kg 的载货车辆。

(3)重型汽车:指最大总质量超过 3500kg 的车辆。

(4)第一类轻型汽车:设计乘员数不超过 6 人(包括驾驶员),且最大总质量≤2500kg 的 M1 类车。

(5)第二类轻型汽车:本标准适用范围内除第一类车以外的其他所有轻型汽车。

(6)新生产汽车:本标准中指制造厂合格入库或出厂的汽车。

(7)在用汽车:指已经登记注册并取得号牌的汽车。

(9)基准质量(RM):指整车整备质量加 100kg 质量。

(10)最大总质量:指汽车制造厂规定的技术上允许的车辆最大质量。

(11)额定转速:指发动机发出额定功率时的转速。

(12)急速与高急速工况:

急速工况:指发动机无负载运转状态。①即离合器处于接合位置,变速器处于空挡位置(对于自动变速箱的车应处于"停车"或"P"挡位);②采用化油器供油系统的车,阻风门应处于全开位置;③加速踏板处于完全松开位置。

高急速工况:指满足上述(除最后一项)条件,用加速踏板将发动机转速稳定控制在 50% 额定转速或制造厂技术文件中规定的高急速转速时的工况。本标准中将轻型汽车的高急速转速规定为 2500±100r/min,重型车的高急速转速规定为 1800±100r/min;如有特殊规定的,按照制造厂技术文件中规定的高急速转速。

(13)过量空气系数($\lambda$):燃烧 1kg 燃料的实际空气与理论上所需空气量质量之比。

(14)气体燃料:指液化石油气(LPG)或天然气(NG)。

(15)两用燃料车:能燃用汽油和一种气体燃料的车辆。

(16)单一燃料车:指能燃用汽油和一种气体燃料,但汽油仅用于紧急情况或发动机起动用,且汽油箱容积不超过 15L 的车辆。

**2. 测量仪器的准备**

（1）检查仪表指针是否在机械零点。

（2）检查取样探头和导管有无压坏、破裂、堵塞和脏污。

（3）检查各导线连接情况。

（4）接通电源，预热 30min 以上。

（5）仪器校准。

**3. 受检车辆的准备**

在检测前，需对车辆进行外观检查（如机油、冷却液面应在正常范围内，切断所有损耗发动机功率的装置，如空调等）。保证被检测车辆处于制造厂规定的正常状态，发动机进气系统应装有空气滤清器，排气系统应装有排气消声器，并不得有泄漏。

**4. 安装有关传感器**

在发动机上安装转速计、点火正时仪、冷却液和润滑油测温计等测量仪器。

转速计、点火正时仪：现时采样方式一般有分火线传感、电池电极传感、点烟器传感及振动传感等方式。其中分火线传感、电池电极传感、点烟器传感是测量发动机点火产生的电磁感应脉冲，从而测出发动机的实际转速；振动传感是测量发动机做功时产生的规律振动，从而测量出发动机的实际转速。安装传感器后，要检测车辆的实际转速和测量转速误差是否过大。

油温尺：油温尺一般在机油尺位置插入，但由于各种车辆结构的差异，插油温尺时要注意调整油温尺的长度，避免因油温尺插入过长而损坏发动机。

点烟器传感器的安装：将传感器垂直插入车辆的点烟器，然后在仪器面板选择对应的汽缸数，然后等待仪表板显示的转速数据稳定。

电池电极传感器的安装：将转速传感器按"＋""－"极夹好，然后在仪器面板选择对应的汽缸数，然后等待仪表板显示的转速数据稳定。

分火线传感器的安装：将分火线嵌进传感器的凹位中（注意传感器的安装方向，传感器应避免与车辆其他引线接触），然后在仪器面板选择对应的汽缸数。等待仪表板显示的转速数据稳定。

振动传感器的安装：将发动机的铁平面清洁干净，然后将振动传感器磁头端平稳地吸附在发动机的铁平面上，然后等待仪表板显示的转速数据稳定。

**5. 检测方法**

（1）起动发动机，并进行预热，使发动机冷却液和润滑油温度不低于 80℃，或者达到汽车使用说明书规定的热车状态。

（2）将发动机从怠速状态加速到 70% 额定转速，运转 30s 后降至高怠速状态。

（3）将取样探头插入排气管中，深度不少于 400mm，并固定在排气管上。

（4）维持 15s 后，由具有平均值功能的仪器读取 30s 内的平均值，或者人工读取 30s 内的最高值和最低值，其平均值即为高怠速污染物检测结果。

对于使用闭环控制燃油喷射系统和三元催化转化器技术的汽车，还应同时读取过量空气系数（λ）的数值。

（5）发动机从高怠速降至怠速状态 15s 后，由具有平均值功能的仪器读取 30s 内的平均值,或者人工读取30s内的最高值和最低值,其平均值即为怠速污染物检测结果。

车辆为多排气管时,取各排气管测量结果的算术平均值作测量结果。若车辆排气管长度小于测量深度,应使用排气加长管。

### 6. 注意事项及要求

(1)检测时,一定要把发动机怠速和温度控制在规定范围内。

(2)检测时,导管不得发生弯折现象。

(3)多辆汽车连续检测时,一定要待仪表指针回到零后,再进行下一辆汽车的检测。

(4)不要在有油或有机溶剂的地方进行检测。

(5)注意检测地点通风换气,以防人员中毒。

(6)检测结束后,要立即把取样探头从排气管中抽出。

(7)取样探头不用时要垂直吊挂,不要平放,以防管内积水腐蚀探头。

(8)分析仪不要放在湿度大、温度变化大、振动大或倾斜的地方。

(9)仪器要定期接受有关部门检定。

### 7. 排放污染物排放限值(表5-3)

点燃式发动机排放污染物排放限值　　　　　　　　　　表5-3

| 车 辆 类 型 | 高怠速 | | 怠速 | |
|---|---|---|---|---|
| | CO% | $HC10^{-6}$ | CO% | $HC10^{-6}$ |
| 1995年7月1日前生产的轻型汽车 | 4.5 | 1200 | 3.0 | 900 |
| 1995年7月1日起生产的轻型汽车 | 4.5 | 900 | 3.0 | 900 |
| 2000年7月1日起生产的第一类轻型汽车① | 0.8 | 150 | 0.3 | 100 |
| 2001年10月1日起生产的第二类轻型汽车 | 1.0 | 200 | 0.5 | 150 |
| 1995年7月1日前生产的重型汽车 | 5.0 | 2000 | 3.5 | 1200 |
| 1995年7月1日起生产的重型汽车 | 4.5 | 1200 | 3.0 | 900 |
| 2004年9月1日起生产的重型汽车 | 1.5 | 250 | 0.7 | 200 |
| 2005年7月1日起新生产的第一类轻型汽车 | 0.5 | 100 | 0.3 | 100 |
| 2005年7月1日起新生产的第二类轻型汽车 | 0.8 | 150 | 0.5 | 150 |
| 2005年7月1日起新生产的重型汽车 | 1.0 | 200 | 0.7 | 200 |

注:①对于2001年5月31日以后生产的5座以下(含5座)的轻型客车,执行此类在用车排放限值。

过量空气系数($\lambda$)的要求:高怠速转速时,$\lambda$应在$1.00 \pm 0.03$或制造厂规定的范围内。进行$\lambda$测试前,应按照制造厂使用说明书的规定预热发动机。

在实际操作中,由于车辆新技术的出现,部分高档车辆发动机具有稀薄燃烧功能,"$\lambda$"值可能会超出该标准范围。遇到该种情况时,建议按照制造厂提供的"$\lambda$"值要求进行考核。

### (四)柴油机尾气检测

柴油机尾气检测常见的方法有:自由加速法、加载减速工况法等。以下仅说明利用滤纸式烟度计按照自由加速法进行尾气检测的操作方法。

### 1. 测量仪器的准备

(1)检查仪表指针是否在机械零点。

(2)检查取样探头和导管有无压坏、破裂、堵塞等。
(3)接通电源,预热5min以上。
(4)用标准烟样校准仪器。
(5)检查抽气泵控制开关与抽气泵动作是否同步。
(6)检查压缩空气的压力值。
(7)检查滤纸是否洁白、无污染,并装好滤纸。

**2. 受检车辆的准备**
(1)排气系统不得有泄漏。
(2)取样探头插入排气管的深度不小于300mm。
(3)必须采用生产厂家规定的柴油机机油和未添消烟剂的柴油。
(4)发动机应预热到说明书规定的热状态。

**3. 检测方法**
(1)将取样探头逆气流固定于排气管内,并使其中心线与排气管轴线平行。
(2)将踏板开关引入汽车驾驶室(或将手动橡皮球通过远控软管引入汽车驾驶室)。
(3)把抽气泵活塞推到最前端,并装入滤纸。
(4)按图5-12所示的测量规程进行自由加速烟度的检测。先由怠速工况将加速踏板踏到底,维持4s后松开,如此重复三次,以便把排气管内的炭渣吹掉。

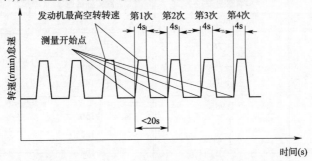

图5-12 自由加速烟度测量规程

(5)怠速运转约15s,使空气压缩机送来的空气达到规定压力,在此期间内要用压缩空气清洗机构对取样软管和取样探头吹洗3~4s。
(6)把踏板开关固定在加速踏板上或将手动橡皮球拿在手中,开始检测。将加速踏板与踏板开关一并迅速踏到底(或在踏下踏板的同时急速捏压手动橡皮球),至4s时迅速松开加速踏板和踏板开关(或松开橡皮球)。
(7)维持约15s,在此期间完成滤纸进给和读取烟度值,并用压缩空气清洗机构对取样软管和取样探头吹洗3~4s,并把抽气泵的活塞压至吸气开始为止。
(8)下一次重新踏下加速踏板与踏板开关时,距前一次的时间间隔为19s,如此重复四次。
(9)取后三次读数的算术平均值即为所测烟度值。
(10)当发动机出现黑烟冒出排气管的时间和抽气泵开始抽气的时间不同步现象时,应取最大烟度值。

### 4. 注意事项

(1) 从取样探头至抽气泵的取样软管最好能逐渐向上倾斜，以防止冷凝水流入气泵，弄湿滤纸。

(2) 取样软管采用规定的内径和长度，不能随意用不合规格的管子代替。

(3) 测取滤纸染黑度时，要注意光电传感器与滤纸贴紧。

(4) 光电传感器不用时，应该套上测头盖或避开强光放置。

(5) 指示装置不用时，应把测量开关按到"关"的位置，以免在移动或运输时损坏电表表头。

(6) 指示装置应避开有振动和湿度大的地方放置。

(7) 滤纸和校准用标准烟样不要放置在日光下曝晒或多尘的地方。

(8) 标准烟样要定期更换。

(9) 定期检定。

### 5. 柴油机自由烟度排放限值

柴油机尾气排放检测值应符合 GB 3847—2005《车用压燃式发动机和压燃式发动机汽车排气烟度排放限值及测量方法》的规定，自由加速工况下的排放值见表5-4。

稳定转速试验的烟度排放限值　　　　　表5-4

| 名义流量(G) L/s | 光吸收系数(k) $m^{-1}$ | 名义流量(G) L/s | 光吸收系数(k) $m^{-1}$ |
|---|---|---|---|
| ≤42 | 2.26 | 135 | 1.30 |
| 45 | 2.19 | 140 | 1.27 |
| 50 | 2.08 | 145 | 125 |
| 55 | 1.985 | 150 | 1.225 |
| 60 | 1.90 | 155 | 1.205 |
| 65 | 1.84 | 160 | 1.19 |
| 70 | 1.775 | | |
| 75 | 1.75 | 165 | 1.17 |
| 80 | 1.665 | 170 | 1.155 |
| 85 | 1.62 | 175 | 1.14 |
| 90 | 1.575 | 180 | 1.125 |
| 95 | 1.535 | 185 | 1.11 |
| 100 | 1.495 | 190 | 1.095 |
| 105 | 1.465 | 195 | 1.08 |
| 110 | 1.425 | ≥200 | 1.065 |
| 115 | 1.395 | | |
| 120 | 1.37 | | |
| 125 | 1.345 | | |
| 130 | 1.32 | | |

注：虽然以上数值均修约至最接近的 0.01 至 0.005，但这并不意味着测量也需要精确到这种程度。

## 四、汽车噪声检测

### (一)汽车噪声检测的目的

汽车噪声包括发动机噪声、排气噪声、车体振动噪声、传动机构噪声、高速行驶轮胎噪声和喇叭噪声等。

随着汽车保有量的急剧增加,功率和行驶速度的提高,汽车噪声已成为现代城市环境中最主要的噪声源。噪声对人的危害是极大的,且具有游走性质、影响范围大、干扰时间长、受害人员多的特点。控制汽车噪声污染越来越引起人们的重视。对汽车噪声进行检测,就是要把噪声控制在标准值范围内,最大限度地减少汽车噪声对人们的危害。

### (二)噪声的评价指标

噪声的主要物理参数有声压与声压级,是表示声音强弱的最基本的参数。声压是由声波引起的压力增值。声音强弱取决于声压。声压越大,声音就越强。级是一种作相对比较的无量纲单位——分贝(dB)。声压级是指某一点的声压 $p$ 与基准声压 $p_0$ 的比值。取常用对数再乘以 20。表达式为:

$$L_P = 20 \lg(p/p_0) \quad (dB)$$

式中:$L_P$——声压级(dB);

$p$——某一点测得的声压(Pa);

$p_0$——基准声压(Pa)。

人耳对声音的感觉不仅与声压有关,还与声音的频率有关。人耳可闻及声音的频率范围为 20~20000Hz。声压级相同的声音,如果频率不同,听起来就会不一样响。相反,不同频率的声音,即使声压级也不同,有时听起来却一样响。所以用声压级测定的声音强弱,与人们的生理感觉往往不一样。对噪声的评价常采用与人耳生理感觉相适应的指标。

### (三)噪声检测设备

检测汽车噪声一般采用声级计。声级计是一种能将工业噪声、生活噪声和汽车噪声等,按人耳听觉特性近似地测定其噪声级的仪器。

根据测量精度不同,分为精密声级计和普通声级计两类。按所用电源类别,分为交流式声级计和电池式声级计两类。电池式声级计又称便携式声级计,具有体积小、重量轻、使用方便的特点。

声级计一般由传声器、前置放大器、衰减器、放大器、计权网络、检波器、指示表头和电源组成。图 5-13 为声级计原理框图。

图 5-13 声级计原理框图

**1. 传声器**

传声器是把声压信号转变为电压信号的装置,也称话筒,是声级计的传感器。

**2. 放大器和衰减器**

传声器将声压转变为电压的能量很小,因此,声级计中都装有放大器。一般采用两级放大器,即输入放大器和输出放大器。

输入和输出衰减器是用来改变输入和输出信号衰减量的,以便使表头指针在适当的位置。每一挡的衰减量为10dB。

**3. 计权网络**

计权网络是一种能把电信号修正为听感近似值的网络。声级计有A、B、C三挡计权网络。A计权网络测得的噪声值比较符合人耳对噪声的感觉,在汽车和发动机噪声测试时,大多采用A计权网络。

**4. 检波器**

为了使经过放大的信号通过表头显示出来,声级计装有检波器,把迅速变化的电压信号转变成变化较慢的直流电压信号,这个直流电压的大小要正比于输入信号的大小。

**5. 指示表头**

指示表头是一只电表,对其刻度进行了一定的标定,可从表头上直接读出噪声级的分贝值。

声级计面板上一般还备有插孔,可把示波器、分析仪、磁带记录仪等仪器与声级计组合,配套使用。

**(四)汽车噪声检测方法**

机动车噪声控制的检验内容包括客车车内噪声和驾驶员耳旁噪声的控制和检验两种。

**1. 测量仪器的检查与校准**

(1)未接通电源时,先检查表指针是否在机械零点上。若不在零点,可用零点调整螺钉使指针与零点重合。

(2)检查电池容量。把声级计功能开关对准"电池",衰减器任意,此时电表指针应达到额定红线。否则,将导致测量读数不准,应更换电池。

(3)打开电源开关,预热10min。

(4)对仪器进行校准。

(5)在不知被测噪声级多大时,必须把衰减器刻度盘预先放在最大衰减位置(120dB),然后在实测中再逐步旋至被测声所需要的衰减挡。

**2. 车内噪声检测**

1)测量条件

(1)测量所用跑道应有足够试验需要的长度,且应是平直、干燥的沥青路面或混凝土路面。

(2)测量时,风速(相对于地面)应小于3m/s。

(3)测量时,汽车门窗应关闭,车内带有其他辅助设备是噪声源的,测量中是否开动,应按正常使用情况而定。

(4)车内本底噪声(是指假定测量对象噪声不存在时,周围环境的噪声)比所测车内噪声至少低10dB,并保证测量不被偶然的其他声源所干扰。

(5)车内除驾驶员和测量人员外,不应有其他人员。

2)测点位置

(1)车内噪声测量通常在人耳附近布置检测点,话筒朝车辆前进方向。

(2)驾驶室内噪声检测点位置如图 5-14 所示。

(3)载客车厢内噪声测点可选在车厢中部及最后排座的中间位置,话筒高度如图 5-14。

3)测量方法

(1)汽车以常用挡位 50km/h 以上各种不同车速分别作匀速行驶,进行测量。

(2)用声级计"慢"挡测量 A、C 计权声级,分别读取表头指针最大读数的平均值。

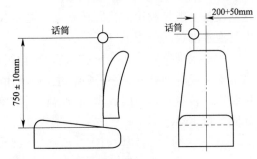

图 5-14 噪声测点位置

**3. 汽车驾驶员耳旁噪声测量**

1)测量时车辆状态

车辆应处于静止状态且变速器置于空挡,发动机应处于额定转速状态。

2)声级计位置

声级计按图 5-14 所示检测点位置放置,话筒应朝向驾驶员耳旁方向。

3)声级计应置于"A"计权、"快"挡。

**4. 噪声限值**

GB 7258—2012《机动车运行安全技术条件》规定:客车车内噪声级应不大于 82dB(A);汽车驾驶员耳旁噪声级应不大于 90dB(A)。机动车喇叭声级在距车前 2m、离地面 1.2m 处测量,其值应为 A 声级 90~115dB。

**5. 注意事项**

(1)一定要从最高量程挡开始测试,不要使指针偏出最大刻度以外。

(2)一定要避免在背景噪声大的地方进行测试。

(3)由于声级计容易受反射波、大风和电磁波的影响,所以一定要选择合适的测试环境。

## 五、汽车转向轮定位检测

**(一)转向轮定位检测的目的**

随着汽车行驶速度的提高,对行驶系的要求也越来越高,车轮定位参数的变化、悬架系统松旷、主销与衬套磨损等,都会严重影响汽车乘坐的舒适性和行车安全性。前轮定位参数的变化,对行车安全性的影响是十分重要的。汽车转向轮定位检测的目的,就是要保证车辆的操纵稳定性,减少轮胎和机件的磨损,降低燃油消耗,减轻驾驶员的疲劳强度。

**(二)转向轮定位检测设备**

转向轮定位检测有静态检测和动态检测两种。

静态检测是在汽车停止的情况下,使用测量仪器对转向轮定位进行几何参数的测量。动态检测是在汽车以一定车速稳定行驶的情况下,用测量仪器或设备检测前轮定位产生的侧向力或由此引起的车轮侧滑量。

静态检测使用的设备有气泡水准仪、光学式或激光式或电子式或电脑式车轮定位仪。

这些设备一般是利用前轮旋转平面与各定位角间存在的直接或间接的关系进行测量的,其中气泡水准仪的应用最广泛。

气泡水准仪要由水准仪、支架和转盘组成。水准仪由壳体、水泡管、水泡调节装置和刻度盘等组成,可测得前轮外倾值、主销后倾值和主销内倾值。支架是水准仪与轮辋之间的连接装置。转盘一般由固定盘、活动盘、扇形刻度尺、游标指示针、锁上销和若干滚珠等组成,如图5-15所示。

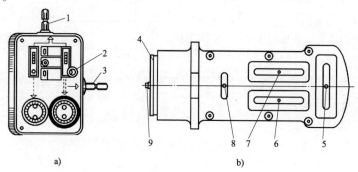

图5-15 水准仪

a)插销式水准仪；b)磁铁式水准仪

1、3-定位销；2-旋钮；4-永久磁铁；5-测量主销内倾角的水泡管；6-测量前轮外倾角的水泡管；7-测量主销后倾角的水泡管；8-校正水准仪水平状态的水泡管；9-定位针

动态检测是使汽车在滑动板上驶过,用测量滑动板左、右方向移动量的方法,来测量车轮侧滑量,并判断是否合格的一种检测设备。动态检测设备主要有便携平移式车轮侧滑板和固定式侧滑试验台。

便携平移式车轮侧滑板如图5-16所示。在上板与下板之间有滚棒,上板可以横向自由移动,纵向不能移动。横移时,带动指针在刻度尺上偏转,指示出侧滑量。侧滑板长度为1m,侧滑板上侧滑量的刻度为mm/m,是指车轮每前进1m时侧滑量的毫米数。刻度板上除用数字、符号表明侧滑量、侧滑方向外,还用颜色划分为3个区域,即侧滑量0~3mm/m为绿色,表示良好区域；侧滑量3~5mm/m为黄色,表示可用区域；侧滑量5mm/m以上为红色,表示不合格区域。

另一种旋转式侧滑板是在上、下板之间装有球轴承,如图5-17所示,车轮滚动时的侧向力将使上板转动而牵连指针摆动,从而指示出车轮的侧滑量。用旋转式侧滑板检测车轮侧滑量,车轮不必驶过侧滑板的全长,只要车轮在侧滑板上滚动,即可测出侧滑量,比平移式车轮侧滑板简便。

将两只平移式侧滑板组合在一起构成固定式侧滑试验台,两板用连杆机构连接,如图5-18所示。汽车左右车轮驶过试验台,指示装置便指示出车轮平均侧滑量和侧滑方向。

**(三)转向轮定位的静态检测**

**1. 检测前的准备**

(1)汽车载荷应符合该车原设计规定。

(2)轮胎气压符合规定,轮胎花纹磨损均匀。

(3)车轮轴承、转向节主销不允许松动。

单元五 汽车主要技术性能检测

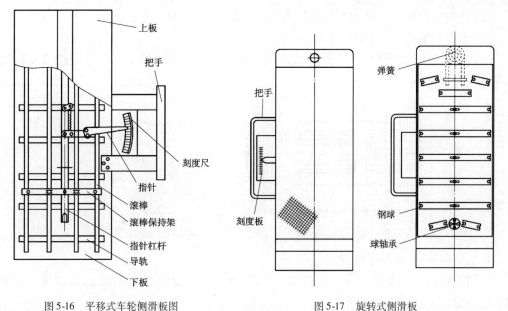

图 5-16　平移式车轮侧滑板图　　　　图 5-17　旋转式侧滑板

（4）测量场地水平，车辆停放平稳，呈直线行驶位置。

**2. 前束值的检测**

测量前束值用前束尺测量。前束尺由一根带套筒的可调尺杆、指针及支架等组成。测量方法如下：

（1）将车桥支起，使转向轮能自由转动。把划针调到轮胎轴心高度，对准胎冠中心，转动轮胎，划出胎冠中线，如图 5-19 所示。

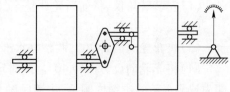

图 5-18　固定式侧滑试验台

（2）车轮落地。在轮胎轴心高度，调整前束尺两指针，使之分别指向左右车轮后方的胎冠中心线，调整前束尺的刻度标尺使之对"0"。

（3）将前束尺移至被测车轮前方，调整前束尺长度，使两指针分别指向左右车轮前方的胎冠中心线，此时前束刻度标尺的指示值，即为被测车轮的前束值。

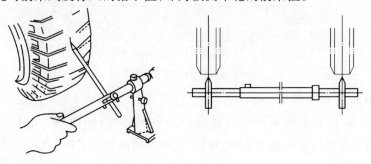

图 5-19　前束尺测量前束

**3. 车轮外倾角的检测**

测量车轮外倾角 α 用水准仪，如图 5-20 所示。它由水准仪和固定装置等组成。测量方法如下：

（1）被测车轮处于正前方行进状态。

243

(2)将定位仪吸附在被测车轮的轮毂端面上。

(3)调整水准泡处于中间位置。

(4)定位仪上外倾角水准气泡所示值,即为被测车轮外倾角度值。车轮外倾角 α 的测量原理如图 5-21 所示。

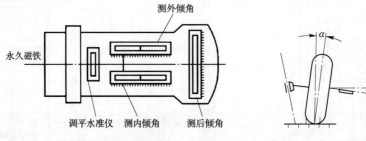

图 5-20　永久水准定位仪　　　　图 5-21　车轮外倾角测量原理

**4. 主销内倾角、主销后倾角的检测**

主销内倾角 β、主销后倾角 γ 的检测,需要车轮转动一定角度才能测量,所以测量时要配用车轮转角仪。测量方法如下：

(1)安装转角仪,将前后轮调整至处于同一水平面。

(2)安装定位仪。

(3)将车轮向内转 20°,调整好水准泡。

(4)将车轮向反方向转 40°。此时定位仪上内倾角水准器和后倾角水准器气泡所示值,即为被测车轮的主销内倾角、主销后倾角度值。主销内倾角 β 和主销后倾角 γ 的测量原理如图 5-22 所示。

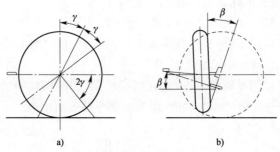

图 5-22　主销内倾角和主销后倾角测量原理

a)主销后倾角；b)主销内倾角

**(四)转向轮定位的动态检测**

转向轮定位的动态检测主要检测转向轮的侧滑量,以确保汽车的操纵稳定性。GB 7258—2012《机动车运行安全技术条件》规定：机动车转向轮侧滑量应不大于 5m/km。

**1. 检测前的准备**

(1)仪器的仪表指针应校准到零点。

(2)检查、清除仪器及场地周围的机油、石子、污泥等杂物。

(3)车辆轮胎气压应符合规定。

(4)轮胎粘有油污、水渍或胎纹间嵌有小石子,应清理干净。

**2. 检测方法**

（1）将汽车对正侧滑试验台（对于单板式侧滑仪，将汽车的一侧车轮对正侧滑板），并使转向盘处于正中位置。

（2）汽车沿台板上的指示线以 3~5km/h 车速平稳前行，在行进过程中不得转动转向盘。

（3）当转向轮通过台板时，测取侧滑量。

**3. 注意事项**

（1）不能让超过仪器允许载荷的车辆通过滑动板。

（2）汽车不能在试验台上转向或制动。

（3）保持设备内外清洁。

（4）滑动板上不能停放车辆。

（5）按期检定。

## 六、汽车车速表检测

### （一）车速表检测的目的

汽车行驶速度对交通安全有很大影响。为了安全行车，驾驶员必须按照车速表显示的数值来控制车速。为此，车速表本身一定要准确可靠。如果车速表的指示误差过大，驾驶员就难以正确控制车速，易因判断失误而造成交通事故。为确保车速表的指示精度，必须适时对车速表进行检测、校正。

对车速表的误差进行检测，目的是排除故障，消除误差，保持车速表经常处于完好的技术状况，确保行车安全。

### （二）车速表检测设备

车速表的检测方法有道路试验法和室内台架试验法。道路试验法是汽车以不同车速等速通过某一预定长度试验路段，测出通过该路段的时间，然后计算出实际车速，并与驾驶室内车速表指示值相对照，即可求出不同车速下车速表的指示误差。台架试验法是在滚筒式车速表试验台上进行。本书主要介绍滚筒式车速表试验台的结构、原理及测量方法。

**1. 车速表试验台的类型**

常见的车速表试验台有标准型、驱动型和综合型三种。

1）标准型

标准型车速表试验台没有驱动装置，以被测汽车的驱动轮带动滚筒旋转。该试验台由速度测量装置、速度指示装置和速度报警装置等组成，如图 5-23 所示。

速度测量装置主要由滚筒、速度传感器、联

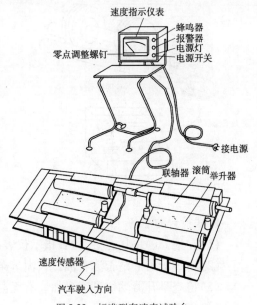

图 5-23 标准型车速表试验台

轴器和举升器等组成。速度指示装置按测速发电机的电压工作,并在指示仪表上指示出来。速度报警装置为报警灯或蜂鸣器。当汽车实际车速达到指定测量车速时,报警灯亮或蜂鸣器响。

2) 驱动型

车速表的转速信号多数取自变速器或分动器。但对于后置发动机的汽车,如车速表软轴过长,会出现传动精度和寿命等方面的问题。因此,转速信号取自前轮。驱动型车速表试验台就是为适应这种汽车的试验而制造的。其结构如图 5-24 所示。这种试验台在滚筒的一端装有电动机,用来驱动滚筒旋转。

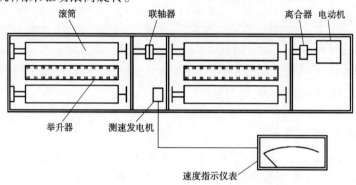

图 5-24　驱动型车速表试验台

这种试验台在滚筒与电动机之间装有离合器,若试验时将离合器分离,可作为标准型试验台使用。

3) 综合型

综合型是把车速表试验台与制动试验台、底盘测功试验台的功能组合在一起的综合型设备。

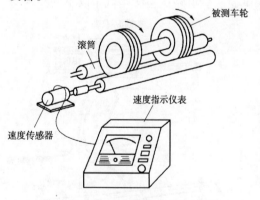

图 5-25　车速表误差测量原理

**2. 车速表误差的测量原理**

汽车车速表误差的测量原理,如图 5-25 所示。试验开始前,把汽车开上试验台,使驱动轮停在滚筒之间,并使之旋转,以此来模拟汽车在路上行驶的状态。此时,滚筒的线速度即为实际车速值。实际车速值是通过速度传感器指示在试验台的速度指示仪表上,然后把速度指示仪表上的值与汽车上车速表指示的车速值相对照,即可求得试验车速下车速表的指示误差。

**(三) 车速表的检测**

**1. 试验台的准备**

(1) 在滚筒静止状态下,检查指示仪表指针是否在零点。若指针不在零点,应予调整。
(2) 检查滚筒上是否沾有油、水、泥等杂物。若有,要清除干净。
(3) 检查举升器动作是否自如。有无漏气部位,若动作不良或有漏气时,应修理。
(4) 检查导线连接情况。

**2. 受检车辆的准备**

(1) 轮胎气压应符合汽车制造厂的规定。

(2) 轮胎沾有油、水或花纹沟槽嵌有石子时,需清除干净。

**3. 检测方法**

(1) 接通试验台电源。

(2) 操纵手柄,升起举升器。

(3) 将被测汽车的车轮驶上滚筒,并尽可能与滚筒成垂直状态。

(4) 放下举升器,用三角木挡住滚筒以外的那对车轮。

(5) 挂入最高挡,踏下加速踏板,使驱动轮平稳地加速旋转。

(6) 当试验台指示仪表的读数达到测量车速时,读取汽车车速表的读数。

(7) 检测后,轻踏汽车制动踏板,使滚筒停止转动。对于驱动型试验台,必须先切断电动机电源,才能踏制动踏板。

(8) 升起举升器,去掉三角木,汽车驶出试验台。

**4. 注意事项**

(1) 不准将超过试验台允许载荷的汽车驶上试验台。

(2) 不准在试验台上长时间停放车辆。

(3) 前轮驱动的汽车,一定要用转向盘准确地保持汽车处于直线行驶状态。

(4) 仪表部分要避开阳光直射,并不能放置于有振动、空气湿度大的地方。

(5) 不能让水进入试验台内。

(6) 定期检定。

**5. 车速表的检测标准**

GB 7258—2012《机动车运行安全技术条件》明确规定:车速表允许误差范围为 +20% ~ -5%。

当实际车速为40km/h时,汽车车速表指示值为38km/h ~ 48km/h;或当汽车车速表指示值为40km/h时,实际车速应为33.3km/h ~ 42.1km/h。超出上述范围以外,车速表的指示为不合格。

## 七、汽车制动性能检测

### (一) 制动性能检测的目的

汽车的制动性能是指汽车在行驶中能强制地减速以至停车,或下长坡时维持一定速度的能力。

汽车的制动性能主要由四个方面来评定:

**1. 制动效能**

包括制动距离、制动减速度、制动力和制动时间。

**2. 制动效能的恒定性**

指制动过程中,制动器的抗热衰退能力和水湿恢复能力。

**3. 制动的方向稳定性**

指汽车在制动过程中不发生跑偏、侧滑和转向的能力。

### 4. 制动操纵轻便，反应灵敏

指制动操纵省力，制动力迅速而平稳地增加。放松踏板，制动迅速解除。在行驶中不出现自行制动现象。

为保证汽车制动性能完好，除制动装置结构设计合理外，还必须确保汽车制动装置技术状况的完好。制动系统的技术状况变坏，会导致事故的发生。因此，必须对汽车的制动装置和制动性能进行严格的检测，并进行定期的维护。

汽车制动性能的检测方法有：路试检测法和台架检测法。

### （二）制动性能检测设备

台架式检测制动性能使用的设备是制动试验台。

制动试验台具有迅速、准确、经济、安全、不受外界自然条件的限制，以及试验重复性好和能定量测出各车轮的制动力或制动距离等优点。

#### 1. 制动试验台的类型

按测试原理分为：反力式和惯性式。

按支撑车轮形式分为：滚筒式和跑板式。

按检测参数分为：测制动力式、测制动距离式和多功能综合式。

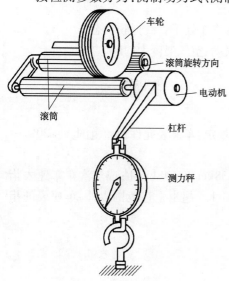

图5-26 制动力的测量方法

按测量装置至指示装置传递信号的方式分为：机械式、液压式和电气式。

按同时能检测车轴数分为：单轴式、双轴式和多轴式。

上述类型中，反力式滚筒试验台（测制动力式），特别是单轴反力式滚筒试验台应用最为普遍。目前我国汽车安全技术检测线所用的制动检测设备多为这种形式。

#### 2. 车轮制动力的测量原理

滚筒式制动试验台测量车轮制动力的原理，如图5-26所示。

把被检测的汽车开上试验台，使车轮停在滚筒之间，随后由电动机驱动滚筒、滚筒再驱动车轮转动。当被检测的汽车施行制动时，汽车的车轮给滚筒一个与滚筒驱动方向相反的力，此力将迫使测力杠杆摆动，从而使测力秤动作，测出汽车车轮的制动力。

#### 3. 单轴反力式滚筒试验台

单轴反力式滚筒试验台的典型结构如图5-27所示。试验台主要由驱动装置、制动力承受装置、制动力测量装置和制动力指示装置等组成。为使试验台能同时检测左、右车轮的制动力，左、右两侧的制动力承受装置、制动力测量装置和驱动装置是分别独立设置的。

（1）驱动装置：由电动机、减速器和链传动机构组成。

（2）制动力承受装置：由四个滚筒组成。每对滚筒独立设置，每个滚筒的两端分别用轴承支撑。

(3)制动力测量装置:由测力杠杆和测量机构等组成。
(4)制动力指示装置:由制动效能计算装置和指示仪表组成。

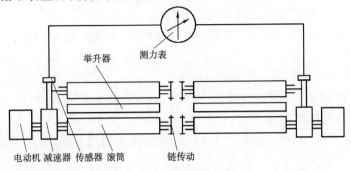

图5-27 单轴反力式滚筒试验台示意图

### (三)路试检测制动性能

**1. 行车制动性能检测**

1)用制动距离检测行车制动性能

制动距离是指汽车在规定的初速度下紧急制动,从脚接触制动踏板时起至汽车停住止,汽车所驶过的距离。汽车在规定的初速度下的制动距离和制动稳定性应符合表5-5的要求。对空载检测制动性能有质疑时,可用表中规定的满载检测制动性能要求进行。

制动距离和制动稳定性要求　　　　　　　　　　　　　表5-5

| 车 辆 类 型 | 制动初速度 (km/h) | 满载检测制动距离要求 (m) | 空载检测制动距离要求 (m) | 制动稳定性要求车辆任何部位不得超出的试车道宽度 (m) |
|---|---|---|---|---|
| 座位数≤9的载客汽车 | 50 | ≤20 | ≤19 | 2.5 |
| 其他总质量≤4.5t的汽车 | 50 | ≤22 | ≤21 | 2.5① |
| 其他汽车、汽车列车及无轨电车 | 50 | ≤10 | ≤9 | 3.0 |

注:①对总质量大于3.5t并小于等于4.5t的汽车试车道宽度为3m。

2)用充分发出的平均减速度,检测行车制动性能

汽车在规定的初速度下紧急制动时,充分发出的平均减速度和制动稳定性应符合表5-6的要求。对空载检测制动性能有质疑时,可用表中规定的满载检测制动性能要求进行。

制动减速度和制动稳定性要求　　　　　　　　　　　　　表5-6

| 车 辆 类 型 | 制动初速度 (km/h) | 满载检测充分发出的平均减速度 (m/s²) | 空载检测充分发出的平均减速度 (m/s²) | 制动稳定性要求车辆任何部位不得超出的试车道宽度 (m) |
|---|---|---|---|---|
| 座位数≤9的载客汽车 | 50 | ≥5.9 | ≥6.2 | 2.6 |
| 其他总质量≤4.5t的汽车 | 50 | ≥5.4 | ≥5.8 | 2.5① |
| 其他汽车、汽车列车及无轨电车 | 50 | ≥5.0 | ≥5.4 | 3.0 |

注:①对总质量大于3.5t并小于等于4.5t的汽车,试车道宽度为3m。

3)制动气压、制动踏板力的要求

(1)满载检验时。

气压制动:气压表的指示气压≤额定工作气压。

液压制动系踏板力:座位数≤9的载客汽车≤500N;其他车辆≤700N。

(2)空载检验时。

气压制动系:气压表的指示气压≤600kPa。

液压制动系踏板力:座位数≤9的载客汽车≤400N;其他车辆≤450N。

4)路试制动性能检测方法

(1)检测应在平坦(坡度不应超过1%)、干燥和清洁的硬路面(轮胎与路面之间的附着系数不小于0.7)上进行。

(2)在试验路面上画出与表5-5所列制动稳定性要求相应宽度试车道的边线。被测汽车沿着试验车道的中线行驶至高于规定的初速度时,置变速器于空挡,急踏制动踏板,使汽车停住。

(3)应采用速度计、第五轮仪或用其他测试方法测量汽车的制动距离。

(4)应采用速度计、制动减速度仪或用其他测试方法测量汽车充分发出的平均减速度。

**2. 应急制动性能检测**

应急制动性能是指其行车制动系统有一处管路失效的情况下,在规定的距离内将汽车停住。在进行应急制动性能试验前,应使被测汽车行车制动系统的一处管路失效,然后按检测要求进行试验。

汽车在空载或满载状态下,按表5-7所列初速度进行应急制动性能检测,应急制动性能应符合表5-5的要求。

表5-7 应急制动性能要求

| 车 辆 类 型 | 制动初速度(km/h) | 制动距离(m) | 充分发出的平均减速度($m/s^2$) | 允许操纵力不大于(N) | |
|---|---|---|---|---|---|
| | | | | 手操纵 | 脚操纵 |
| 座位数≤9的载客汽车 | 50 | ≤38 | ≥2.9 | 400 | 500 |
| 其他载客汽车 | 30 | ≤18 | ≥2.5 | 600 | 700 |
| 其他汽车 | 50 | ≤20 | ≥2.2 | 600 | 700 |

**3. 驻车制动性能检测**

在空载状态下,驻车制动装置应能保证汽车在坡度为20%(总质量为整备质量的1.2倍以下的车辆为15%)、轮胎与地面间的附着系数不小于0.7的坡道上,正反两个方向保持固定不动,其时间不少于5min。

**(四)台式检测制动性能**

台式检测是指用制动器试验台来检测制动效能。通过制动试验台测出各车轮的制动力,用以评价制动效能。

**1. 行车制动性能检测**

1)检测前的准备

(1)检查轮胎:应清洁、无破损及无异物,气压达到规定值。

(2)检查滚筒:应无泥、水、油等。
(3)检查举升器工作是否正常。
(4)调整指示计零点。
2)检测方法
(1)接通试验台电源。
(2)升起滚筒间的举升器。
(3)受检车垂直于滚筒方向驶至举升板上,松开制动踏板,变速器置空挡位置,降下举升器。
(4)起动电动机,使滚筒带动车轮转动。
(5)当转动平稳时,记录车轮的阻滞力值。
(6)将制动踏板踏到底,记录车轮的制动力值。
(7)前后车轮的制动力检测完毕,关闭电动机,升起举升器,车辆驶出试验台。
(8)切断试验台电源。
3)检测要求
(1)在制动试验台上检测的制动力应符合表5-8的要求。空载检测制动力有质疑时,可用表中规定的满载检测制动力要求进行检测。

台式检测制动力要求 表5-8

| 车辆类型 | 制动力总和与整车质量的百分比 | | 轴制动力与轴荷的百分比 | |
| --- | --- | --- | --- | --- |
| | 空载 | 满载 | 前轴 | 后轴 |
| 汽车、汽车列车、无轨电车和四轮农用车 | ≥60 | ≥50 | ≥60① | — |
| 三轮农用车 | — | — | — | ≥60① |

注:①空载和满载状态下测试均应满足要求。

(2)检测时制动踏板力、制动气压与路试检测要求相同。
(3)制动力要平衡。在制动力增长全过程中,左右轮制动力差与该轴左右轮中制动力大者之比:前轴不大于20%;后轴不大于24%。
(4)对于车轮阻滞力,要求进行制动力检测时,汽车各轮的阻滞力均不得大于该轴轴荷的5%。
(5)当车辆经台架检测后,对其制动性能仍有质疑时,可用路试检测法进行检测,并以满载路试的检测结果为准。

**2. 驻车制动性能检测**

检测汽车驻车制动力时,车辆空载,乘坐一名驾驶员,使用驻车制动装置,测得驻车制动力总和应不小于该车在测试状态下整车质量的20%。对于总质量为整备质量1.2倍以下的汽车,此值为15%。

**3. 注意事项**

(1)不准超过试验台允许载荷的汽车驶到试验台上,不准在试验台上长时间停放汽车。
(2)进行测量时,发动机应熄火。
(3)指示仪表应避开阳光直射和湿度大的地方。

(4) 不能有水进入试验台里(特别是测量装置)。
(5) 试验台使用 6 个月应进行维护。
(6) 定期检定。

## 八、汽车前照灯检测

### (一) 前照灯检测目的

汽车的前照灯即大灯,是保证汽车夜间或能见度较低的情况下安全行驶及提高行驶速度的重要条件。前照灯的主要技术指标是发光强度和光束照射位置。当发光强度不足或光束照射位置偏斜时,驾驶员就不易辨清前方的障碍物或给对方来车的驾驶员造成眩目,导致发生交通事故。前照灯的技术状况与行车安全有着密切关系,为此,应定期对前照灯进行检测、校正。

### (二) 前照灯检测设备

前照灯检测设备主要是屏幕和前照灯检测仪。

**1. 前照灯检测仪的检测原理**

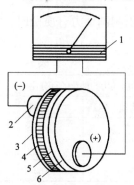

图 5-28 硒光电池结构及工作原理
1-电流表;2-引线;3-金属薄膜;4-非结晶硒;5-结晶硒;6-铁底板

各种类型前照灯检测仪的测量原理基本相同,都是采用能把吸收的光能变成电流的光电池作为传感器,按照前照灯主光轴照射光电池产生电流的大小和比例,来测量前照灯发光强度和光轴偏斜量的。

前照灯检测仪上使用的光电池,主要是硒光电池,其结构及工作原理如图 5-28 所示。当硒光电池受光照射后,使金属薄膜和非结晶硒的左右部产生电动势,其左部带负电,右部带正电,在金属膜和铁底板上装上引出线,用导线与电流表连接起来,光电流就会流过电流表,使电流表指针动作。

1) 发光强度的检测原理

测量前照灯发光强度的电路由光电池、光度计和可变电阻等组成,如图 5-29 所示。按规定的距离使前照灯照射光电池,光电池根据前照灯发光强度的大小产生相应的光电流,使光度计指针摆动,指示出前照灯的发光强度。

2) 光轴偏斜量的检测原理

如图 5-30 所示,把光电池分成 $S_上$、$S_下$、$S_左$、$S_右$ 四份。$S_上$ 和 $S_下$ 之间接有上下偏斜指示针,$S_左$ 和 $S_右$ 之间有左右偏斜指示针。当前照灯光束照射电池后,各分光电池分别产生电流。当 $S_上$ 和 $S_下$ 或 $S_左$ 和 $S_右$ 受光不一致时,产生的电流也不一致,根据其差值,可使左右偏斜指示针或上下偏斜指示针动作,指示光轴的偏斜量。

**2. 前照灯检测仪的构造**

前照灯检测仪按结构和测量方法可分为聚光式、屏幕式、投影式和自动追踪光轴式等类型。这些前照灯检测仪都是由受光器、对正找准装置、发光强度指示装置、光轴偏斜量指示装置及车辆摆正装置等组成。

单元五 汽车主要技术性能检测

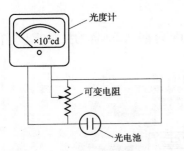

图 5-29 发光强度的检测原理

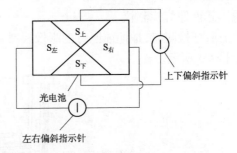

图 5-30 光轴偏斜量检测原理

1）聚光式前照灯检测仪

这种前照灯检测仪，是在灯前 1m 的测量距离内，把前照灯的光线用受光器的聚光透镜聚合起来，根据其对光电池的照射强度，来检测前照灯的发光强度和光轴偏斜量的，如图 5-31 所示。

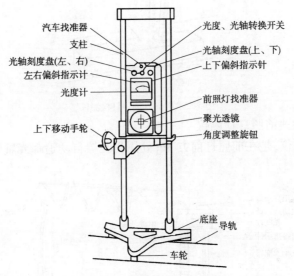

图 5-31 聚光式前照灯检测仪

2）屏幕式前照灯检测仪

这种前照灯检测仪，是在前照灯前方 3m 处设置专用屏幕来检测前照灯的一种测量仪器，如图 5-32 所示。

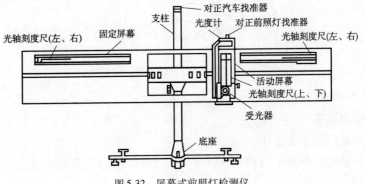

图 5-32 屏幕式前照灯检测仪

253

3）投影式前照灯检测仪

这种前照灯检测仪,是把前照灯的影像映射到前照灯前方3m远的投影屏上进行测量的仪器,如图5-33所示。

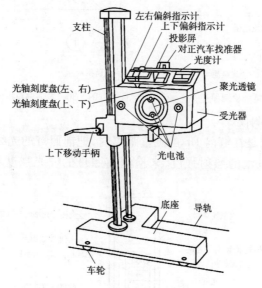

图5-33　投影式前照灯检测仪

4）自动追踪光轴式前照灯检测仪

这种前照灯检测仪,是在前照灯前方3m处用受光器自动追踪光轴的方法进行测量的仪器,如图5-34所示。

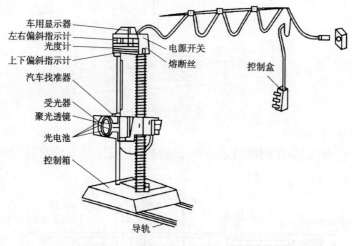

图5-34　自动追踪光轴式前照灯检测仪

(三)前照灯检测

**1. 前照灯检测要求**

1）前照灯光束照射位置要求

前照灯的光束照射位置是以调整近光光束照射位置为准,从而防止会车时产生眩目现象,保证行车安全。

检测汽车前照灯的近光光束照射位置时,前照灯在距离屏幕10m处,光束明暗截止线转角或中点的高度应为0.6H~0.8H(H为前照灯基准中心高度),其水平方向位置向左、向右均不得超过100mm。

四灯制汽车前照灯远光单光束的调整,要求在屏幕上光束中心离地高度为0.85H~0.90H,水平位置要求左灯向左偏不得大于100mm,向右偏不得大于170mm;右灯向左或向右偏均不得大于170mm。

2)前照灯发光强度要求

汽车每只前照灯的远光光束发光强度应达到表5-9的要求。测试时,其电源系统应处于充电状态。

前照灯远光光束发光强度要求　　　　　　　　　　表5-9

| 车辆类型 | 新注册车 | | | 在用车 | | |
|---|---|---|---|---|---|---|
| | 一灯制 | 二灯制 | 四灯制[①] | 一灯制 | 二灯制 | 四灯制[①] |
| 汽车、无轨电车 | — | 15000 | 12000 | — | 12000 | 10000 |
| 四轮农用运输车 | — | 10000 | 8000 | — | 8000 | 6000 |

注:①采用四灯制的汽车,其中2只对称的灯达到二灯制的要求时为合格。

**2. 前照灯检测方法**

前照灯检测仪的使用方法,根据其牌号、形式的不同而有所区别。使用前必须认真阅读检测仪的使用说明书。下面以投影式前照灯检测仪为例,介绍一般检测方法。

(1)检测仪在不受光状态下,检查指示计指针是否在零点。调整水准器的气泡位置,使其在红线框内。

(2)清除前照灯上的污垢,蓄电池处于充电状态,轮胎气压应符合要求。

(3)将汽车尽可能地与导轨保持垂直方向,驶近检测仪,使前照灯与检测仪受光器相距3m。

(4)用汽车找准器使检测仪与被检汽车对正。

(5)开亮前照灯,移动检测仪,让前照灯光束照射到受光器上,使光轴偏斜指示计的指示值为零。此时,根据投影屏上的前照灯影像位置,即可测出光轴的偏斜量。

(6)根据光度计的指示值,可测出前照灯的发光强度。

**3. 注意事项**

(1)检测仪底座要保持水平。

(2)检测仪要避开外来光线的影响。

(3)汽车应在空载并乘坐一名驾驶员的状态下检测。

(4)汽车有四只前照灯时,要把辅助灯遮住后再进行检测。

(5)开亮前照灯照射检测仪受光器时,要待光电池灵敏度稳定后再进行检测。

(6)仪器不用时,要用罩子把受光器盖好。

(7)定期检定。

# 参 考 文 献

[1] 杨庆传.汽车故障诊断与检测技术[M].北京:人民交通出版社,1999.
[2] 尹万建.轿车发动机电控系统原理与检修实用教程[M].北京:机械工业出版社,2003.
[3] 天天汽车工作室.轿车发动机维修技能实训[M].北京:机械工业出版社,2003.
[4] 刘昭度,韩秀坤.汽车检测技术与设备[M].北京:中国劳动和社会保障出版社,2002.
[5] 鲁植雄.汽车故障诊断图解丛书[M].南京:江苏科学技术出版社,2001.
[6] 林平.新型汽车自动变速器结构·原理·检修[M].福州:福建科学技术出版社,1997.